JN436374

한국韓國의 만장挽章

韓國의 挽章

소병돈 監修

홍우기 · 박종현 · 서명택 編譯

도서출판
다운샘

일러두기

- 이 책은 만장에 중점을 두었으므로 유가·불가·천주교·기독교·원불교의 상장례에 대해서는 그 대강만을 다뤘다.
- 만장도판은 사정상 도판작업 중에 만났던 분들이 써준 것을 사용하였다.
- 명정·신주·축문·만장협서 등은 고인이나 고인과의 관계에 따라 달라지므로, 글을 읽는 사람들의 이해를 돕기 위하여 某字나 ㅇㅇ보다는 가상의 연월일·간지·성명 등을 사용하였다.
- 원문게재는 일부를 번역한 경우에는 번역문 아래에 원문을 게재하였으나, 전문을 완역한 경우에는 생략하였다.
- 많은 분들이 보내주신 소중한 자료는 한정된 지면으로 인해 모두 실어드리지 못한 점 송구스럽게 생각합니다.

머리말

요즘에는 만장(挽章)・만시(輓詩)・만사(輓詞)란 말이 낯설어서, 만장이란 말을 꺼내면 젊은 사람들은 무슨 말인지 잘 모르고 연로하신 분들은 예전기억을 떠올릴 뿐이다. 그 이유를 생각해보면 우선, 가정의례준칙(1973. 5. 17)이 발표되고, 여러 가지 허례허식이 사라지면서 그 틈에 만장도 사람들의 관심에서 멀어진 것 같다. 장례식장에서의 간단하고 편리함에 치우쳐 정작 상례의 중요한 것들을 지나치고 잊어가는 것은 아닌지 짚어보고 싶다. 둘째, 영구차의 등장이다. 영구차량행렬이 도로를 달려야 하니 이제는 만장을 펄럭이며 상주와 조문객이 따라 걸을 수도 없고, 연도에서 사람들이 고인의 마지막 길을 함께하지 못하게 된 것이다. 셋째, 한글전용정책과 영어를 중시하는 세태는, 한문을 주위에서 멀어지게 했다. 사실 한문은 알아보기 어렵고 해독은 더더욱 어려운데, 한문으로 시를 짓고 붓으로 써야하니 쉽지는 않을 것이다. 내용이 아무리 간절하고 훌륭하더라도 소통이 되지 않는다면 결국 거추장스러운 존재로 전락할 수밖에 없었을 것이다.

만장(挽章)이란, 본래 고인(故人)과의 영결(永訣)에 임하여 북받치는 슬픔을 진정해가며 쓴 눈물의 글이다. 만(輓)과 만(挽)은 같이 사용하며, 고인이 살아있을 때의 공덕을 기려 저승으로 잘 갈 수 있도록 앞에서 끈다는 의미도 있다. 그러므로 우리 선조들은 장사 때 만장의 수효를 가지고 고인의 덕망과 학식을 논하기도 하였으니, 초상이 나면 만장을 써서 보내는 것을 가장 큰 부의로 여겼고, 만장이 들어오는 것을 가장 큰 영광으로 생각하였다. '예가 사치스럽기보다 차라리 간소한 것'이라지만 돌아가신 이를 앞에 두고 그리워하는 마음이나 서글퍼하는 마음마저 간소화할 수는 없다. 가까이 있던 사람이 알 수 없는 먼 곳으로 영원히 떠났는데, 눈물을 흘리는 사람도 없고 고인의 삶에 대해 이야기 하는 사람도 없다면, 세상을 뜨는 사람은 참으로 외로울 것이다. 나를 사랑해주신 부모・조부모・친척이나, 내가 사람이 되도록 이끌어주셨던 존경하는 선생님, 그리고 함께 밤을 지새워가며 세상을 논하고 학문을 논했던 친구・선후배를 잃었을 때, 마음속에서 우러나오는 눈물의 글이 한 줄이라도 있었으면 좋겠다.

여기에 실린 만사는 『한국문집총간』을 근간으로 하였다. 만사는 대부분 오언절구와 오언율시, 칠언절구와 칠언율시로 쓰여 졌고, 장문(長文)이나 사언(四言) 육언(六言)으로 된 경우도 있다. 만장은 당시의 문장가들이 썼고, 역시 한 시대의 대표적인 사람을 위한 글이기에, 번역을 하는 도중에 때로는 아픔의 눈물이 흐르기도 했고, 가슴 찡한 감동도 느꼈다. 그러한 까닭에 이를 현실에 맞게 적용하고 검소하게 우리의 아름다운 전통문화로 계승해 갔으면 좋겠다는 생각을 하게 되었다.

번역이 끝나갈 무렵, 상을 당한 지인이 있어 접객실에 천과 필묵을 마련해 보았다. 서예가들이 다녀가고 써놓은 만장들을 빈소 접객실 등에 걸어놓으니 참으로 뜻있는 분위기가 연출되었다. 한문만장은 서체의 다양성과 깊고 간결함이 돋보이지만, 한글만장은 보는 즉시 사람들을 감동하게 하는 장점이 있었다.

이 책은 우리 한국 선인들의 만장을 모았으므로 이름을 『韓國의 挽章』이라 하였다. 실제적인 만장을 염두에 두었고, 가능한 많은 시를 실어야 했기에, 설명이나 주석은 가급적 생략했다. 만사가 긴 것보다는 짧은 것을 우선했고, 길더라도 만장으로 활용하기에 적당한 정도만을 끊었으나, 혹 궁금해 할 사람들을 위해 각각 원문과 출전을 밝혀놓았다. 상례절차와 축문은 주제를 벗어나지 않을 정도로 그 대략만을 기술하였으며, 고승들의 만장과 장례에 관련한 성경귀절, 원불교의 천도품 등도 함께 소개하였다. 그중 크리스트교와 원불교에 관련한 것은 만장이라고 할 수 없으나 기도문·성경귀절·천도품구 등을 써서 영정 주변에 걸어놓는다면 지금보다 더욱 엄숙하고 간절한 분위기가 이루어지겠다는 생각이 들어 기록해 놓은 것이다.

끝으로 누구보다도 한시와 전통문화의 발양에 깊은 관심을 가져주시고 세세한 부분까지 감수를 맡아주신 현암 소병돈선생, 기꺼이 추천사를 써주신 서예평론가 농산 정충락선생, 함께 번역해주신 시우 박종현선생과 장석 서명택선생, 한문성경구를 입력해주신 월정 백승면선생, 좋은 자료를 아낌없이 제공해주신 여러분들, 그리고 한국의 장례문화를 발전시키고 한국서단의 발전을 위해 기꺼이 만장도판예문을 써 주신 지인들께 심심한 감사의 마음을 전한다.

고요한 밤 近思齋에서

2009년 4월 도곡 홍우기 씀

사람이 세상에서 귀하다고 하는 것은 倫綱이 있기 때문일 터이다. 인간은 삶에서의 禮와 죽음에서의 禮가 중요하기에, 예로부터 冠·婚·喪·祭의 예절이 있어 사람을 사람답게 하는 인생의 大小事로 삼았던 것이다. 나는 年前에 오랜 畏友인 書壇의 陶谷學兄에게서 뜻밖의 제안 겸 부탁을 받고 내심 기뻐했던 일이 있었던 바, 그 일이 진행되어 오늘의 이 글을 쓰는 과분함으로 결실하게 되었다.

인간에게 삶이 죽음으로 이어지는 일상은 東西나 古今을 막론하고 어느 누구에게나 중차대한 일이 아닐 수 없다. 그래서 古來로 성현이나 우리의 옛 조상들은 그 중 喪禮를 大事로 여겨 禮法을 제정하고, 그에 따라 亡者를 위하여 그 예법을 익히고 망자와의 관계에 따라 被服하고, 가세에 따라 治喪하며, 誼에 좇아 조문하고, 형편에 따라 賻助하여 산자를 보살피고 망자를 추모하는 愼終의 예를 갖췄던 것이다.

이렇게 擧喪하는 가운데에 亡者의 賢否에 따라 輓詞를 지어서 아름다운 德을 고하고, 슬픈 情을 드러내는 선비 고유의 조문방법이 있었으니, 비록 오늘날에는 쇠락한 挽章을 짓고 쓰는 방법이었다. 발인 후에 葬地를 향해 떠나서 이승을 작별하는 망자의 喪輿 길에서 魂魄을 위로하며 색색의 천에 써서 저승길을 인도하듯 나부끼고 펄럭이는 만장행렬은, 상두꾼의 구슬픈 輓歌보다 훨씬 더 깊은 슬픔을, 정제된 詩語에 담아 일필휘지한 것이었다. 그렇기에 이러한 장면을 목도하면 그 누구라도 눈시울을 붉히지 않을 수 없었던 것이다.

장례문화의 급변으로 근래는 대부분 治喪의 장소로 병원 영안실이나 장례식장 등에 나름대로 빈소를 차리고 擧喪하는 것을 보는데, 시대가 바뀌고 절차가 간소화되어 고래의 喪禮法을 다 실천하고 지키기엔 참으로 어려운 점이 있어 현실과의 절충과 타협으로 무난히 거상함이 일반적인 추세가 되었다. 간혹 빈소나 분향소를 찾았을 때 붓을 들고 옛날의 良俗에 따라 정성스레 글을 짓고 만장을 쓰는 古風을 볼 수 있는 행운도 있어 그런 날은 스스로 큰 행운이라 생각해 보기도 하지만, 만장을 짓고 쓰는 진정한 뜻도 모르며 所從來

의 어두움에도 불구하고 戱筆과 弄墨을 일삼는 생각이 어린 自稱 학인이라는 사람들을 대할 때마다, 나는 그들의 희필과 농묵보다 永眠한 망자에 대해 속절없는 부끄러움을 남 몰래 가졌었다.

學兄 陶谷을 위시한 時雨 朴鐘賢, 章石 徐明澤 등 이전부터 함께 동학했던 知人들이『韓國文集叢刊』을 底本으로 하고 기타 여러 문헌을 참고하여 조상들이 남긴 각종 挽章詩를 찾아 우리말로 옮기고 검토하는 작업을 지난봄부터 시작하고 수시로 만나 토론하고 협의하는 과정을 거쳐 이제『韓國의 挽章』이 上梓됨에, 나에게 감수를 맡겨와 감당할 수 없는 재주임을 스스로 알면서도, 지난날 홀로의 부끄러움을 지울 수 있지 않을까 하여 밤을 세워 한 구 한 구를 정성들여 살폈다.

이제 이 책을 보니 특히 書藝家들에게 큰 혜택이 있음을 직감해 본다. 서예가에게 있어 '무엇을 쓸 것인가'는 근래의 서예가 藝術의 한 갈래로 자리매김 되면서, 外延의 확충에 걸맞지 않게 불균형의 발전을 이룬 內包의 견인 역할에 충실할 것으로 굳게 믿는다. 譯者들은 本書에서 망자와 만장을 쓰는 사람과의 관계에 따라 階層別로 만장을 고르고, 시의 형식에 따라 絶句와 律詩로 분류 했으며, 對聯句나 聯句를 쓰도록 유도하여 안내하고 충실하게 原文을 수록함이 돋보인다.

近來의 장례식을 보면 그 의미가 퇴색하고 顯示慾만 부추기며 뒷처리에 골몰하는 꽃다발 늘어선 빈소나 분향소 일색이어서 안타까움을 더하는데, 진정으로 망자의 혼백을 慰撫하는 만장쓰기를 권장한다면, 우리의 葬禮文化도 끝없는 천박함으로 흐르는 폐단을 막고 傳統을 보존하고 복원하는 작은 試金石의 역할에도 충분하리라 믿는다.

『韓國의 挽章』은 단순히 漢文詩를 우리말로 옮기는 역할에 그 충실한 목적을 둔 것은 아니다. 喪禮에서의 만장을 짓고 쓰는 가르침을 일깨워 선비문화를 재현함과 더불어 書藝家들에게 그 요령과 방법을 일깨우려 함에 그 진정한 뜻이 있다. 문헌에서 시를 취사선택함은 번역자의 주관에 따랐으며, 번역문 또한 原意가 전달되게 함에 많은 비중을 두었음이 역력하다. 다시 한 번 역자들의 노고에 박수를 보내며 此後에 더 알차고 이용에 편리한 挽章集의 출간을 기대해 본다.

戊子 霜降節 玄巖 蘇秉敦 謹識

지금 시대를 사는 우리는 일반적으로 挽章에 대해 얼마나 알고 있는가. 만장이란 이승을 하직하는 亡者에 대해 살아있는 사람으로서 할 수 있는 최대한의 위로를 글로 써낸 것이다. 흔히들 輓詞라고 하는데, 거기엔 詞만이 아니고 詩도 있다. 그것을 緋緞幅에다 길게 써 내려서 긴 대막대기에 매어단 輓章을 바람에 펄럭이며 喪輿 앞에서 상여를 끌며 葬地로 향한다. 이러한 挽章風景을 근자에는 만나기가 쉽지 않다. 家庭儀禮準則의 효력인가, 시절의 變異인가, 지금으로서는 그 엄숙하고 멋진 만장행렬의 구경은 실로 어렵다. 어쩌다 지방의 큰 선비가 타계할 경우에만 간혹 볼 수 있는데, 이 어찌 葬禮文化變移라고 시절 탓만 하고 있을 것인가.

陶谷(洪愚基)畏兄이 이러한 만사에 대한 소중함을 알고 두루 彙集하여 한 권의 책으로 上梓하기에 이른 것은 참으로 뜻 깊은 일이라 하지 않을 수 없다.

최근에는 漢詩의 普及運動으로 이 부분에 대한 관심이 다소 일어나는 듯하지만 실제는 전혀 기대에 미치지 못하고 있는 것이 현실이다.

앞서 언급한 挽章은 輓詩나 輓詞를 붓으로 써 내려서 떠나는 英靈과의 이별이 서러워 살아있는 사람들이 할 수 있는 마지막 최선의 禮儀徵表이다.

그 마지막으로 헤어지는 시점에서 할 수 있는 최선의 예의표시로 쓴 것이 이른바 만장인데, 이에 대한 접근의 기피로 자칫 아름다운 우리네 미풍양속이 점점 흐려지다 말고 드디어는 없어지려하고 있다. 이야말로 매우 안타까운 일이 아닐 수 없다. 때맞추어 陶谷畏兄이 만장집을 펴내게 되었으니 이 아니 반가운 일이라 하지 않을 수 있겠는가.

앞 시대까지만 하더라도 상여가 나갈 때엔 상여의 앞머리에선 길라잡이가 구슬픈 노래가락으로 전체 상여꾼을 이끈다. 종을 흔들면서 '이제 가면 언제 오나'로 앞소리를 외치면 상여꾼들은 후렴으로 '너어홍 너어홍 너와 넘자 너어홍(이 후렴은 경상도식이며 지방에 따라서 약간의 차이가 있음)'이라며 장례행렬의 분위기를 더욱 서럽게 만들어낸다. 뒤이어 망자의 행장을 가락으로 엮거나 길라잡이가 알고 있는 나름의 소리로 서럽게 이어간다.

그렇게 서럽게 부르는 노래 소리를 들으면서, 예수님을 믿던 基督教信者는 요단강을 건너갈 것이고, 부처님을 숭앙하던 佛者는 三途川을 건널 것이다. 그 외에도 다양한 형식으로 저승길을 안내하는 의례가 있다. 우리 민족이 누천년 지켜오던 亡者에 대한 장례의 예의는 기본적으로 四禮便覽에 자세하게 적혀있지만, 다른 것은 다 있는데 이 만사에 대한 안내는 눈에 뜨이지 않는다. 그것은 상례의 절차에 들어야 하는 뺄 수 없는 절대법칙이 아니기 때문이다. 그리고 만사를 쓰는 이의 입장에 따라 따로 정한 양식이 없어도 당시의 일반사회에서는 생활화 되어 있었다. 그것이 작시법이다. 그에 의하여 지어내는 것이라 지금과 다르게 특별히 안내할 필요가 없었기에 그런 것이 아니었나 싶다. 그 작시법은 지금도 변함없이 그대로 준수하고 있다.

亡者와의 관계에 따라 써내는 글 내용은 실로 다양하다. 당연히 슬픈 내용이 주된 내용이다. 陶谷畏兄이 휘집한 만사를 통해서도 충분히 알 수 있듯이 각 시대별로 쓰는 사람의 입장에 따라 슬픔의 문장도 다양함을 알 수가 있다.

우리는 이러한 내용을 참고로 하여 만사에 대한 素養을 길렀으면 하는 바람이다. 이왕에 지어놓은 만사를 자신의 입장에 갖다대보면 그 내용의 變移를 짐작할 수가 있을 것이다. 따라서 자신의 형편에 맞는 글을 써내기만 하면 되는 것이다.

최근 몇 년 사이에 서단에서도 큰 별들이 꿈처럼 사라졌다. 더러는 喪家에서, 더러는 병원의 永安室에서 만장이 걸려있는 것이 보이기도 했다. 망자에 대한 섭섭한 마음을 만시로 써내어 영안실에 건 것이었다. 그러한 것이 남아있는 사람들이 할 수 있는 망자에 대한 최대한의 정표라는 것을 이해한다면 이에 대한 연구가 반드시 있어주어야 한다는 것은 새삼 일러 무엇하리요.

한 세대를 넘게 일반적으로 단절되어있다시피 한 挽章文化에 대한 새로운 인식을 하게 한 이번의 挽章輯上梓는 그러한 의미에 있어서도 매우 바람직한 것이라 하지 않을 수 없다. 이에 서예를 하는 사람뿐만이 아니라 일반인들에게도 감히 一讀을 권하는 바이다.

2008년 12월 18일

서예평론가 정 충 락

| 차 례 |

Ⅲ. 불가의 다비식

Ⅳ. 크리스천의 상장례

Ⅴ. 원불교의 상장례

愚圓 金鶴東 作

장례식장에서의 장례 절차

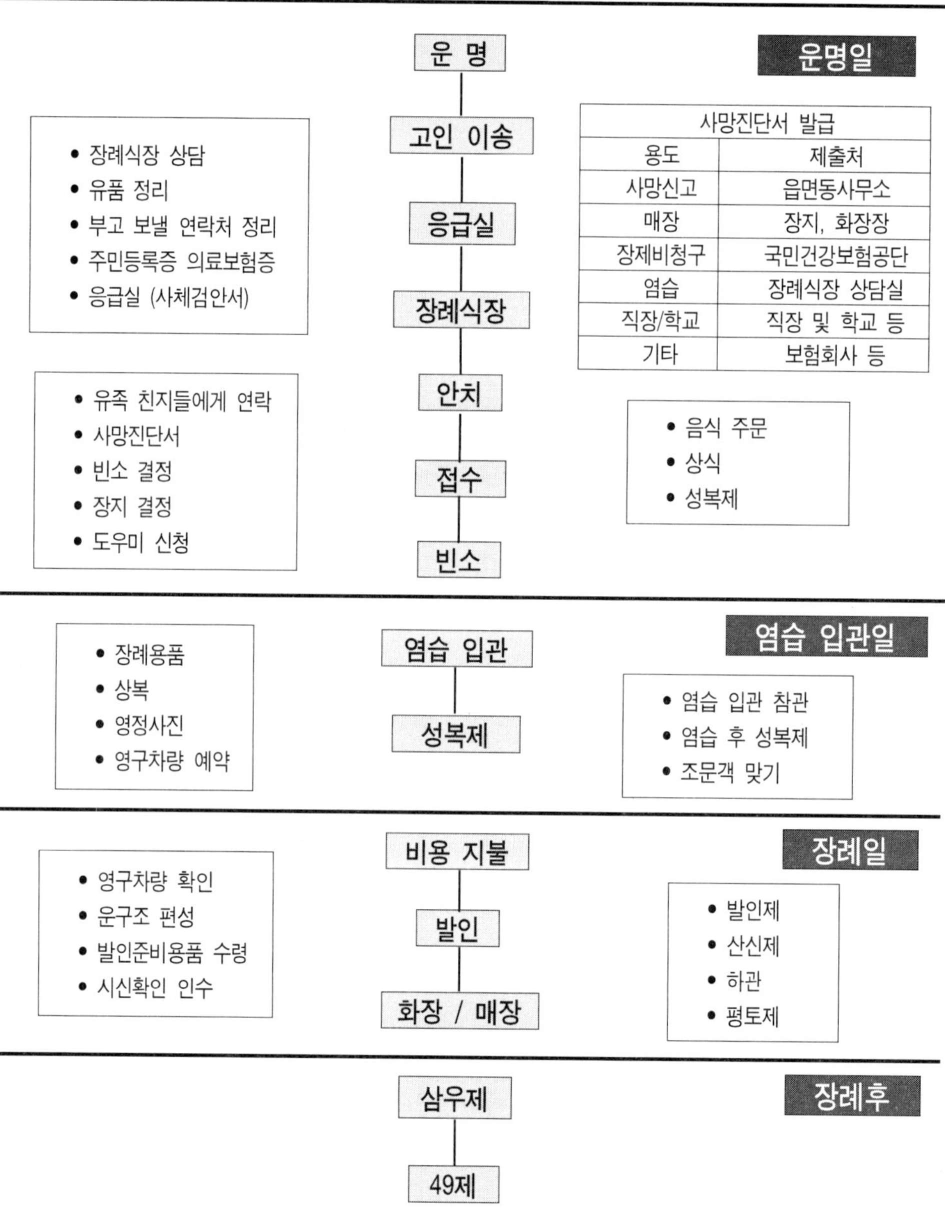

Ⅰ. 유가의 상장례

1. 상장례
2. 축문

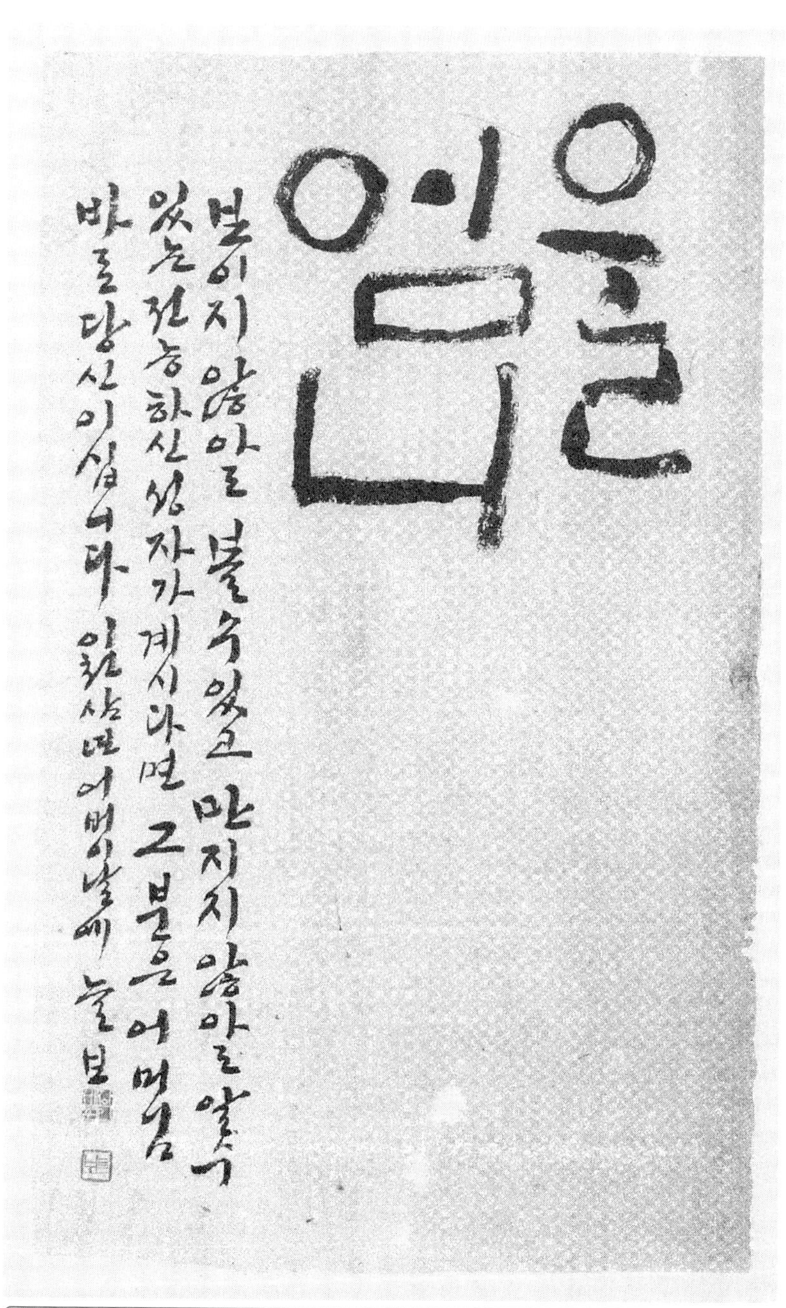

外玄 張世勳 作

1. 상장례

상례란 가까이 지냈던 사람의 죽음을 슬퍼하여 일정한 기간 동안 행하는 각종 의식절차이다. 예전에는 주로 가정에서 상례를 치렀지만, 요즈음엔 아파트 중심의 주거문화, 상례의 편리함, 문상객들의 편의 등을 이유로 병원 장례식장과 전문 장례식장의 이용이 일반화되고 있다.

전통 상・장례(喪・葬禮) 절차는 임종(臨終)▷수시(收屍)▷고복(皐復)▷발상(發喪)▷전(奠)▷습(襲)▷소렴(小殮)▷대렴(大殮)▷성복(成服)▷치장(治葬)▷천구(遷柩)▷발인(發靷)▷운구(運柩)▷하관(下棺)▷성분(成墳)▷반곡(反哭)▷초우(初虞)▷재우(再虞)▷삼우(三虞)▷졸곡(卒哭)▷소상(小祥)▷대상(大祥)▷담제(禫祭)▷길제(吉祭)와 같은 과정을 거쳤지만, 오늘날에는 편의 위주로 변해가고 있고 가정의례준칙을 따라 많이 생략되었다. 다음은 선인들이 장례를 치렀던 의미를 그 대강만이라도 알 수 있도록 가정에서의 상례절차와 축문에 대해 간략하게 기술해 본 것이다.

1) 운명일

(1) 임종(臨終)

환자의 병세가 위급해 도저히 회복할 가능성이 없으면 환자를 정침으로 옮긴다. 남자는 사랑방에, 여자는 안방에 옮겨 임종하도록 하는 것이 원칙이다. 집 안팎을 깨끗하게 청소하고 환자에게 깨끗한 옷으로 갈아입힌다. 속광(屬纊)은 햇솜을 환자의 코 밑에 대놓고 환자의 숨이 그침을 지켜보는 것이다. 환자가 임종할 때 가족들은 울음을 참고 조용하고 경건한 마음을 갖는데, 그 이유는 환자가 완전히 숨을 멈추지 않았을 때 곡성이 요란하면, 운명하는 이가 마음이 불안하고 정신이 혼란할까 염려되기 때문이다.

(2) 운명(殞命)

환자가 숨을 거두면 가족들은 흰옷으로 갈아입고 슬프게 곡한다. 시신이 있는 방은 비우지 않으며, 형제 중에서 부득이 한 경우는 번갈아 가면서라도 이를 지킨다.

(3) 고복(皐復)

복(復)・초혼(招魂)이라고도 한다. 고복은 시신을 보지 않은 사람이 죽은 사람이 입던 속

적삼을 들고 지붕 위로 올라가서 한다. 지방에 따라서 다르기는 하나 동쪽 끝으로부터 지붕의 중앙에 올라가서, 하늘과 땅과 북쪽을 향해 평소에 부르던 이름을 부르며 세 번 휘두른다. 복을 세 번 다 부른 뒤 망자의 옷을 내려주면 밑에 있는 사람은 상자로 옷을 받아다가 시신 위에 덮는다. 이는 고복을 한 옷으로 혼이 들어왔다고 생각하기 때문이다.

(4) 수시(收屍)

시신을 바르게 갈무리 하는 절차이며, 베나 한지로 묶는 것은 시신의 손과 발 그리고 몸통이 뒤틀리고 오그라드는 것을 막기 위한 것이다. 수시는 문을 닫고 하고, 시체를 안치한 방에는 불기운을 없앤다.

(5) 사자밥[使者飯]

인간에게는 삼혼이 있어 이 혼을 데리고 가는 사자 역시 3명일 것이라는 믿음에서 사자상도 밥・신・돈을 모두 셋씩 차린다. 반찬으로는 간장과 된장만 차리는데, 이를 사잣밥이라 한다. 밥과 반찬은 요기이며, 신은 먼 길에 갈아 신으라는 것이며, 돈은 망자의 영혼을 부탁한다는 의미라 한다.

(6) 발상(發喪)

아들・딸・며느리 등은 머리를 풀고 곡을 하며 옷을 갈아입는다. 특히 아들이나 상주의 손자는 두루마기를 입을 때, 아버지의 상에는 왼팔을 꿰지 않고 어머니의 상에는 오른팔을 꿰지 않는다. 이는 슬픔이 복받쳐 옷을 제대로 입을 겨를이 없기 때문이다. 이와 같이 상(喪)의 모습을 갖추고 초상난 것을 밖에 알리는 것을 발상(發喪)이라 한다.

(7) 호상(護喪)

발상을 하면 상중(喪中), 기중(忌中) 또는 상가(喪家)라고 써서 문밖 또는 길목에 붙인다. 예에 밝고 경험이 많은 사람을 호상(護喪)으로 정하고, 각종 문서를 정리하는 사서(司書)와 상가의 재물을 관리하는 사화(司貨) 등을 정한다. 호상소에는 상장례를 치루는 사이에 읽어야할 축철과, 물품이나 금전의 출납을 기록하는 장부, 그리고 부의록을 준비한다.

(8) 소식(素食)

예전에는 불식(不食)이라 하여 장례를 다 치룰 때까지 상주들은 음식을 먹지 않았는데, 이는 완전 금식이 아니라 죽을 먹어 몸을 상하지 않게 하는 정도이다.

(9) 부고(訃告)

부고(訃告)는 호상이 상주와 의논해 친척과 친지에게 신속하게 전한다. 상주의 아버지면 대인(大人), 어머니면 대부인(大夫人), 할아버지면 왕대인(王大人), 할머니면 왕대부인(王大夫人), 아내일 때는 망실(亡室) 또는 합부인(閤夫人), 동생일 때는 망제(亡弟)라 쓴다.

(10) 전(奠)

전(奠)이란, 고인이 살아 있을 때와 같이 섬기기 위해 술 과일 등을 차려 놓은 것이다. 집사(執事)가 포(脯)와 식혜(食醯), 과일 등을 탁자위에 놓으면 축관(祝官)이 술을 잔에 가득 차게 부어 시신의 오른쪽 어깨 가까운 곳에 놓는다. 집사와 축관이 전을 올리는 이유는 슬프고 애통하므로 주상이 올리지 못하기 때문이다. 단 절은 하지 않는다.

2) 염습 입관일

(1) 습렴(襲殮)

염습(殮襲)이란, 시신의 머리와 온몸을 깨끗이 닦고 머리를 단정하게 빗겨 주고 수의를 입혀주는 중요한 절차이다. 반함(飯含)은 생쌀을 버드나무 숟가락으로 떠서 입안의 좌 우 중앙에 각각 한 숟가락씩을 넣는 것이다. 소렴이란 시신을 옷과 이불로 싸는 것을 말하고, 대렴은 칠성판에 시신을 올려놓고 큰 이불로 주검을 싸고 맬 끈으로 묶는 것을 말한다.

(2) 입관(入棺)

관은 대렴까지 한 시신을 관에 넣는 일이다. 입관이 끝나면 관 위에 머리와 발쪽을 표시하여 두고 명정으로 덮어둔다.

(3) 명정(銘旌)

명정이란 죽은 이를 관에 넣고 누구의 관인가를 나타내는 표지깃발이다. '學生南陽洪公○○之柩' '孺人南陽洪氏之柩'와 같이 써서 관의 동쪽에 세우거나 병풍에 걸쳐 늘어뜨리며, 상여가 움직일 때에는 그 앞에 가며 매장할 때는 관이나 시신 위에 덮는다.

(4) 신주(神主)

신주는 각종 제례에 죽은이를 상징하는 표상이다. 신주 속에 부친상인 경우 '顯考學生府君 神位'를 모친상인 경우 '顯妣孺人南陽洪氏 神位'와 같이 세로로 써서 붙인다.

(5) 성복(成服)

상복을 입는 절차이다. 성복을 마치고 올리는 전을 '성복전(成服奠)'이라 하며 성복전이 끝나면 정식으로 조문을 받기 시작한다. 하지만 근래에는 성복여부와 관계없이 조문을 한다.

(6) 문상(聞喪)

객지에 나가 있다가 부모의 상(喪)을 듣고 돌아오는 것을 일컫는다. 부음(訃音)을 듣는 즉시 곡을 하며 부고를 가지고 온 사람에게 절을 하고 흰 옷으로 갈아입는다. 심상(心喪)은 스승 등이 돌아가셨을 때, 상복은 입지 않지만 마음으로 3년 동안 슬퍼하는 것이다.

(7) 조문(弔問)

손님이 상인(喪人)을 만나 조문하는 것을 말한다. 성복 전(前)에는 손님이 와도 빈소 밖에서 입곡(立哭)하고, 성복 후에야 비로소 상인과 정식으로 조문을 한다.

(8) 택지(擇地)

장지를 정하는 것이다. 운명한 뒤 장지를 정하느라 당황하지 않기 위하여 미리 정하기도 하는데, 이를 구산(求山)이라고 한다.

3) 장례일

(1) 설조전(設祖奠)

죽은이가 살던 집에서 마지막으로 대접받는 절차로 영좌 앞에 상을 차리고 집례가 술을 올린다. 축문은 “永遷之禮 靈辰不留 今奉柩車 式遵祖道(영천지례 영신불류 금봉구거 식준조도 : 영원히 옮겨가시는 예입니다. 영좌가 계실 날이 머무르지 않아 이제 상여로 받들겠으며 식은 조상들의 도를 따르겠습니다.)” 라고 읽는다. 주상이하 극진한 슬픔을 나타내고 절을 한다.

(2) 출관(出棺)

관을 방에서 들고 나올 때 방 네 귀퉁이에 시신의 머리를 맞추고 나오기도 하고, 쪽박이나 바가지를 엎어놓고 깨뜨리면서 나오기도 하는데 이는 상사로 인한 집안의 재액을 없애버리기 위한 것이라 한다.

(3) 천구(遷柩)

관을 방에서 들고 나와 상여로 옮기는 것이다. 천구고사는 “今遷柩 就轝敢告(금천구 취여감고 ; 이제 널을 옮겨 상여로 나감을 감히 고하나이다.)” 이다.

(4) 발인(發靷)

상여가 상가를 떠나 장지로 출발하는 것으로, 출상(出喪)이라고도 한다. 발인시에는 반드

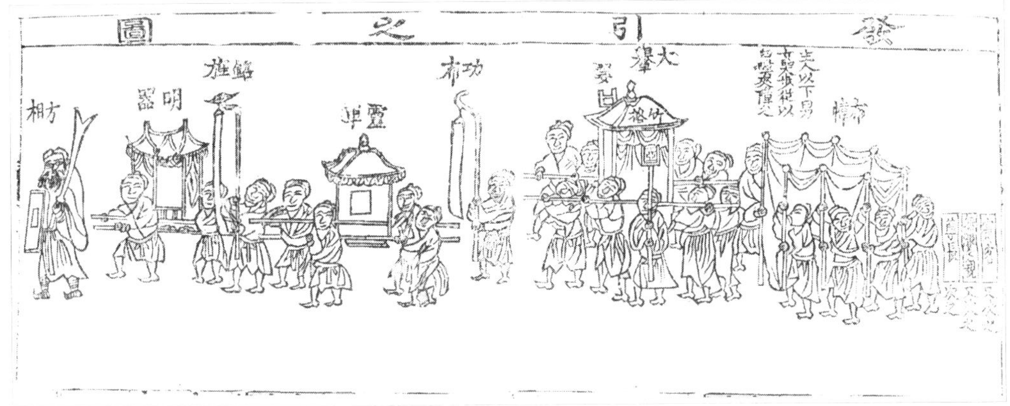

발인도(發靷圖) : 발인할 때의 행렬을 구행(柩行)이라고 하는데, 구행은 맨앞에 방상(方相)이 가고 다음으로 명기(明器)·여복(女僕)·시자(侍者)·명정(銘旌)·영거(靈車)·만장(挽章)·공포(功布)·운불삽(雲黻翣)·대여(大轝)가 가며, 다음으로 상주(喪主)·존장(尊長)·무복지친(無服之親)·빈객(賓客) 등의 순서로 이루어진다.

시 발인제를 지낸다. 발인제는 간단하게 제물을 차리고 발인축을 읽고, 맏상주는 두 번 큰 절〔단작이배(單酌二拜)〕을 한다. 이 때 읽은 '발인축'의 내용은 다음과 같다. 靈輀旣駕 往卽幽宅 載陳遣禮 永訣終天(영이기가 왕즉유택 재진견례 영결종천 : 상여를 이미 메었으니 가면 곧 무덤입니다. 보내는 예를 베푸니 영원한 이별입니다.) 발인제를 지내고 상여꾼들이 상여를 처음 들어 올렸을 때 망자의 집 쪽으로 향하여 세 차례 상여를 올렸다 내렸다 하는데, 이를 망자가 집을 보고 하는 하직 인사라 한다.

(5) 구행(柩行)

상여행렬을 말하며 행렬은 ① 방상(方相)▷② 명정(銘旌)▷③ 영여(靈輿)▷④ 만장(挽章)▷⑤ 공포(功布)▷⑥ 운아삽(雲亞翣)▷⑦ 상여(喪輿)▷⑧ 상주(喪主)▷⑨ 복인(服人)▷⑩ 존장(尊長)▷⑪ 무복친(無服親)▷⑫ 조객(弔客) 순으로 출발한다. 예전에 여자상주들은 동구까지만 따라갔다가 집으로 돌아오고 남자상주들은 묘지까지 동행했지만 현재는 남녀구분없이 다 묘지까지 동행한다.

여기서 ① 방상은 귀면을 쓴 사람이 칼을 들고 상여 앞에서 잡귀를 물리쳐 망자의 저승길을 깨끗이 닦아주는 역할을 한다. 방상은 인형으로 대치하기도 한다. ② 명정은 누구의 장례행렬인가를 나타내는 깃발이며, ③ 영여는 혼백상자를 모시고 가는 작은 가마이다. ④ 만장은 죽은이를 기리고 슬퍼하는 글을 쓴 깃발이며, ⑤ 공포는 장대에 삼베 천을 매달아 길이 좋고 나쁜 것을 알리는 신호기 역할을 하는 것이다. ⑥ 운아삽은 운불삽이라고도 하며 운삽(雲翣)과 불삽(黻翣)을 이르는 말이다. ⑦ 상여는 시신을 나르는 도구이고, ⑧ 상주는 상가(喪家)의 주인이며, ⑨ 복인이란 상복을 입은 사람이다. ⑩ 존장은 지위가 높은 사람이나, 나이가 많은 사람이다. ⑪ 무복친은 상례(喪禮)에서, 상복을 입을 촌수를 벗어난 가까운 친척을 말하며, ⑫ 조객은 조상(弔喪)하러 온 사람을 일컫는다.

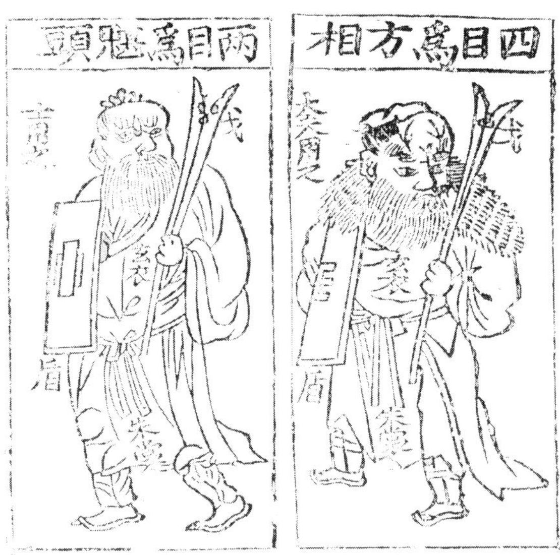

기두(魌頭)는 눈이 둘로 선비의 상에 사용하고, 방상(方相)은 눈이 넷으로 대부(大夫)의 상에 사용하였다. 붉은 치마에 검은 저고리를 입고 창과 방패를 들었다. 상여앞에서 잡귀를 물리쳐 망자의 저승길을 깨끗이 닦아주는 역할을 한다.

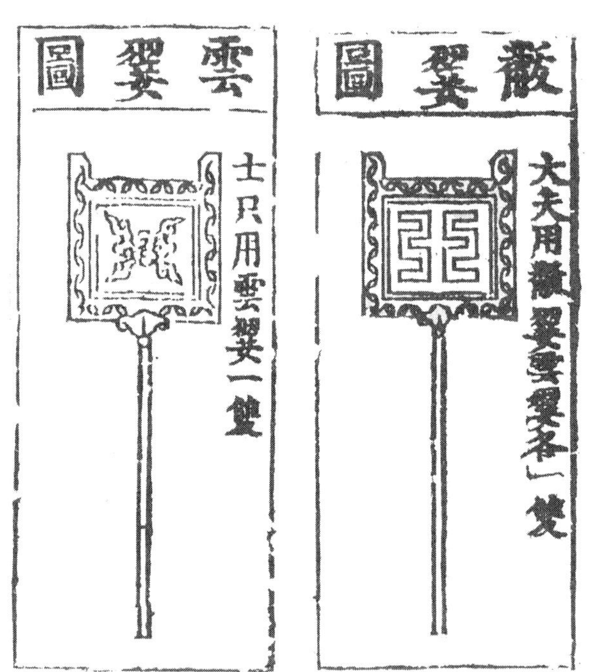

운불삽(雲黻翣) : 선비의 상에는 운삽(雲翣) 한 쌍만을 사용하고, 대부의 상에는 운삽(雲翣)과 불삽(黻翣)을 함께 한 쌍 씩 사용한다. 불삽은 아삽(亞翣)이라고도 한다.

(6) 노제(路祭)

마을 어귀 · 골목 어귀 · 삼거리 등 망령과 추억이 깃든 장소를 지날 때 주로 망령(亡靈)의 친구들이 주제관이 되어 지내는 것으로 사자와 이별을 섭섭하게 여겨 행하는 제사이다.

(7) 구지(柩至)

상여가 장지에 도착하여 매장하기까지의 절차를 말한다. 상여가 장지에 도착하면 영구를 광중의 남쪽에 모시고 상주들은 광중의 양옆에 서서 곡을 한다.

(8) 하관(下棺)

영구를 광중(壙中)에 넣는 것을 말하며 하관시 관과 함께 묻는 경우도 있고 관에서 시신만을 들어내어 안치하는 경우도 있다. 또한 하관시간을 두는 것은 사람의 사주팔자가 인생에 깊이 관련된다고 믿어, 땅에 묻히는 시간도 저승살이의 운명을 좌우하는 것으로 생각하기 때문이다. 내광이 흙으로 메워져 평지가 되면 평토제를 지내고 봉분을 만든다. 평토제가 끝나면 상주는 혼백상자를 모시고 집으로 돌아오는데 이를 반혼이라 한다. 집에 돌아오면 안상주들이 곡을 하면서 혼백을 맞이하며 혼백은 빈소에 모시고 반혼제(返魂祭)를 지낸다.

(9) 성분(成墳)

봉분을 만들고 석물을 세우는 것을 말하며 석물로는 혼유석 · 상석 · 향로석 · 망주석 등을 세운다. 봉분이 완성되면 고인의 육신이 유택(幽宅 : 죽은 사람의 무덤)에 묻혔으니 홀로 외롭더라도 고이 잠들고 길이 명복을 누리라는 뜻으로 고인의 영혼을 위로하는 의식을 지낸다. 이 의식을 성분제(成墳祭) 또는 위령제라고도 한다. 이 제사가 끝나면 상제들은 영위를 모시고 집으로 돌아온다. 집에 돌아오면 그날로 영혼을 집에 맞아들이는 제사인 반우제(返虞祭)를 지내는데 이를 초우(初虞)라고도 한다.

4) 장례 후

(1) 반곡(反哭) · 반혼(反魂)

반곡은 본가(本家)로 반혼(返魂)하면서 상주 등이 곡을 하는 것이다. 천천히 걸으며 슬픔에 이르면 곡을 하고 집의 문이 보이면 곡을 한다. 반혼할 때에는 왔던 길로 되돌아가며 앞만 보고 뒤를 돌아보지 않는다.

(2) 궤연(几筵)

주상이 상복을 입는 동안 영좌를 모시는 장소이다. 조용한 방에 병풍을 치고 교의를 놓은 다음 교의 위에 혼백과 신주를 모시고 그 앞에 제상과 향안을 배설한다.

(3) 상식(上食) · 삭망(朔望)

상식은 궤연을 모시는 동안 조석으로 상을 차려 올리는 것이며, 삭망은 매월 초하루에 보름의 상식보다 낫게 상을 차려 올리는 일이다.

(4) 우제(虞祭)

우제에는 초우(初虞) · 재우(再虞) · 삼우(三虞)가 있는데 이 우제부터 제사라 한다. 그러니까 우제 이전은 전(奠)이다. 제는 온갖 제물을 진설하고 술을 석잔 올리는 삼헌의 예이나, 전은 술을 한잔만 올린다. 차례를 지낼 때도 술을 한잔만 올리는데 이는 제사가 아니기 때문이다. 우제는 그의 혼이 방황할 것을 우려하여 위안하는 의식이다.

(5) 답조장(答弔狀)

삼우제를 지낸 다음에 조문왔던 손님들에게 인사장을 보낸다.

(6) 사십구제(四十九祭)

장례일로부터 49일째 되는 날 올리는 제로서 원래 불교의식이었으나 유교에서도 지낸다.

(7) 졸곡(卒哭)

무시곡(無時哭)을 마친다는 뜻이다. 삼우를 지낸 뒤 강일에 지내는 제사이다. 그리고 이때부터 조석에만 곡을 한다.

(8) 소상(小祥)

초상으로부터 13개월이 되는 날 즉, 1주기에 지내는 제사를 말한다. 이때부터 조석곡을 폐지하고 삭망에만 곡을 한다.

(9) 대상(大祥)

초상으로부터 25개월째 되는 날 즉, 2주기에 지내는 제사를 말한다. 대상을 지냈다고 하여 즉시 부모의 상을 잊고 평소의 생활로 돌아올 수 없으므로 한 달이 지난 다음 담제를 지낸다.

(10) 담제(禫祭)

초상으로부터 27개월째 되는 달의 정일(丁日) 또는 해일(亥日)에 사당에서 지내는 제사이다. 그 뒤부터 음주와 육식이 허용된다.

(11) 탈상(脫喪)

담제의 다음 달에 정일이나 해일을 택하여 지내는 제사이다. 탈상을 통하여 고인의 영혼에 대한 의례는 끝나고 후손들은 상주의 제약에서 벗어난다.

玄民 李鍾宣先生 儒林葬 柩行(2008년 6월 14일, 충남 유구)
사진제공 : 雪峰 李東雨

2. 축 문[1]

1) 發靷式告諭祝(발인식고유축)

永遷之禮 靈辰不留 今奉柩車 式遵祖道
영천지례 영신불류 금봉구거 식준조도
(영원히 옮기시는 예입니다. 영좌가 계실 날이 머무르지 않아 이제 상여로 받들겠으며 식은 조상들의 도를 따르겠나이다.)

2) 遷柩祝(천구축)

今遷柩 就轝敢告
금천구 취여감고
(이제 널을 옮겨 상여로 나감을 감히 고하나이다.)

3) 發靷祝(발인축)

靈輀旣駕 往卽幽宅 載陳遣禮 永訣終天
영이기가 왕즉유택 재진견례 영결종천
(상여를 이미 메었고 가면 곧 무덤입니다. 보내는 예를 베푸니 영원한 이별입니다.)

4) 山神祭祝(산신제축)

維歲次戊子[2] 八月[3] 癸卯[4] 朔初九[5] 日壬子[6]

---

1) 축문 역시 간략하게 소개하는 선에서 멈추려 한다. 자세한 것들은 상장례에 관련한 책자를 참고하기 바라며, 이제는 모두가 그 의미를 알 수 있는 한글축문을 적극적으로 생각해야 한다. 축문을 읽는 사람도 그 내용을 모르고 듣는 사람도 그 내용을 모른다면 독축하는 의미가 없기 때문이다. 매달 초하루의 간지를 적는 것이나 관작 등에 대해서도 현실에 맞게 조정을 해야 할 것 같다.

2) 戊子 : 당년(當年)의 간지(干支).

3) 八月 : 당월(當月).

4) 癸卯 : 당월(當月) 초하루의 간지(干支).

유세차무자 팔월 계묘 삭초구 일임자

幼學[7] 洪愚基[8] 敢昭告于

유학 홍우기 감소고우

土地之神 今爲學生[9] 南陽[10] 洪[11] 公 窆茲幽宅

토지지신 금위학생 남양 홍 공 폄자유택

神其保佑 俾無後艱 謹以淸酌脯醯

신기보우 비무후간 근이청작포해

祗薦于神 尙

지천우신 상

饗

향

(무자년 팔월 구일 유학 홍우기는 감히 밝혀 토지신에게 고하나이다. 이제 학생 남양홍공을 이 유택에 묻었사오니 신께서 그를 보호하사 뒤에 근심이 없게 하소서 삼가 맑은 술과 포해로써 공경하여 올리오니 흠향하소서.)

5) 平土時祝(평토시축)

維歲次戊子[12] 八月[13] 癸卯[14] 朔初九[15] 日壬子[16]

유세차무자 팔월 계묘 삭초구 일임자

---

5) 初九 : 당일(當日).

6) 壬子 : 당일(當日)의 간지(干支).

7) 幼學 : 산신제(山神祭)를 지내는 사람의 관작(官爵).

8) 洪愚基 : 산신제(山神祭)를 지내는 사람의 성명(姓名).

9) 學生 : 고인(故人)의 관작(官爵).

10) 南陽 : 고인(故人)의 관향(貫鄕).

11) 洪 : 고인(故人)의 성씨(姓氏).

12) 戊子 : 당년(當年)의 간지(干支).

13) 八月 : 당월(當月).

14) 癸卯 : 당월(當月) 초하루의 간지(干支).

15) 初九 : 당일(當日).

16) 壬子 : 당일(當日)의 간지(干支).

孤子[17] 愚基[18] 敢昭告于
고자 우기 감소고우
顯考[19] 學生[20] 府君[21] 形歸窀穸 神返室堂 神主旣成 伏惟
현고 학생 부군 형귀둔석 신반실당 신주기성 복유
尊靈 舍舊從新 是憑是依
존령 사구종신 시빙시의
(무자년 팔월 구일 고자 우기는 밝혀 아버님께 고하나이다. 형체는 광중으로 돌아가셨사오나 신혼(神魂)은 집으로 돌아가소서. 신주를 이미 이루었으니 엎드려 생각하건대 존령께서는 옛것을 버리고 새것을 따라 기대시고 의지하소서.)

6) 初虞 · 再虞 · 三虞祝(초우 · 재우 · 삼우축)

維歲次戊子[22] 八月[23] 癸卯[24] 朔初九[25] 日壬子[26]
유세차무자 팔월 계묘 삭초구 일임자
孤子[27] 愚基[28] 敢昭告于
고자 우기 감소고우
顯考[29] 學生[30] 府君[31] 日月不居 奄及初虞[32]

17) 孤子 : 母存父喪, 哀子 : 父存母喪, 孤哀子 : 부모가 모두 돌아가셨을 경우.
18) 愚基 : 主喪의 이름.
19) 考 : 父喪, 妣 : 母喪, 祖考 : 祖父喪, 祖妣 :祖母喪.
20) 學生 : 故人의 관작.
21) 府君 : 父親 祖父일 경우. 本貫과 姓氏 : 母親 祖母일 경우.
22) 戊子 : 당년(當年)의 간지(干支).
23) 八月 : 당월(當月).
24) 癸卯 : 당월(當月) 초하루의 간지(干支).
25) 初九 : 당일(當日).
26) 壬子 : 당일(當日)의 간지(干支).
27) 孤子 : 母存父喪, 哀子 : 父存母喪, 孤哀子 : 부모가 모두 돌아가셨을 경우.
28) 愚基 : 主喪의 이름.
29) 考 : 父喪, 妣 : 母喪, 祖考 : 祖父喪, 祖妣 :祖母喪.
30) 學生 : 故人의 관작.
31) 府君 : 父親 祖父일 경우. 本貫과 姓氏 : 母親 祖母일 경우.

현고　학생　부군　일월불거 엄급초우

夙興夜處 哀慕不寧 謹以淸酌 庶羞

숙흥야처 애모불녕 근이청작 서수

哀薦 祫事 尙

애천 협사 상

饗

향

(무자년 팔월 구일 고자 우기는 감히 밝혀 아버님께 고하나이다. 세월이 흘러 어언 초우가 되었나이다. 밤에 일찍 일어나 슬피 사모하여 편하지 못함에 삼가 맑은 술과 음식으로 애절하게 제사를 올리오니 흠향하옵소서.)

7) 小祥 · 大祥祝(소상 · 대상축)

維歲次戊子[33] 八月[34] 癸卯[35] 朔初九[36] 日壬子[37]

유세차무자　팔월　계묘　삭초구　일임자

孤子[38] 愚基[39] 敢昭告于

고자　우기　감소고우

顯考[40] 學生[41] 府君[42]　日月不居 奄及小祥[43]

현고　학생　부군　일월불거 엄급소상

夙興夜處 哀慕不寧 謹以淸酌庶羞

32) 初虞 : 初虞 · 再虞 · 三虞 中 해당하는 제사를 기재함.

33) 戊子 : 당년(當年)의 간지(干支).

34) 八月 : 당월(當月).

35) 癸卯 : 당월(當月) 초하루의 간지(干支).

36) 初九 : 당일(當日).

37) 壬子 : 당일(當日)의 간지(干支).

38) 孤子 : 母存父喪, 哀子 : 父存母喪, 孤哀子 : 부모가 모두 돌아가셨을 경우.

39) 愚基 : 主喪의 이름.

40) 考 : 父喪, 妣 : 母喪, 祖考 : 祖父喪, 祖妣 :祖母喪.

41) 學生 : 故人의 관작.

42) 府君 : 父親 祖父일 경우. 本貫과 姓氏 : 母親 祖母일 경우.

43) 小祥 : 小祥 · 大祥 중 해당하는 제사를 기재함.

숙흥야처 애모불녕 근이청작서수

哀薦常事 尙

애천상사 상

饗

향

(무자년 팔월 구일 고자 우기는 감히 밝혀 아버님께 고하나이다. 세월이 흘러 어언간 소상이 돌아오니 밤에 일찍 일어나 슬피 사모하여 편안하지 못함에 삼가 맑은 술과 여러 가지 음식을 갖추고 슬픔을 다하여 올리오니 흠향하소서.)

상중에 축문을 읽는 모습 - 사진제공 : 설봉 이동우

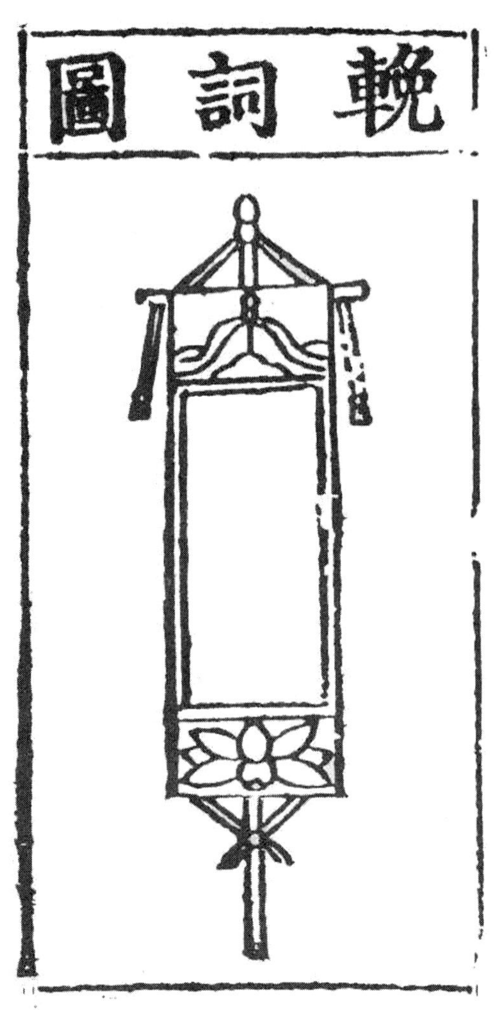

만사도(輓詞圖) : 만사는 색깔도 크기도 정해진 것이 없다. 종이나 천에 조객들이 써 놓은 만사를 그림과 같이 장대에 매달아서 묘지까지 들고 갔으니, 바람이 불고 비가 오는 것을 고려한다면 종이보다는 천이 나았을 것이고 색깔도 울긋불긋 화려한 것이 좋았을 것이다. 하지만 요즘은 여러 가지 사정상 묘지나 화장장까지 만사를 들고 갈 수 없으니, 빈소 접객실 복도 등에 질서정연하게 걸어놓는 것도 의미가 있을 것이다.

Ⅱ. 유가의 만장

1. 오언의 만장
2. 칠언의 만장
3. 여인의 만장
4. 기타의 만장

※ 만장협서에 대하여

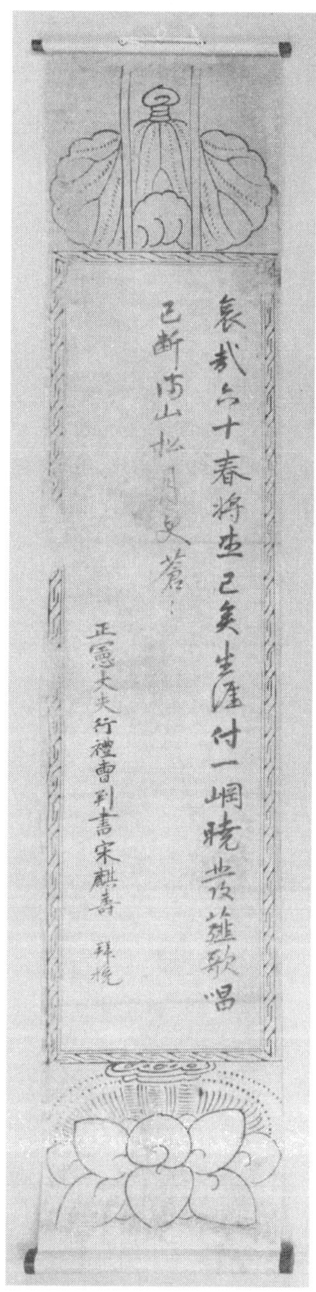

2003년 4월 경기도 양평군 강상면 화양리에 있던 추성수(楸城守) 이희화(李熙𢫫) 내외의 묘를 이장하던 도중 시신이 안치된 목관과 이를 둘러싸고 있는 목관 주변에서 조선시대의 의복과 직물 서지류 등 부장품 59점이 발견되었다. 그중 만장 25점이 출토되었는데 아래에 소개하는 것은 전문이 온전한 5점의 만장이다.

– 국립민속박물관 소장

楸城守 李熙𢫫 夫婦墓 出土輓章
哀哉六十春將盡 已矣生涯付一崗
曉發薤歌唱已斷 滿山松月更蒼蒼
正憲大夫行禮曹判書 宋麒壽拜挽

슬프도다. 육십세 봄이 끝나가는데
생애를 마치고 한 언덕에 묻혔구나
새벽에 상여소리 부르다 그치니
만산에 송월은 더욱 푸르네

–길이185cm 너비34cm

重泉奄閉隔明幽
杯酒如今誰共遊
靈幄風鳴人已散
青山寂寂水宜流
通訓大夫行弘文館典翰 黃瑞拜挽

황천길 닫히고 유명을 달리하니 술잔은 그대론데 어느 뉘와 함께하나
명정은 바람에 우나 사람은 흩어지고 청산은 적적한데 물은 또 흘러가네

-길이185cm 너비34cm

楸城眞古人 伊我夙取欽
視余如已子 情意兩相深
孰云仁者壽 天道苦難湛
閨中孀婦哭 佳城草蕭森
恨未親執拂 題挽淚沾襟
姪 金濟拜哭

추성수는 진정 고인이 되었구나 그분을 내가 일찍이 흠모했었는데
나를 보고 그대와 같다 했으니 생각할수록 정이 더욱 깊어지누나
누가 말했던가 어진 사람이 오래 산다고 천도가 분명하지 못함을 괴로워한다
규중에 부인은 한없이 우는데 묘지에는 풀들만 무성하구나
손수 상엿줄 잡지 못함이 한스러워 만사를 지으면서 눈물 흘린다

-길이185cm 너비34cm

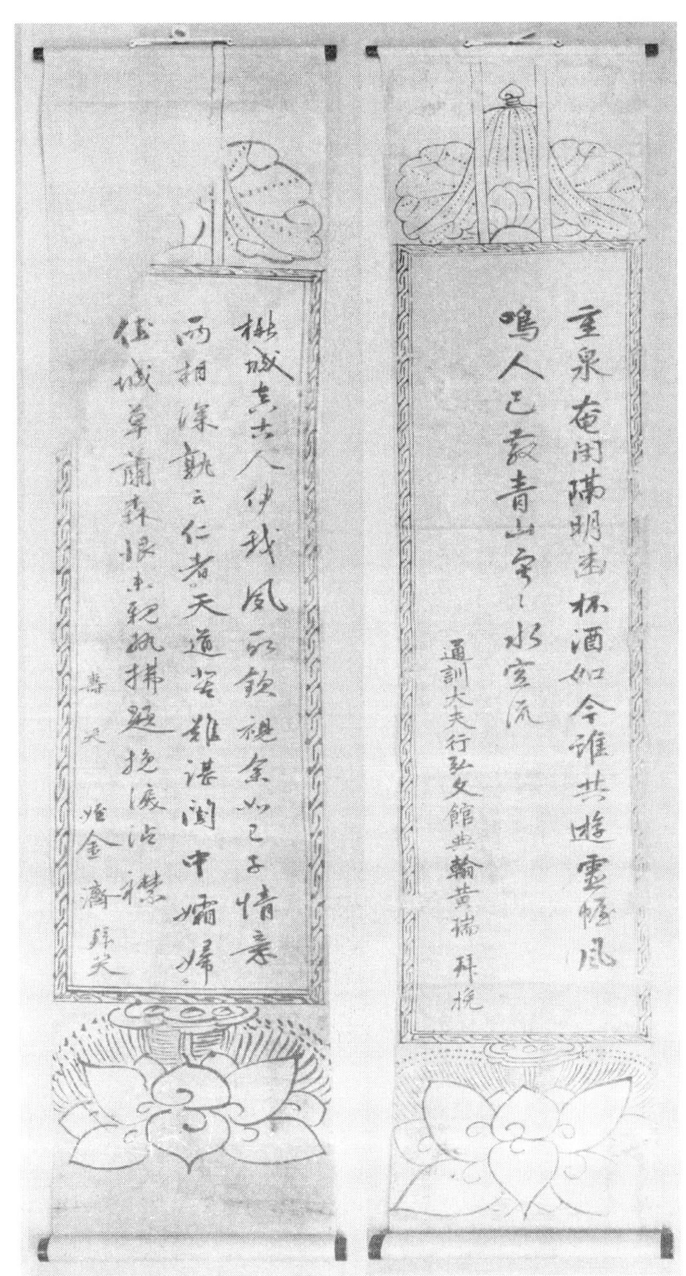

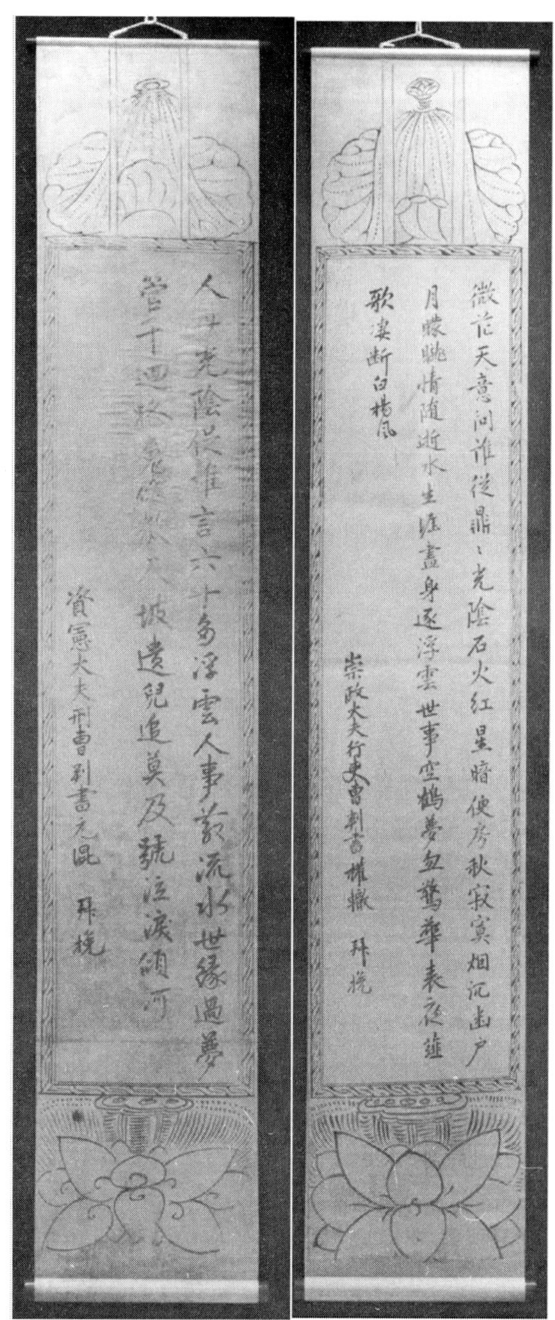

人世光陰促 誰言六十多
浮雲人事散 流水世緣過
夢管千廻路 魂作數尺坡
遺兒追莫及 號泣淚傾河
資憲大夫刑曹判書 元混拜挽

인간세상 세월이 이처럼 촉박한데
육십이 많다고 어느 누가 말했던가
떠가는 구름처럼 사람들 흩어지고
흐르는 물처럼 세연도 지나간다
꿈속에선 천 번을 돌아 걸었는데
혼백은 수척의 언덕에 묻혔구나
남겨진 아이는 따라가기 못하고
울부짖는 소리 눈물은 강을 이루네
-길이185cm 너비34cm

微茫天意問誰從 鼎鼎光陰石火紅
星暗便房秋寂寞 烟沈幽戶月朦朧
情隨逝水生涯盡 身逐浮雲世事空
鶴夢忽驚華表夜 薤歌凄斷白楊風
崇政大夫行吏曹判書權轍拜挽

알 수 없는 하늘 뜻을
누구에게 물어야 하나
정정한 세월은 전광석화와 같다네
별도 어두워진 편방의 쓸쓸한 가을
그윽한 집에 안개는 자욱하고
달은 몽롱하구나
마음은 물처럼 흐르나
생애는 다했고
몸은 부운을 따라 갔으니
세상일이 부질없네
학의 꿈에 홀연히 놀란 화창한 밤에
상엿소리 처량한데
백양나무숲에는 바람이 부네
-길이185cm 너비34cm

1. 오언의 만장

1) 10자의 만장

裁挽空揮涕 만사를 쓰니 속절없이 눈물 쏟아져
含辭不自陳 말을 삼킬 뿐 펼치지 못하누나.

悠悠難會面 脉脈屢傷神 病裏驚聞訃 愁中値餙輴
心情嗟未展 筋力愧無因 裁挽空揮涕 含辭不自陳〈挽人〉『高峯集』奇大升

孝子無窮痛 효자의 한없는 슬픔
茫茫白日昏 아득하니 대낮도 캄캄하더라.

鼓盆中歲日 埋玉舅家園 晩作歸休計 常留返苑言
秖今將素幔 還復駕雙轅 孝子無窮痛 茫茫白日昏〈挽人〉『高峯集』奇大升

已矣平生志 평생 품은 공의 뜻 허사(虛事)가 되니
空令我輩歎 부질없이 우리들을 탄식케 하네.

朝天命忽下 不晉詎無難 北寓愁羈宦 南來病據鞍
壑舟移半夜 家室隔三殯 已矣平生志 空令我輩歎〈挽章盧禛玉溪〉『高峯集』奇大升

後死今無賴 홀로 남아 의지할 곳 없어서
臨風獨汗顔 바람결에 외로이 눈물 흘린다.

東方文獻少 岐路又難刪 已卯人斯遠 江南道復還
淵源傳服老 師友有陶山 後死今無賴 臨風獨汗顔〈挽章尹斗壽梧陰〉『高峯集』奇大升

慟絶臨分語 작별의 이야기 가슴 아프고
依俙入夢神 꿈속에 든 혼백이 아른거리네.

知已云亡日 索居又逢春 豈期當末路 復此重沾巾
慟絶臨分語 依俙入夢神 諸君那不死 一代不數人〈挽章尹斗壽梧陰〉『高峯集』奇大升

斯文垂再喪 선비가 두 번이나 상을 당하니
吾道屬無依 우리 도(道) 의지할 곳 없어졌구나.

南國驚樑壞 西林痛計違 斯文垂再喪 吾道屬無依
已致休脂轄 終慚奮斷機 扁舟臨別語 今日倍沾衣〈挽章柳格〉『高峯集』奇大升

才堪制禮樂 재주는 예악(禮樂)을 만들 만하고
學則在明誠 학문은 밝음과 정성에 두었다네.

光岳分元氣 天生間世英 才堪制禮樂 學則在明誠
未展經世志 空留山斗名 平生有心契 南望淚如傾〈挽章鄭琢藥圃〉『高峯集』奇大升

湖嶺懷曾極 전원(田園)을 사모한 정 끝이 없으나
幽明負莫追 유명(幽明)간에 어긋남이 애석하구나.

已矣奇夫子 天胡不憖遺 廟堂悲失鑑 吾道慟無師
湖嶺懷曾極 幽明負莫追 潞公難叫起 題墓竟伊誰〈挽章徐台壽〉『高峯集』奇大升

筆躋東海室 필력은 동해(東海)의 수준으로 올라섰고
文奪盛唐胎 문장은 성당(盛唐)의 바탕을 벗어났더라.

早洽神童譽 人稱絶世才 筆躋東海室 文奪盛唐胎
事業調殷鼎 勳名勒漢臺 彼蒼胡不憖 蜀髽謾相哀〈挽詞金應成〉『鵝溪遺稿』李山海

彼蒼胡不憖[44] 저 푸른 하늘이 어찌 살리지 않았나?
蜀髽[45]**謾相哀** 머리를 풀어헤치고 서로 슬퍼한다네.

早洽神童譽 人稱絶世才 筆躋東海室 文奪盛唐胎
事業調殷鼎 勳名勒漢臺 彼蒼胡不憖 蜀髽謾相哀〈挽詞金應成〉『鵝溪遺稿』李山海

---

44) 憖은 '억지로'라는 의미로 쓰이는데 문맥으로 미루어볼 때 "하늘은 억지로라도 이런 분을 살려서 세상에 남겨놓지 않았는가?"라는 한탄의 뜻으로 여겨져 해석해 본 것이다.

45) 蜀髽 : 이는 촉나라 사람들이 상을 당했을 때 머리를 묶는 방법일 것이나 우리나라에서는 상을 당했을 때 머리를 풀기 때문에 이렇게 번역하였다.

典刑留琬琰　남기신 규범 홀기에 남아 있고
勳業在麒麟　그 공훈(功勳) 기린각(麒麟閣)에 새겼네.

一代文章伯 三朝老大臣 典刑留琬琰 勳業在麒麟
白屋分餘照 青雲仰後塵 巋然今已矣 雪涕問蒼旻〈月汀先生挽詩〉『谿谷集』張維

巋然今已矣　우뚝하신 어르신 지금 돌아가시다니
雪涕問蒼旻　눈물 닦으며 푸른 하늘에 물어보네.

一代文章伯 三朝老大臣 典刑留琬琰 勳業在麒麟
白屋分餘照 青雲仰後塵 巋然今已矣 雪涕問蒼旻〈月汀先生挽詩〉『谿谷集』張維

風塵久未靖　오래도록 불안정한 이 풍진 세상
爲爾一沾纓　그대 위해 눈물로 옷깃 적시네.

今古橫戈地 男兒幾個英 沙場曾取雋 玉塞早知名
共惜秦瓊病 誰論李志生 風塵久未靖 爲爾一沾纓〈武將 挽詞〉『谿谷集』張維

堂堂五福備　당당하게 오복(五福)을 갖추셨으니
不朽更流芳　불후(不朽)의 그 이름 후세에 전하리라.

伯仲稱聯璧 雲宵看雁行 台階推事業 山斗擅文章
華夏聲名動 耆英禮數光 堂堂五福備 不朽更流芳〈月汀先生挽詩〉『谿谷集』張維

誨掖勤提耳　귀에 대고 가르치고 도와주신 그 말씀
愚蒙早服膺　몽매한 내 마음에 일찍부터 새겼었네.

誨掖勤提耳 愚蒙早服膺 推書與王粲 遣騎覓張憑
小子將安放 窮途慟轉仍 平生瓣香在 一點已傳燈〈月汀先生挽詩〉『谿谷集』張維

小子將安放　소자 누구를 의지해야 하나
窮途慟轉仍　막다른 길목에서 통곡만 하네.

誨掖勤提耳 愚蒙早服膺 推書與王粲 遣騎覓張憑
小子將安放 窮途慟轉仍 平生瓣香在 一點已傳燈〈月汀先生挽詩〉『谿谷集』張維

瞥然泡影盡 잠깐사이에 물거품 인생 다하니
懷舊爲沾巾 옛 일을 생각하며 눈시울 적시누나.

白麓羇栖久 青溪邂逅頻 衣冠憐古貌 談笑見天眞
榮進龍頭選 郎潛鶴髮身 瞥然泡影盡 懷舊爲沾巾〈挽李丈般老〉『谿谷集』張維

居然隨物化 뜻밖에 변화 따라 돌아가신 몸
歸旐卷寒飇 싸늘한 바람결에 조기(弔旗)가 펄럭이네.

令弟雲臺表 堂堂柱石姿 天倫宜挺拔 夫子獨栖遲
驃騎名何減 林泉迹自奇 居然隨物化 歸旐卷寒飇〈挽李丈資〉『谿谷集』張維

爽氣今難致 시원한 그 기상 지금 보기 어려우니
高人更有誰 고매한 이런 사람이 다시 있을까.

忽報歸黃壤 無因識紫芝 梅花和靖宅 叢桂小山詞
爽氣今難致 高人更有誰 謝家群從在 零落惜瓊枝〈林處士竣挽〉『谿谷集』張維

晩交情不淺 늘그막에 맺은 교분 정이 깊기에
題挽涕沾鬚 만사를 지으며 눈물 흘린다.

萬事惟遭遇 浮生有菀枯 相知總霄漢 未老忽泉壚
李遠饒詩興 爰絲混博徒 晩交情不淺 題挽涕沾鬚〈挽李持平性源〉『谿谷集』張維

孝思何至此 효성이 어찌 여기에 이르렀는가
痛哭淚霑襟 통곡하매 눈물이 옷깃을 적시네.

孝思何至此 痛哭淚霑襟 功業今棠茇 才名舊翰林
沈緜經數載 揚歷負初心 五十人間事 居然成古今〈辛監司永孫挽詞〉『四佳集』徐居正

五十人間事 오십 년간 인간에 얽힌 자취가

居然成古今 어느덧 고금의 일이 되어버렸네.

孝思何至此 痛哭淚霑襟 功業今棠芟 才名舊翰林
沈郞經數載 揚歷負初心 五十人間事 居然成古今〈辛監司永孫挽詞〉『四佳集』徐居正

富貴曾無憾 부귀는 일찍이 유감 없었지만

堪嗟壽不長 애석한 건 수명이 길지 못함이라.

富貴曾無憾 堪嗟壽不長 回頭五旬事 得意十年强
已矣千鍾樂 居然一鑑亡 知公九泉恨 白髮有高堂〈吉昌府院君挽詞〉『四佳集』徐居正

銘旌還故里 명정이 고향 마을로 돌아갈 제

回首恨添添 머리 돌리니 회한이 그지없어라.

正坐儒冠誤 青衫白盡髥 有才人共惜 無命鬼應嫌
身世千年鶴 功名六日蟾 銘旌還故里 回首恨添添〈房校勘挽詞〉『四佳集』徐居正

道喪吾何托 도를 잃었으니 나는 어디에 의지하나

天高問莫聆 하늘은 높아서 물어도 듣지 못하네.

往年哭退老 今歲哭南冥 道喪吾何托 天高問莫聆
山窮智異脈 星薄小微精 漢水舟中別 誰知隔死生〈挽章李山海〉『南冥集』曺植

有才人共惜 재주가 있어 사람들이 아꼈건만

無命鬼應嫌 명운이 없어 귀신이 시기했음이라.

正坐儒冠誤 青衫白盡髥 有才人共惜 無命鬼應嫌
身世千年鶴 功名六日蟾 銘旌還故里 回首恨添添〈房校勘挽詞〉『四佳集』徐居正

傷心古遺直 마음이 아파라 고인의 남은 자취

那復見當今 어떻게 다시 지금에 보랴.

군자가 세상에 살아계실때 사람들은 산처럼 의지
하였네 선생이 갑자기 돌아가시니 후학들은 누구
를 의지하려나
용인에서 후학 권병우 애도하며 삼가씀

웃음 울던 모든 인연 끝나버렸음 백세 장수 그기대가 어
긋났구나 눈덮인 산언덕 차가운 광중 숲속 바람 새벽
피리 곡이 매이네
용인 학인 권병우가 재배함 애도하여 쓰다

君子存於世 人情若倚山 先生奄忽逝 後學更誰攀

悲歡萬緣盡 壽考百齡差 雪壠開寒隧 風林咽曉笳

- 군송 권병우 書

介節妨行世 高才喜陸沈 親知盡零落 衰疾轉侵尋
南郭移居僻 西湖卜地深 傷心古遺直 那復見當今 〈挽尹僉知祁〉『象村稿』 申欽

人事有如此 사람의 일이 이와 같으니
往來空自悲 오고 감이 부질없어 슬퍼한다네.

人事有如此 往來空自悲 青春逢餞地 朱夏哭歸時
流落嗟何及 存亡恨莫追 平生過庭分 執紼鬢成絲 〈林聘君挽〉『企齋集』 申光漢

德與名俱重 덕행과 명예를 모두 갖추었으나
時兼命自差 시절과 명운이 스스로 어긋났네.

二十年前面 相逢未盡懷 方祈乘泰運 久擬踐台階
德與名俱重 時兼命自差 傷心三典禮 無復伯夷諧 〈禮曹兪判書汝霖挽詞〉『企齋集』 申光漢

物衰還有日 사물이 쇠하면 돌아올 날이 있건만
人逝返無期 사람은 한 번 가면 돌아올 기약없네.

鶯入新年語 花開滿故枝 物衰還有日 人逝返無期
抱怨重泉暗 銷魂諸友悲 行修罹禍酷 天道邈難知 〈挽徐訓導活〉『晦齋集』 李彦迪

功名他日事 공명(功名)은 다른 날의 일이니
誰記峴山碑 누가 산속의 비명(碑銘)에 기록(記錄)할까?

獨戍三邊遠 高才萬戶卑 尋常百步葉 心腹五申師
不副虎頭象 空還馬革尸 功名他日事 誰記峴山碑 〈挽萬戶〉『德陽遺稿』 奇遵

氣槩當時彦 기개는 당시의 선비와 같고
才名古將風 재주와 명성은 옛 장수의 풍모였네.

氣槩當時彦 才名古將風 青蛇匣裏劍 明月手中弓
膂力三秋倦 風塵五鎭空 天驕元效順 終不報邊功 〈挽萬戶〉『德陽遺稿』 奇遵

不廢長江在 장강(長江)이 막히지 않는다면
聲名共一流 명성(名聲)은 그와 같이 전할 것이라.

文章亦餘事 人物曾賢儔 世仰霑霖澤 天催記玉樓
駱峯春自媚 麟閣畫空留 不廢長江在 聲名共一流 〈申大諫光漢挽〉『泛虛亭集』尙震

人生誰不死 인생 뉘라서 죽지 않을까
百歲皆同歸 백 세 안에 모두 다 돌아간다네.

兩曜如跳丸 四序相推移 浮生能幾何 忽如流星馳 常苦不滿百 況乃七十稀
共賀高堂上 鶴髮尙含飴 積善餘慶多 蘭玉滿庭闈 歲時笏頳床 五常稱白眉
迭起舞綵衣 其樂自融怡 願言享多壽 千秋長若斯 寧知事大謬 二豎忽相欺
槐安夢一覺 人間万事非 茫茫九原下 厚夜朝何時 蕭蕭宰木拱 慘慘悲風吹
人生誰不死 百歲皆同歸 情鍾屬我輩 題挽涕交頤 〈挽詞〉『三灘集』李承召

哀事頗相賴 슬픈 일은 자못 서로 의지하나
餘情尙未收 남은 정은 오히려 거둘 수 없네.

曾知鎭安日 高義荷綢繆 哀事頗相賴 餘情尙未收
擬將申我謝 其奈隔泉幽 千里南原草 含悲送故丘 〈金大諫麟孫大人挽〉『俛仰集』宋純

秋山落葉滿 가을 산에 낙엽이 가득 쌓이면
何處覓孤墳 어디에서 외론 무덤 찾을 것인가?

憶昔蓬萊殿 同時閱古文 他年談咲後 今日死生分
未遂留徐劍 徒悲望白雲 秋山落葉滿 何處覓孤墳 〈丕承挽詞〉『松齋遺稿』羅世纘

秋風數行淚 가을바람에 몇 줄기 눈물
灑與北邙墳 북망산 무덤에 뿌리노라.

兩代黃扉相 時稱萬石君 獨全知畏愼 早白爲憂勤
遺令孤皆奉 陰功世莫聞 秋風數行淚 灑與北邙墳 〈李相國光緒挽詞〉『西河集』林椿

地下如相識 지하에서도 서로 친분이 있다고
應招拙叟游 재주 없는 늙은이를 부르는구나.

南柯春夢破 雲落夜臺幽 雖喜嚴顔咲 可堪慈母愁
高陽徒已散 華表跡空留 地下如相識 應招拙叟游 〈益城府院君挽章〉『及菴詩集』閔思平

玉樹添風彩 뛰어난 인재 풍채를 더하시고
銀鉤照日光 필치는 일광에 빛나는도다.

泉裝何遽爾 吾謂老彌强 玉樹添風彩 銀鉤照日光
淸新庾開府 終始郭汾陽 偶會還如昨 投壺意自長 〈挽杏村李侍中嵒〉『淡庵逸集』白文寶

金蘭將再講 금란은 장차 다시 피나
玉樹忽先摧 뛰어난 인재 홀연 먼저 꺾였네.

久矣吾多病 惠然誰一來 金蘭將再講 玉樹忽先摧
雲薄秋容淡 山遙曉色開 分離竟如此 天地亦悠哉 〈全判書敬先挽詞〉『牧隱藁』李穡

百年臣節聳 백년의 신하 절개 높았고
千載主恩深 천년의 임금 은덕 깊도다.

鼎重三韓業 氷淸一片心 百年臣節聳 千載主恩深
日映臨津水 雲連瑞谷岑 病中難執紼 悵望動哀吟 〈慶侍中挽詩復興〉『牧隱藁』李穡

死生如晝夜 삶과 죽음은 밤과 낮 같으니
執紼尙哀歌 상엿줄 잡고 섧게 노래하네.

世係三朝相 生涯一院花 稀年今轉少 通憲古無多
夫子何遺恨 郎君盡拜嘉 死生如晝夜 執紼尙哀歌 〈權判書挽詞〉『圓齋稿』鄭樞

山頹安所仰 산 무너지니 바라볼 곳 어디며
天遠固難諶 높은 하늘 참으로 믿기 어렵네.

芳年直紫禁 皓日照丹心 古府樞機密 南州惠愛深
山頹安所仰 天遠固難諶 忍看埋玉樹 苦淚倍霑襟〈挽尹密直可觀〉『三峯集』鄭道傳

醉中仍棄世 취중에 그대로 세상을 버리셨으니

何處把金巵 어디에서 금잔을 잡으시려나.

貴富超東國 豪華冠一時 放鷹心更豁 牽犬意無涯
幾被諸公愛 多爲聖主知 醉中仍棄世 何處把金巵〈黃二相挽章裳〉『愓若齋學吟集』金九容

高門積善遠 높으신 가문 선행이 오래됐으니

奕葉植根深 한 세대에 뿌리깊이 심으셨구나.

詠見君臣義 祠知郡國心 高門積善遠 奕葉植根深
松月自淸夜 庭槐空綠陰 哀榮無所憾 吾道一霑襟〈安判門下挽詞〉『獨谷集』成石璘

未必仁人壽 어질다고 반드시 장수하진 못하고

空留長者風 장자의 풍모만 부질없이 남았네.

溫溫吾益友 情話幾回同 未必仁人壽 空留長者風
塵棲經卷上 火盡藥爐中 惆悵平生事 松楸夜月籠〈趙侻宰臣挽辭〉『獨谷集』成石璘

挽歌悽已斷 상엿소리 쓸쓸히 거두나니

陳迹更難追 묵은 자취 다시 쫓기 어려워라.

肅整爲閨範 柔和著婦儀 一朝風木撼 滿洞水雲悲
花謝春容淡 煙凝曉色遲 挽歌悽已斷 陳迹更難追〈判書鄭乙產妻辛郡君挽詞〉『耘谷行錄』元天錫

玉潤元非琢 옥이 윤택하나 원래부터 쪼지 않았고

淵澄政不流 맑아서 정사(政事)가 혼탁하지 않았네.

黑頭眞宰相 功業自箕裘 玉潤元非琢 淵澄政不流
明堂方作柱 夜壑莫藏舟 已矣如公少 應從簡冊求〈文敬公李平齋挽詞〉『陶隱集』李崇仁

去去遙相望 가고 가서 서로 멀어져가니

誰能不泫然 누구라도 눈물짓지 않을 수 있나?

少無紈綺習 日向酒家眼 我道忘機者 人疑謫世仙
佳城寒雪裏 丹旐朔風前 去去遙相望 誰能不泫然〈趙判事挽詞名文景忠肅公孫〉『陶隱集』李崇仁

星隕予初恠 별 떨어질 때 나는 처음 괴이했는데

山頹世共悲 산 무너지자 세상 모두 슬퍼하누나.

將相才兼德 彌綸道合時 一心勤翊亮 萬姓倚安危
星隕予初怪 山頹世共悲 聊將憂國淚 揮洒望乘箕〈柳貞愼公挽辭〉『陽村集』權近

華屋悲風起 화려한 집에 슬픈 바람 일어나니

哀榮事已休 슬픔과 영화도 이제 끝이구나.

華屋悲風起 哀榮事已休 人生有修短 天意豈恩讐
慘惔雲烟曉 凄涼草樹秋 挽歌轉悽楚 行路揚知愁〈成判書挽辭唯德〉『陽村集』權近

身世還如夢 신세는 도리어 꿈결과 같고

人生本自浮 인생은 본래가 부평초 같네.

德爵尊皆具 詩書學亦優 棘闈留藻鑑 華屋照銀鉤
身世還如夢 人生本自浮 門闌餘慶在 不用淚長流〈成密直士達挽辭〉『陽村集』權近

積善傳家遠 적선이 집에 전해진지 오래요

緜緜慶不窮 면면한 경사 다함이 없었더라.

立身行有度 養志孝彌豊 老矣方哀毁 俄然已令終
沙堤猶昨日 廊廟有遺風 積善傳家遠 緜緜慶不窮〈姜文敬公挽辭〉『陽村集』權近

謹愼持身德 삼가하며 몸에 덕을 지니고

溫恭待物仁 공손하여 남에게 어질게 대했다네.

吾生雖已晩 尙及老成人 謹愼持身德 溫恭待物仁
黃扉初罷相 綠野欲怡神 豈意騎箕速 終令愴恨新〈姜文敬公挽辭〉『陽村集』權近

一夢精魂秘 한 꿈인 듯 정혼(精魂)을 숨겼으나
千秋德譽傳 천추에 덕과 명예를 전하는구나.

累世衣冠裔 平生富貴全 循良有遺愛 强健享稀年
一夢精魂秘 千秋德譽傳 信知多積善 濟濟子孫賢〈尹鈴平君挽辭〉『陽村集』權近

令名歸史筆 영예는 사관의 붓끝으로 돌아가고
高節感人心 높은 절개 인심을 감동시켰네.

善人終不幸 天道杳難諶 晩歲遭時亂 忠言受禍深
令名歸史筆 高節感人心 南望公山遠 悲酸未易禁〈李侍中子松挽章〉『復齋集』鄭摠

一死人難免 한번 죽음을 사람이 면키 어렵지만
於君理太乖 그대에겐 너무도 잘못되었네.

一死人難免 於君理太乖 青雲軔初發 黃壤璧還埋
尙爾交親慟 何如父母懷 提携四黃口 誰似阿兒佳〈挽權正字徵〉『海峰集』洪命元

淸儉承先業 청검(淸儉)으로 선대의 업 이어나가고
慈祥裕後昆 자상하심 후손에 넉넉하도다.

柳氏文之望 人推積善門 八旬身尙健 二品位仍尊
淸儉承先業 慈祥裕後昆 令男交契厚 聞訃倍消魂〈柳宰臣元顯挽〉『春亭集』卞季良

西風凋玉樹 서풍에 뛰어난 인재가 시드니
殘月隱佳城 쇠잔한 달빛마저 묘지에 숨었구나.

意氣多豪俊 威儀特發英 西風凋玉樹 殘月隱佳城
寂寞人琴歎 凄涼雞酒誠 也知餘慶遠 三子更昌榮〈挽權同知明〉『敬齋集』河演

忠孝期兼盡 충효는 겸전하길 기약했고
規模欲不差 바른 법 본뜨길 분명하게 하셨네.

忠孝期兼盡 規模欲不差 少蒙深雨露 豈戀舊桑麻
寂寞重泉夜 芳菲一樹花 賦歸丹旐遠 懷德白雲斜〈挽黃宰臣子厚〉『敬齋集』河演

落月城東曉 성동의 새벽녘 달이 지는데
歸雲嶺外天 고개 너머 하늘에 구름 떠간다.

莊敬惟眞率 淸修出本然 曾期黃閣老 遽作玉樓仙
落月城東曉 歸雲嶺外天 悲情爲斯道 交分且多年〈挽金提學孝貞〉『敬齋集』河演

施仁曾五道 인을 베풀어 오도(五道)를 실천했고
流慶必三槐 선행을 하였으니 삼괴(三槐)가 되리라.

抑抑儀何美 溫溫志不回 施仁曾五道 流慶必三槐
早離風雲會 誰知鼎鼐才 情親重骨肉 執紼倍傷哀〈挽李叔畝〉『敬齋集』河演

忠孝傳家德 충효를 가덕(家德)으로 전하니
英雄輔世才 세상을 보좌할 영웅이라.

忠孝傳家德 英雄輔世才 行期爲柱石 待見作鹽梅
柏府淸霜凜 銀臺白日開 春方瑤樹美 天遣玉官來
雨露恩何報 風雲會不諧 以予聯係屬 爲國倍悲哀〈挽鄭中樞欽之〉『敬齋集』河演

功名判樞府 공명은 추밀원에 이르고
勳業上雲臺 훈업은 운대에 오르셨도다.

一代三韓傑 一年三榜魁 功名判樞府 勳業上雲臺
忽此文星墮 其於樑木摧 陪從四十載 執紼不堪哀〈挽詞徐居正〉『樗軒集』李石亨

麟閣聲名在 기린각에 성명이 올랐건만
龜碑歲月新 거북비에 세월이 새롭구나.

黑頭眞宰相 勳業照簪紳 物議歸台鼎 仙遊屬巳辰
麟閣聲名在 龜碑歲月新 皇天胡不慭 爲國涕霑巾 〈李二相挽詞〉『四佳集』 徐居正

何如辭二極 어찌하여 이승을 하직하셨나
天地總啣悲 천지가 모두 다 슬퍼한다오.

一索初居震 重明已繼离 謳歌之夏日 羽翼佐漢時
旣法三朝孝 方承百世基 何如辭二極 天地總啣悲 〈懿敬王世子挽章〉『四佳集』 徐居正

一掬門生淚 문생들 눈물을 움켜쥐고
題詞不耐情 만사를 쓰면서 슬퍼한다네.

聲名龍榜早 步武鼇禁榮 當代尊耆舊 斯文仰老成
誨人思玉振 教子勝金籯 一掬門生淚 題詞不耐情 〈金兼司成新民挽詞〉『四佳集』 徐居正

才名曾籍甚 재명(才名)은 일찍부터 대단하여서
遭遇早飛揚 어려서부터 시운만나 드날렸다네.

才名曾籍甚 遭遇早飛揚 已擢龍喉長 常含鷄舌香
旋聞持使節 何遽促泉裝 故舊斯文老 題詞倍慘傷 〈李觀察使挽詞〉『四佳集』 徐居正

一身明進退 일신(一身)의 진퇴가 명확했기에
靑史炳然存 청사(靑史)에 분명하게 남아 있다오.

星嶽千年降 文忠幾葉孫 學尋前聖統 詩入盛唐門
廊廟凌煙閣 溪山獨樂園 一身明進退 靑史炳然存 〈挽章鄭惟吉〉『企齋集』 申光漢

天啓中興運 하늘이 중흥의 운을 펼치니
英雄必有遭 영웅은 반드시 시운을 만났다네.

天啓中興運 英雄必有遭 武侯遇先主 謝傅扶晉朝
公生千載後 名與兩賢高 龍飛逢盛際 扶日上層霄 〈上黨府院君韓公挽章〉『四佳集』 徐居正

把筆爲題詩 붓 잡아 만사를 쓰려니
使我生新愁 새로운 수심이 밀려오누나.

茫碭大化內 生死若浮休 壽夭旣不齊 賢愚同一丘 誰能詰其端 天高地幽幽 我憶鄭少年 賢名出儕流 風標秀且美 皎皎珊瑚鉤 平生服儒素 舊業餘箕裘 筮仕立鵷行 共誇丹穴雛 相公鍾愛深 君王眷顧優 銀章亦已寵 富貴誰能儔 天胡不與壽 命與才爲仇 昨日嘆凰飛 今日鳳相求 寂寞蕭臺空 悲風來颼颼 爲善不可恃 此事將何尤 把筆爲題詩 使我生新愁 〈挽鄭少年〉『三灘集』李承召

一夕槐安夢 하루 저녁 남가몽이요
千秋竹史芬 천추 청사에 향기로구나.

觀光遊上國 荷寵典親軍 一夕槐安夢 千秋竹史芬
更承新雨露 歸葬故山雲 行人爭指點 導是太監墳 〈挽鄭大監宣勅歸本國葬代人作〉『三灘集』李承召

每切雲天茈 구름도 하늘 가려 애절하다네
其如松柏凋 송백(松柏)같은 충절이 시들었으니.

義分兼知己 軒軒拔俗標 烏山同版籍 鼇禁忝官僚
每切雲天茈 其如松柏凋 靑門數行淚 丹旐正迢迢 〈金留守之慶挽詞〉『佔畢齋集』金宗直

沈痾阻執紼 고질병에 상엿끈도 잡지 못하나
擁褐帶寒煙 찬 안개 갈옷을 둘러싸누나.

累世婚姻好 心肝各洞然 龍鍾吾可愍 零落子堪憐
松梓留餘迹 溪山有舊緣 沈痾阻執紼 擁褐帶寒煙 〈挽瀟灑園主人〉『河西全集』金麟厚

萱草風霜老 원추리 꽃은 풍상에 시들었고
轜車嶺海遙 상여는 아득히 멀어지누나.

折桂饒才望 分符愼敎條 如何經術士 倏謝聖明朝
萱草風霜老 轜車嶺海遙 鄕閭應雪涕 墳土酒頻澆 〈挽金僉正龜〉『佔畢齋集』金宗直

竹軒今絕響 金海舊流芳 回首情無極 思亭掛夕陽
죽헌에 이제 음성 끊기고 김해에 옛 명성이 남아있구나
머리 돌리니 그대 한없이 그리워지나 정자엔 석양이 걸려있도다
- 韻齋 李承雨 書

高門積善遠 奕葉植根深 松月自淸夜 庭槐空綠陰
높으신 가문 선행이 오래됐으니 한 세대에 뿌리깊이 심으셨구나
송월(松月)에 스스로 밤은 맑은데 정원의 홰나무 부질없이 그늘지네
- 以村 金載俸 書

幽明今忽隔 유명은 오늘 홀연 달리했으니

雙涕落酸風 두 줄기 눈물이 서글프더라.

己卯吾攀桂 君名虎榜中 瓊林錫宴罷 金殿拜恩同
聚散俄成恨 衰遲並作翁 幽明今忽隔 雙涕落酸風 〈挽崔迎日有恒〉『佔畢齋集』金宗直

處家稱長者 집에 계실 때엔 장자로 칭송했고

生子作勳臣 자식을 낳아서는 공신으로 키우셨네.

舊日龍津守 簪纓早脫身 處家稱長者 生子作勳臣
寥落琴棋室 淒涼杖屨塵 隣人雙釰曲 應感夜臺春 〈挽趙龍津漢平君益貞之父〉『佔畢齋集』金宗直

慟哭今何賴 통곡하노라 이제 어디에 의지할 건고

空餘疹瘁詩 진췌시만 속절없이 남아 있구나.

皇天開太極 夫子挺南陲 道濟千秋溺 文扶百代衰
淵源泝濂洛 統緖祖曾思 慟哭今何賴 空餘疹瘁詩 〈挽章柳澍〉『高峯集』奇大升

忽聞凶訃至 갑자기 부음을 전해 듣고는

戀舊涕潸然 예전일이 생각나 눈물흘리네.

一托東西榜 睽携十數年 忽聞凶訃至 戀舊涕潸然 〈挽金渭原孝良〉『河西全集』金麟厚

自拔頹波裏 쇠퇴한 물결 속에서 스스로 초탈했고

孤醒衆醉中 많은 사람 취한 속에 홀로 깨었었지.

自拔頹波裏 孤醒衆醉中 險夷持素節 獻納丹罄衷
名協三尊達 家徒四壁空 餘生泣鳳髓 何處挹淸風 〈挽李贊成直彦〉『象村稿』申欽

傳家無長物 집에는 좋은 물건 없으나

留與五車書 다섯 수레의 책만이 남아있구나.

勳業登煙閣 文章在石渠 慷慨仍膽大 跌蕩更心虛
山林娛晩景 軒冕是吾餘 傳家無長物 留與五車書 〈挽章崔淑生〉『懶齋集』蔡壽

盡心扶直氣 마음을 다하는 정직한 기상이 있어
不暇念身危 자신의 위태로움 돌볼 겨를 없었네.

公入金閨日 宣陵遇見知 盡心扶直氣 不暇念身危
取勢回飛早 歸田去國遲 平生用意處 遺後數篇詩 〈挽章洪彦弼〉『懶齋集』蔡壽

當代尊耆舊 당대엔 원로로서 존경을 받았고
斯文仰老成 유림에선 노성한 학자로 추앙했었지.

聲名龍榜早 步武鼇禁榮 當代尊耆舊 斯文仰老成
誨人思玉振 教子勝金籯 一掬門生淚 題詞不耐情 〈金兼司成新民挽詞〉『四佳集』徐居正

生涯嗟幾許 슬프다! 생애가 얼마인가
六十五星霜 육십오 성상이더라.

生涯嗟幾許 六十五星霜 奕世貂蟬貴 盈門桂樹香
長途行未了 短景逝何忙 賴有叢蘭茂 知君永不亡 〈挽李府尹坱〉『月軒集』丁壽崗

2) 20자의 만장

疎懶蒙知久 게으른 나를 오래 알아주어
交親荷意長 사귀고 친했으니 고마움이 많아라.
遙裁八句挽 멀리서 여덟 글귀의 만사를 쓰니
老淚不禁滂 늙은이 흐르는 눈물 참지 못하네.

能事兼文武 高懷有弛張 官陞三品貴 壽止七旬强
疎懶蒙知久 交親荷意長 遙裁八句挽 老淚不禁滂 〈挽人〉『高峯集』奇大升

忽蛻風塵表 홀연 풍진(風塵) 밖으로 벗어났으니
應遊汗漫中 마땅히 넓고 먼 곳에서 놀겠지.
緘辭遙寓挽 말을 이어 멀리 만사를 부쳤으나

交義愧無終　친구의 의리 거두지 못했구나.

迫患心難盡 澆愁酒有功 海鄕居或遠 京宅養能忠
忽蛻風塵表 應遊汗漫中 緘辭遙寓挽 交義愧無終〈挽人〉『高峯集』奇大升

進可開群蔽　나아가서 가려진 것들을 열었고
退將有所爲　물러나서도 장차 할 일이 있었는데
天乎遽不淑　하늘이여 갑자기 돌아가시니
朝野惜齎咨　조야(朝野)가 안타까워 탄식하누나.

義氣傾多士 英明冠一時 淵源追洛建 探賾極毫絲
進可開群蔽 退將有所爲 天乎遽不淑 朝野惜齎咨〈挽章盧禛玉溪〉『高峯集』奇大升

對月論經夜　달밤에 경서를 논하기도 했고
停杯話別時　술 마시며 이별을 아파도 했지.
儀刑空在目　사라진 그 모습 부질없이 아른거려
獨坐涕連洏　홀로 앉아 하염없이 눈물 흘리네.

共抱山崩慟 流年忽周馳 公今又如此 天道更悠悠
對月論經夜 停杯話別時 儀刑空在目 獨坐涕連洏〈挽章禹性傳〉『高峯集』奇大升

客夢孤峯見　나그네 꿈속에 외론 산이 보이더니
歸途二豎纏　귀향길에 병마가 몸을 감쌌더라.
黃泉有此別　황천길에 이렇게 이별하니
衰病未忘虔　노쇠하고 병들어도 마음은 경건하네.

無等山前遇 吾明彦甫賢 開懷梅驛臘 回首木牛年
擾擾公餘地 悠悠醉後天 乍驚談世陋 眞喜執經堅
客夢孤峯見 歸途二豎纏 黃泉有此別 衰病未忘虔〈挽章盧守愼蘇齋〉『高峯集』奇大升

高懷計落落　높은 뜻 그 계획은 높았었지만
末路事悠悠　말로(末路)에 사업들이 아득해졌다.

未識蒼天意 푸른 하늘의 뜻 알 수가 없어
傷心漢水流 흐르는 한강물에 마음만 아파라.

洋淪誰得測 澹泊自無愁 樂道惟知退 先幾肯踐尤
高懷計落落 末路事悠悠 未識蒼天意 傷心漢水流 〈挽章柳格〉『高峯集』奇大升

積吝規長絶 너무 한스럽네, 의범(儀範)이 길이 끊기고
重泉信不通 황천엔 편지조차 통하지 않음을…….
無窮巨卿淚 끝없이 흐르는 거경(巨卿)의 눈물
獨立灑東風 홀로 서서 동풍에 흩뿌린다오.

憶昨關西路 連旬哭二公 孤危故人恨 殄瘁士林恫
積吝規長絶 重泉信不通 無窮巨卿淚 獨立灑東風 〈挽章鄭惟一文峯〉『高峯集』奇大升

有材堪注措 재간 있어 국사를 행할 만한데
無事却沉冥 일이 없다 도리어 묻어버리니
已矣天難必 끝이로다, 하늘 일을 알지 못하네
何慳與九齡 어찌하여 아홉 살에 거둬 가는지.

稟資元秀異 從學得儀刑 簪笏頭空白 林泉眼俱青
有材堪注措 無事却沉冥 已矣天難必 何慳與九齡 〈挽章金貴榮東園〉『高峯集』奇大升

未展經世志 세상 다스릴 그 뜻을 펴지 못하고
空留山斗名 태산북두 이름만 부질없이 남기었네.
平生有心契 평생에 서로 마음이 맞았었으니
南望淚如傾 남쪽 하늘 바라보며 눈물 흘리네.

光岳分元氣 天生間世英 才堪制禮樂 學則在明誠
未展經世志 空留山斗名 平生有心契 南望淚如傾 〈挽章鄭琢藥圃〉『高峯集』奇大升

豈是龍蛇厄 이 어찌 용사(龍蛇)의 액이며

非關運命違　나라 운명 어긋남이 아니겠는가?
斯民自不幸　이 백성들 자연히 불행해졌고
吾道更無依　우리 도는 다시 믿을 데가 없네.

豈是龍蛇厄 非關運命違 斯民自不幸 吾道更無依
落落危途計 冥冥大化機 傷心樂菴月 空照舊巾衣 〈挽章洪迪荷衣〉『高峯集』 奇大升

落落危途計　높디높은 그 계획 쓸쓸해지고
冥冥大化機　큰 변화 그 기회 암담해졌네.
傷心樂菴月　슬프다, 낙암에 밝은 저 달은
空照舊巾衣　헛되이 옛 의관만 비추겠구나.

豈是龍蛇厄 非關運命違 斯民自不幸 吾道更無依
落落危途計 冥冥大化機 傷心樂菴月 空照舊巾衣 〈挽章洪迪荷衣〉『高峯集』 奇大升

江漢扁舟遠　한강에 조각배 멀어져갈 때
乾坤萬事悠　천지간 만사(萬事)가 유원(悠遠)해지네.
空將臨別語　부질없이 작별의 말을 건네며
南望淚長流　남쪽 향해 하염없이 눈물 흘린다.

垂絶陶山痛 三年不盡愁 先生今又逝 小子竟誰尤
江漢扁舟遠 乾坤萬事悠 空將臨別語 南望淚長流 〈挽章洪迪荷衣〉『高峯集』 奇大升

鯤海檣初騁　곤해에서 돛대 달고 달리더니만
鵬程翮已垂　붕정의 날개를 이미 접었네.
今朝偏灑淚　오늘 아침 특별히 눈물 흘림은
非但哭吾私　내 일로 우는 것이 결코 아니라.

久仰淸名下 龍門暫見知 文章探聖奧 忠悃補君遺
鯤海檣初騁 鵬程翮已垂 今朝偏灑淚 非但哭吾私 〈挽章林樞〉『高峯集』 奇大升

才大命還舛　큰 재주를 지녔으나 명은 어긋났고
理窮心自平　이치를 궁구해 마음이 평온했네.
如何嗇遐壽　어찌하여 오래 살지 못했는지
後死竟呑聲　소리조차 내지를 못하겠더라.

閩洛徽音遠 新奇異論生 天教扶道脈 君復應文明
才大命還舛 理窮心自平 如何嗇遐壽 後死竟呑聲 〈挽章朴光玉懷齋〉『高峯集』奇大升

凄涼樂菴月　낙암 위에 뜬 달은 처량하게
猶照白雲亭　아직도 백운정을 비추는구나.
簡裏音容在　서간 속에 그 모습 남아 있으니
休言隔杳冥　황천으로 떠났다고 말하지 마소.

〈挽章李好閔五峯〉『高峯集』奇大升

痛折擎天柱　하늘 받칠 기둥은 꺾였고
哀沈濟世舟　세상 건질 배가 잠겨버렸네.
儒林無復茂　유림은 다시 융성하지 못하고
學海不能流　학해(學海)는 흐르지 못할 것이라.

泮宮辛亥別 窮途共餘秋 痛折擎天柱 哀沈濟世舟
儒林無復茂 學海不能流 連哭斯文慟 那堪白盡頭 〈挽章鄭復顯〉『高峯集』奇大升

南北纔傷別　남북으로 석별의 정 나누자마자
幽明遽哭分　갑자기 유명(幽明)갈려 통곡하였네.
天涯地角遠　하늘가 땅끝이라 너무 멀어서
無計酹孤墳　무덤에선 술잔 건낼 방도가 없네.

外氏多零落 同朝獨有君 開懷談刺刺 撥悶醉醺醺
南北纔傷別 幽明遽哭分 天涯地角遠 無計酹孤墳 〈挽章朴忠元駱村〉『高峯集』奇大升

天意嗟何恃 하늘 뜻을 어찌 믿을 수 있나
斯文奈永隳 사문은 이제 영원히 무너졌다네.
南瞻淚不盡 남쪽 향해 하염없이 눈물 흘리며
倘有九泉期 구천에서 만남을 기약한다오.

我病方折命 驚聞子已歸 精神渾欲喪 肝膽更誰知
天意嗟何恃 斯文奈永隳 南瞻淚不盡 倘有九泉期 〈挽章沈義謙巽菴〉『高峯集』奇大升

千里從遊處 천리 길 함께했던 곳
今來萬事違 오늘 모든 일이 어긋났더라.
齋成纔得所 갈 곳이 생겼음을 좋아했는데
山毁遽無依 산 무너져 의지할 곳 없어졌다네.

千里從遊處 今來萬事違 齋成纔得所 山毁遽無依
殄瘁傷時運 蒼茫悶化機 斯文已墜地 誰爲更摳衣 〈挽章金景生〉『高峯集』奇大升

已矣奇夫子 끝이로다, 우리 기 부자(夫子)
天胡不憖遺 하늘은 어찌하여 살려놓지 않았는가?
廟堂悲失鑑 묘당에선 거울 잃어 서글퍼 했고
吾道慟無師 우리 도는 스승 없어 슬퍼하누나.

已矣奇夫子 天胡不憖遺 廟堂悲失鑑 吾道慟無師
湖嶺懷曾極 幽明負莫追 潞公難叫起 題墓竟伊誰 〈挽章徐台壽〉『高峯集』奇大升

林遊聯杖屨 지팡이 함께 짚고 숲속을 노닐었고
社飮對匏樽 향음(鄕飮)할 때 술자리 함께 했는데
俛仰成陳迹 부앙(俯仰)간에 어느새 과거 일 되니
餘生只淚痕 살아있는 이 내 몸 오직 눈물이로다.

古人重叙族 同姓寡吾門 此地開三逕 吾家隔一垣
林遊聯杖屨 社飮對匏樽 俛仰成陳迹 餘生只淚痕 〈挽張訓導〉『谿谷集』張維

旅魂招更遠 떠도는 그대 혼령 불러보니 더욱 멀고
哀挽咽逾悲 슬픈 만사(挽辭)에 오열하니 더욱더 슬퍼
斟酌西河慟 서하의 비통함 어떠할지 생각하면
何人淚不垂 어느 누가 눈물을 흘리지 않겠는가?

芝眉恨未覿 玉樹忽先萎 秘史知誰繼 修文事可疑
旅魂招更遠 哀挽咽逾悲 斟酌西河慟 何人淚不垂〈鄭內翰杺挽詩〉『谿谷集』張維

甲第方三鼎 갑과에 급제하고 정승이 되려는데
堂封忽九原 홀연히 무덤 속 저승길을 떠나는가?
欲知餘慶遠 여경(餘慶)이 어떠할지 알고 싶다면
蘭玉好兒孫 난옥 같은 자손들 보면 되리라.

福將眞難得 金貂位望尊 分符幾名郡 擁節摠雄藩
甲第方三鼎 堂封忽九原 欲知餘慶遠 蘭玉好兒孫〈吳兵使挽〉『谿谷集』張維

孝謹風猶在 효도하고 삼가는 기풍 여전하시고
兒孫業可傳 자손에게 할 일을 전하려 했는데
忽聞乘化去 서거(逝去)하셨다는 돌연한 소식
哀挽一悽然 슬픈 만사 한결같이 처량하여라.

屛迹沈冥日 幽居莽蒼邊 未成陪杖屨 空復望林泉
孝謹風猶在 兒孫業可傳 忽聞乘化去 哀挽一悽然〈挽邊丈〉『谿谷集』張維

孤生惟涕淚 어버이 잃은 몸 오직 눈물 뿐
往迹似雲煙 지나간 자취는 흐릿한 안개 속 같네.
媿負生芻奠 부끄럽게 제사음식도 못 올리면서
空題薤露篇 부질없이 해로편만 지어보누나.

先公與夫子 朝著接英躔 年事庚辛近 科名甲乙聯
孤生惟涕淚 往迹似雲煙 媿負生芻奠 空題薤露篇〈朴同樞慶新挽〉『谿谷集』張維

豈乏金丹術 어찌 금단 술법을 모르셨는가?
同歸石火光 전광석화처럼 바쁘게 돌아가시니.
居然念先分 갑자기 지난 교분 생각이 나서
南望爲沾裳 남쪽 하늘 바라보며 옷깃을 적시네.

彭澤休官去 龐公盡室藏 鶴臞輕飮啄 松老耐風霜
豈乏金丹術 同歸石火光 居然念先分 南望爲沾裳 〈宋木川丈挽〉『谿谷集』張維

名家稱外內 내외친족 모두가 명가의 집안
妙譽自兒童 어릴 때부터 이름을 떨쳤었지만
一夕蕙蘭殞 어느 날 밤 갑자기 난초처럼 시들더니
三秋橋梓空 삼년간 부자(父子)를 잃어버렸네.

名家稱外內 妙譽自兒童 一夕蕙蘭殞 三秋橋梓空
生年輸賈誼 死孝劇王戎 淺土龍門麓 丹旐遡晩風 〈挽沈檼〉『谿谷集』張維

生年輸賈誼 가의(賈誼)보다도 못다 산 젊은 나이
死孝劇王戎 사효(死孝)는 왕융(王戎)보다 더하였구나.
淺土龍門麓 용문산 기슭 야트막한 산언덕
丹旐遡晩風 저녁 바람 따라 붉은 만장 펄럭이네.

名家稱外內 妙譽自兒童 一夕蕙蘭殞 三秋橋梓空
生年輸賈誼 死孝劇王戎 淺土龍門麓 丹旐遡晩風 〈挽沈檼〉『谿谷集』張維

風落靈椿色 바람 불어 떨어진 영춘 나뭇잎
霜凋宿草原 초목 우거진 언덕에 서리 내렸네.
通家情不淺 집안끼리 통하는 정 얕지 않으니
揮涕送朱幡 눈물로 붉은 명정 전송하누나.

道爲詩書重 官經省署尊 金魚優大耋 玉樹映高門
風落靈椿色 霜凋宿草原 通家情不淺 揮涕送朱幡 〈金同知元祿挽〉『谿谷集』張維

천상에는 참다운 즐거움 있겠지만 인간에는 아
비 잃은 슬픔이어라 애용하던 기물들 부질없이
남았건만 거룩한 의상은 다시 보지 못하겠네
용궁후인 김향선 재배 근만

달밤에 경서를 논하기로 했사오 술 마시며 이별
을 아파했지 사라진 그 모습 부질없이 어른
거려 홀로 앉아 하염없이 눈물 흘리네
용궁후인 김향선 재배 근만

天上朝眞樂　人間喪考悲　空餘軒釖墮　無復舜裳垂

對月論經夜　停杯話別時　儀刑空在目　獨坐涕連洏

- 은초 김향선 書

一瞥人間夢　눈 한번 깜빡하는 꿈같은 세상
千秋地下郎　어느새 천만년 지하객이 되었구나.
黔山故松栢　검단산 늙은 소나무에 기대서서
蕭瑟向斜陽　쓸쓸히 지는 해를 바라본다네.

迹是江潭舊　材稱省署良　金莖空有露　玉樹已凋霜
一瞥人間夢　千秋地下郎　黔山故松栢　蕭瑟向斜陽 〈嚴學士惺挽〉『谿谷集』張維

萊衣詎瞑目　관복 입을 그대가 어찌 눈을 감으리
楚些未招魂　초사로도 혼백을 부르지 못한다네.
六子皆頭角　여섯 아들 모두가 두각을 보이니
猶堪慰九原　구천에 있어도 위안되리라.

淸門久零替　身世寄田園　遂抱中年疾　終乖一命恩
萊衣詎瞑目　楚些未招魂　六子皆頭角　猶堪慰九原 〈柳士潔挽〉『谿谷集』張維

似有長年術　양생술(養生術)이 있는 듯 보였었는데
翻成隔世人　이렇게 갑자기 세상을 뜨셨는가?
拜床遺恨在　상 위에 깊은 한이 남아있기에
哀挽一沾巾　만사 올리며 눈시울을 적신다네.

憶在江都日　倉黃避虜塵　悤悤陪語笑　落落見風神
似有長年術　翻成隔世人　拜床遺恨在　哀挽一沾巾 〈黃參議致敬挽〉『谿谷集』張維

過艾年非促　오십을 넘은 나이 짧지 않지만
炊粱夢忽驚　잠깐 꿈에 홀연히 놀래었다네.
高堂有垂白　집안에 살아계신 늙은 어버이
厚夜恨難平　긴긴밤 한 맺혀 어이할꺼나.

素業標科日　明時得儁聲　風霜臺憲肅　星宿省郎淸
過艾年非促　炊粱夢忽驚　高堂有垂白　厚夜恨難平 〈挽李持平性源〉『谿谷集』張維

萬事惟遭遇　만사가 모름지기 때를 잘 만나야지
浮生有菀枯　구름같은 인생사 시들었구나.
相知總霄漢　서로를 알고 나서 고귀하게 여겼는데
未老忽泉壚　늙기도 전에 홀연 저승으로 가셨나.

萬事惟遭遇 浮生有菀枯 相知總霄漢 未老忽泉壚
李遠饒詩興 爰絲混博徒 晩交情不淺 題挽涕沾鬚 〈挽李持平性源〉『谿谷集』張維

天上朝眞樂　천상에는 참다운 즐거움 있겠지만
人間喪考悲　인간에는 아비 잃은 슬픔이어라.
空餘軒釰墮　애용하던 기물들 부질없이 남았건만
無復舜裳垂　거룩한 의상은 다시 보지 못하겠네.

夙興勞聖慮 晏駕促仙期 天上朝眞樂 人間喪考悲
空餘軒釰墮 無復舜裳垂 痛哭東門外 那堪望素旗 〈康宗大王挽詞翰林奏呈〉『東國李相國集』李奎報

遺令孤皆奉　유언은 아들이 받들겠지만
陰功世莫聞　숨은 공은 세상사람 듣지 못했네.
秋風數行淚　가을바람에 두 줄기 눈물을
洒向北邙墳　북망산 무덤 위에다 뿌리노라.

兩代黃扉相 時稱萬石君 獨全知畏愼 早白爲憂勤
遺令孤皆奉 陰功世莫聞 秋風數行淚 洒向北邙墳 〈李平章光縉挽詞〉『東文選』林椿

泉裝何遽爾　저승 행차 어찌 이리 급하였던가?
吾謂老彌强　늙어도 더욱 정정하다 말했었는데
玉樹添風彩　인재에 아름다운 풍채 더했고
銀鉤照日光　필적은 햇빛처럼 빛났었다네.

泉裝何遽爾 吾謂老彌强 玉樹添風彩 銀鉤照日光
淸新庾開府 終始郭汾陽 偶會還如昨 投壺意自長 〈杏村李侍中嵒挽詞〉『東文選』白文寶

行治循吏傳　치적은 순리전(循吏傳)에 오를 만한데
止足古人心　멈추고 만족함은 고인의 마음이라.
歸旐江上路　강 위의 길로 떠나는 상여를
瞻望更沾襟　바라보니 눈물이 옷깃 적신다.

舊誼仍兄弟 儀形夙所欽 中間成阻濶 世故實侵尋
行治循吏傳 止足古人心 歸旐江上路 瞻望更沾襟 〈挽權南陽勛〉『白湖全書』尹鑴

忽此文星墜　갑자기 오늘 문성이 떨어지고
其於梁木摧　든든하던 대들보가 부러졌다네.
陪從四十載　사십 년 동안을 뫼시고 따랐는데
執紼不堪哀　상엿줄 잡으니 슬프기 그지없다.

一代三韓傑 一年三榜魁 功名判樞府 勳業上雲臺
忽此文星墜 其於梁木摧 陪從四十載 執紼不堪哀 〈延城府院君梣軒李公石亨挽〉『四佳集』徐居正

旋聞持使節　지방 사절이 되었다고 들려오더니
何遽促泉裝　어찌 바삐 저승길을 재촉했는가.
故舊斯文老　친구인 나는 사문의 늙은이로서
題詞倍慘傷　만사를 쓰노라니 몇 배나 슬프구려.

才名曾籍甚 遭遇早飛揚 已擢龍喉長 常含鷄舌香
旋聞持使節 何遽促泉裝 故舊斯文老 題詞倍慘傷 〈李觀察使挽詞〉『四佳集』徐居正

功名居鼎鼐　공명은 크고 작은 솥에 위치했고
圖像上麒麟　초상은 기린각에 걸렸구나.
忽此乘箕尾　갑자기 기미성에 오르셨으니
何人不愴神　누군들 상심하지 않을 수 있나?

乾坤開泰運 星岳降元臣 策定艱難際 勳高佐翼辰
功名居鼎鼐 圖像上麒麟 忽此乘箕尾 何人不愴神 〈吉昌府院君挽詞〉『四佳集』徐居正

聖主方崇德　성주는 한창 덕 있는 이 숭상하는데
皇天遽奪賢　하늘은 갑자기 어진 이를 뺏어갔네.
堂堂寧復有　당당함을 어찌 다시 볼 수 있으랴
爲國一潸然　국가위해 한결같이 눈물 흘린다.

兩手親扶日 一心誓補天 功先多亂日 眼見太平年
聖主方崇德 皇天遽奪賢 堂堂寧復有 爲國一潸然 〈吉昌府院君挽詞〉『四佳集』徐居正

一病渾驚瘦　한 번 병들자 몰라보게 마른 몸
微官不救飢　말직에 끼니도 못 구했다네.
天涯返孤櫬　하늘가로 쓸쓸히 관이 돌아가는데
春色白楊枝　백양나무 가지에는 봄빛이 가득.

不見故人久 途窮仍亂離 停雲空入咏 晞露忽題詞
一病渾驚瘦 微官不救飢 天涯返孤櫬 春色白楊枝 〈尹參奉孝逑挽詞〉『谿谷集』張維

已矣千鍾樂　끝이로다! 천종록의 즐거움이여
居然一鑑亡　어느덧 한 거울이 없어졌구나.
知公九泉恨　공이 품은 구천의 한을 내가 아노니
白髮有高堂　백발의 노친이 살아계시네.

富貴曾無憾 堪嗟壽不長 回頭五旬事 得意十年强
已矣千鍾樂 居然一鑑亡 知公九泉恨 白髮有高堂 〈吉昌府院君挽詞〉『四佳集』徐居正

人間亡一鑑　인간에는 하나의 거울이 없어졌고
天上落三台　천상에는 삼태성이 떨어졌다네.
無復瞻山斗　다시는 태산북두 볼 수 없으니
那堪爲國哀　나라 위한 슬픔을 어찌 감당하랴.

黑頭登相府 勳業畫雲臺 鼎鼐調羹手 經綸濟世才
人間亡一鑑 天上落三台 無復瞻山斗 那堪爲國哀 〈姜領議政挽詞〉『四佳集』徐居正

悲風吹縞仗 슬픈 바람 흰 의장을 펄럭이고

落日照丹旌 기운 해는 붉은 명정에 비치는데

極目青山路 청산 가는 길을 아득히 바라보며

攀呼倍愴情 부여잡고 통곡하니 슬픈 정 더하더라.

春闈曾侍讀 何幸近前星 忍作昭明誄 空聞子晉笙
悲風吹縞仗 落日照丹旌 極目青山路 攀呼倍愴情 〈懿敬王世子挽章〉『四佳集』 徐居正

麟閣聲名在 기린각에는 명성이 남았고

龜碑歲月新 거북비에 세월은 새로워라.

皇天胡不憖 하늘이 어이해 살리지 않았는가?

爲國涕霑巾 나라 위한 눈물이 수건을 적시네.

黑頭眞宰相 勳業照簪紳 物議歸台鼎 仙遊屬巳辰
麟閣聲名在 龜碑歲月新 皇天胡不憖 爲國涕霑巾 〈李二相挽詞〉『四佳集』 徐居正

結髮爲夫婦 머리 틀고 부부가 됨으로부터

相將八十秋 서로 믿고 팔십 년을 살아왔지만

九泉雙劍化 구천의 쌍검이 변화를 일으킴에

萬事一時休 온갖 일이 일시에 멈춰 버렸네.

結髮爲夫婦 相將八十秋 九泉雙劍化 萬事一時休
共殯都門外 同歸古壠頭 乘龍是上相 身外更何憂 〈挽判門下曹相國舅姑〉『三峰集』 鄭道傳

山頹安所仰 산이 무너짐에 어느 곳을 우러르랴

天遠固難諶 하늘은 멀고멀어 알기 어렵네.

忍看埋玉樹 인재(人才) 묻는 것을 차마 볼 수 있으랴

苦淚倍霑襟 괴로운 눈물 더욱 옷깃을 적신다네.

芳年直紫禁 皓日照丹心 古府樞機密 南州惠愛深
山頹安所仰 天遠固難諶 忍看埋玉樹 苦淚倍霑襟 〈挽尹密直可觀〉『三峰集』 鄭道傳

龜鶴膺遐算 거북이나 학처럼 장수를 누렸고
緋貂荷聖恩 성은 입어 높은 작위에 올랐지.
全歸是堪誄 영결에 임하여 공덕을 칭송키 위해
題挽寄泉原 만사를 써서 황천에 부치노라.

甲子忠賢禍 醒狂尙有孫 早年儒術著 中歲吏能存
龜鶴膺遐算 緋貂荷聖恩 全歸是堪誄 題挽寄泉原 〈挽李僉知榮緖〉『象村稿』 申欽

迹與浮雲逝 자취는 뜬구름과 함께 사라졌고
名隨太史垂 이름은 태사를 따라 남아있지만
夜臺千古地 야대가 있는 천고의 땅에서
無復對風儀 다시는 그 기풍을 대할 수 없네.

藝苑提衡日 台垣宅揆時 朝端瞻玉立 物議望蕭規
迹與浮雲逝 名隨太史垂 夜臺千古地 無復對風儀 〈挽沈相國喜壽〉『象村稿』 申欽

已是十年半 이미 십년에서 절반이 지났건만
依然一夢空 여전히 한바탕 꿈이 공허하구나.
存亡無限淚 생사존망에 대한 한없는 눈물
矯首洒西風 머리 드니 서풍에 흩어진다네.

公在屯村日 吾方受玦東 二篇詩遠寄 三札意彌衷
已是十年半 依然一夢空 存亡無限淚 矯首洒西風 〈挽沈相國喜壽〉『象村稿』 申欽

青雲嗟半路 청운에 절반 길이라 한탄했는데
黃壤遽中年 황천길을 젊은 나이에 급히 갔구나.
旅櫬天南外 남쪽 먼 곳에서 널을 옮기니
傷心雪涕懸 마음 아파 눈물이 줄줄 흐르네.

平生秋浦老 見子卽依然 忤世憐同病 還朝喜得賢
青雲嗟半路 黃壤遽中年 旅櫬天南外 傷心雪涕懸 〈挽沈舍人光世〉『象村稿』 申欽

誰料生還日　누가 짐작했으리 생환한 날에
翻成死別章　도리어 사별의 문장을 쓸 줄이야.
停雲瞻昊漭　넓은 하늘에 멈춘 구름을 바라보니
天地一茫茫　천지가 한결같이 아득하더라.

昔我東遷峽 聞君北謫荒 風塵幾知己 嶺海共銷腸
誰料生還日 翻成死別章 停雲瞻昊漭 天地一茫茫〈鄭副學弘翼挽〉『象村稿』申欽

早治神童譽　일찍부터 신동이란 명예가 있었고
人稱絶世才　사람들은 드문 인재라 일컬었다네.
筆躋東海室　필력은 동해의 수준을 넘었고
文奪盛唐胎　문장은 성당의 문체에서 벗어났더라.

早治神童譽 人稱絶世才 筆躋東海室 文奪盛唐胎
事業調殷鼎 勳名勒漢臺 彼蒼胡不憖 蜀鬣謾相哀〈挽詞〉『鵝溪遺稿』金應成

星隕予初怪　별 떨어져 내가 괴이하게 여겼더니
山頹世共悲　산 무너져 세상이 다 슬퍼하누나.
聊將憂國淚　나라를 근심하는 생각이 앞서
揮洒望乘箕　눈물짓고 기미(箕尾)를 바라본다오.

將相才兼德 彌綸道合時 一心勤翊亮 萬姓倚安危
星隕予初怪 山頹世共悲 聊將憂國淚 揮洒望乘箕〈柳貞愼公挽辭〉『陽村集』權近

少日蘭庭秀　젊은 시절엔 훌륭한 자제로서
全家桂籍仙　온 가족이 과거에 급제하였네.
青雲方袞袞　청운이 한창 이어지고 있는데
丹旐忽翩翩　붉은 명정이 갑자기 펄럭이누나.

少日蘭庭秀 全家桂籍仙 青雲方袞袞 丹旐忽翩翩
故友懷三益 遐萌痛二天 迢迢碧骨郡 雙劍會重淵〈柳古阜孝章挽詞〉『佔畢齋集』金宗直

紅羅纔記姓　붉은 비단에 막 성(姓)을 기록했는데
黃鶴忽遊仙　황학 타고 갑자기 신선되었다네.
怊悵東郊道　동쪽 교외에서 슬퍼하는데
酸風落夜泉　무더운 기운이 황천으로 떨어진다오.

謙恭仍謹愼 處世自怡然 志節追前烈 箕裘付後賢
三槐祥已應 萬石美堪傳 樂事窮淸賞 流光任暮年
紅羅纔記姓 黃鶴忽遊仙 怊悵東郊道 酸風落夜泉 〈金中樞宗淑挽章〉『佔畢齋集』金宗直

眇然金主簿　아득한 김 주부여
一死友蕭蕭　하나가 죽으니 남은 친구 쓸쓸하여라.
痛癢情相涉　고통스러울 땐 정을 서로 통했고
酸寒氣以招　힘겨울 땐 의기 서로 합했는데.

眇然金主簿 一死友蕭蕭 痛癢情相涉 酸寒氣以招
錦波孀影弔 白麓季魂銷 凄苦繼孩語 丁寧離魄朝 〈金奉常章行輓〉『靑莊館全書』李德懋

意氣傾時彦　의기는 당시의 선비들을 기울였고
門欄摠俊賢　문앞에 뛰어난 선비를 모았더라.
謳歌聞列郡　칭찬하는 소리 주군에 소문났고
名位看雙全　명성과 지위가 모두 온전했다네.

意氣傾時彦 門欄摠俊賢 謳歌聞列郡 名位看雙全
劍合龍丘遠 龜藏錦水偏 恩私季女壻 頭白淚長懸 〈林聘君挽〉『企齋集』申光漢

善積唯餘慶　선을 쌓으면 오직 남는 경사가 있고
蘭抽更挹芬　난이 싹트니 다시 향기가 전해오네.
空悲壺酒奠　부질없이 슬퍼하누나. 술잔을 올리며
無復重論文　다시 문장을 논할 일이 없음을…….

舊友嗟誰在 今來又失君 東江昔日別 西塞幾年分

善積唯餘慶 蘭抽更挹芬 空悲壺酒奠 無復重論文 〈江西縣令李同年挽詞〉『企齋集』 申光漢

人也至斯極 사람이 여기에 이르렀으니
天乎忍此爲 하늘이 차마 이렇게 하였는가?
孝慈俱未報 효도와 자애 모두 갚지 못하였는데
善慶欲何施 선행은 어떻게 베풀려는지.

人也至斯極 天乎忍此爲 孝慈俱未報 善慶欲何施
竹國憐中子 桐鄕見後思 百年空咄咄 三塚共纍纍
〈挽淸風郡守申瀣 龍仁縣令崔君挽 君以哭長子亡 季子以哭父亡〉『企齋集』 申光漢

平世持身苦 평소 몸가짐에 힘썼고
知公用意深 공의 마음씀씀이 깊음을 알겠네.
文章追古法 문장은 고법을 따랐으니
樂易近人心 즐겁고 쉬운 것이 인심에 가깝더라.

平世持身苦 知公用意深 文章追古法 樂易近人心
大運終留洛 高才未作霖 昔年工部佐 懷遠淚淫淫 〈挽權留守弘〉『企齋集』 申光漢

文章亦餘事 문장은 또한 일을 남기고
人物昔賢儔 인물은 예전 현인들과 짝을 한다네.
世仰霑霖澤 세상에서 추앙하여 눈물 흘리나
天催記玉樓 하늘이 옥루에 서기(書記)를 재촉하였나.

文章亦餘事 人物昔賢儔 世仰霑霖澤 天催記玉樓
駱峯春自媚 麟閣畫空留 不廢長江在 聲名共一流 〈挽章尙震〉『企齋集』 申光漢

簷竹春空長 처마의 대나무 봄 하늘에 길고
嵒泉細自垂 바위에 샘물은 가늘게 늘어졌네.
沈痾不得哭 깊은 병에 곡도 제대로 못하고

悵望若爲思 생각에 잠긴 듯 슬프게 바라본다.

天柱欹傾日 邦家殄瘁時 典刑無耆老 風範有佳兒
篬竹春空長 嵒泉細自垂 沈痾不得哭 悵望若爲思 〈挽章鄭惟吉〉『企齋集』申光漢

身臥花潭久 몸이 오래전에 화담(花潭)에 누웠으나
名編竹簡新 이름은 죽간(竹簡)에 새롭게 쓰여졌네.
斯人今又歿 이 사람 금일 세상을 떠났지만
何處善爲隣 어느 곳에선가 좋은 이웃 만났으리.

好古悲生晚 探源味道眞 燃糠繼匡壁 食糲任安貧
身臥花潭久 名編竹簡新 斯人今又歿 何處善爲隣 〈挽徐處士敬德〉『企齋集』申光漢

一代英靈盡 한 시대의 영령이 다하니
千年塵夢空 천 년의 꿈이 부질없구나.
傳家能幹蠱 집안에 허물을 감출 수 있으니
流慶自難窮 경사를 스스로 다하기 어려워라.

奕世簪纓舊 追承更有公 箕疇知命壽 周禮六卿崇
一代英靈盡 千年塵夢空 傳家能幹蠱 流慶自難窮 〈鄭判書光世挽〉『冲菴集』金淨

身世還如夢 신세는 도리어 꿈만 같고
人生本自浮 인생이란 본래 부평초 같다네.
門闌餘慶在 가문에 경복이 남아 있으니
不用涙長流 오래도록 눈물을 흘릴 것 없네.

德爵尊皆具 詩書學亦優 棘闈留藻鑑 華屋照銀鉤
身世還如夢 人生本自浮 門闌餘慶在 不用涙長流 〈成密直士達挽詞〉『陽村集』權近

常恨違千里 항상 천리나 떨어졌음을 한했는데
那知隔九泉 어찌 구천으로 갈라질 줄 알았던가?

天涯思舊淚 멀리서 옛 생각에 눈물 흘리며
遙洒北風前 아득히 북풍(北風) 앞에 눈물 뿌리네.

莫逆平生友 相睽二十年 有懷長耿耿 無日不懸懸
常恨違千里 那知隔九泉 天涯思舊淚 遙洒北風前 〈金僉樞潭挽〉『陽谷集』蘇世讓

我已歸田里 나는 이미 전원으로 돌아왔는데
君方秉國衡 그대는 이제 국형(國衡)을 잡았다네.
家奴忘貴盛 가노(家奴)는 부귀와 흥성을 잊었는지
猶道少時名 여전히 어렸을 때의 이름을 부르더라.

居止簷相接 交游分不輕 有無通假貸 晨夕話平生
我已歸田里 君方秉國衡 家奴忘貴盛 猶道少時名 〈安左相挽〉『陽谷集』蘇世讓

自別三千里 스스로 삼천리나 이별을 하고
相望二十年 서로가 이십년을 바라보았지.
那知死生隔 어찌 알았으랴 생사의 갈림이
今日在吾先 오늘 내 앞에 그대 있음을…….

昔按南中節 頻尋甕裏眠 及門遙下馬 推座不當筵
自別三千里 相望二十年 那知死生隔 今日在吾先 〈安左相挽〉『陽谷集』蘇世讓

安分心無累 분수에 편안하여 걸림이 없이
如賓敬自尊 손님처럼 공경하고 존경하였네.
神傷那可已 마음 아픈 것을 어찌 멈출 수 있나
風幔掩黃昏 펄럭이는 만장이 황혼에 가려진다.

脫去繁華習 來嬪德業門 便應親井臼 終欲襲蘭蓀
安分心無累 如賓敬自尊 神傷那可已 風幔掩黃昏 〈李大司成希輔妻挽〉『陽谷集』蘇世讓

抱怨重泉暗 중천(重泉)이 어두움을 원망하고

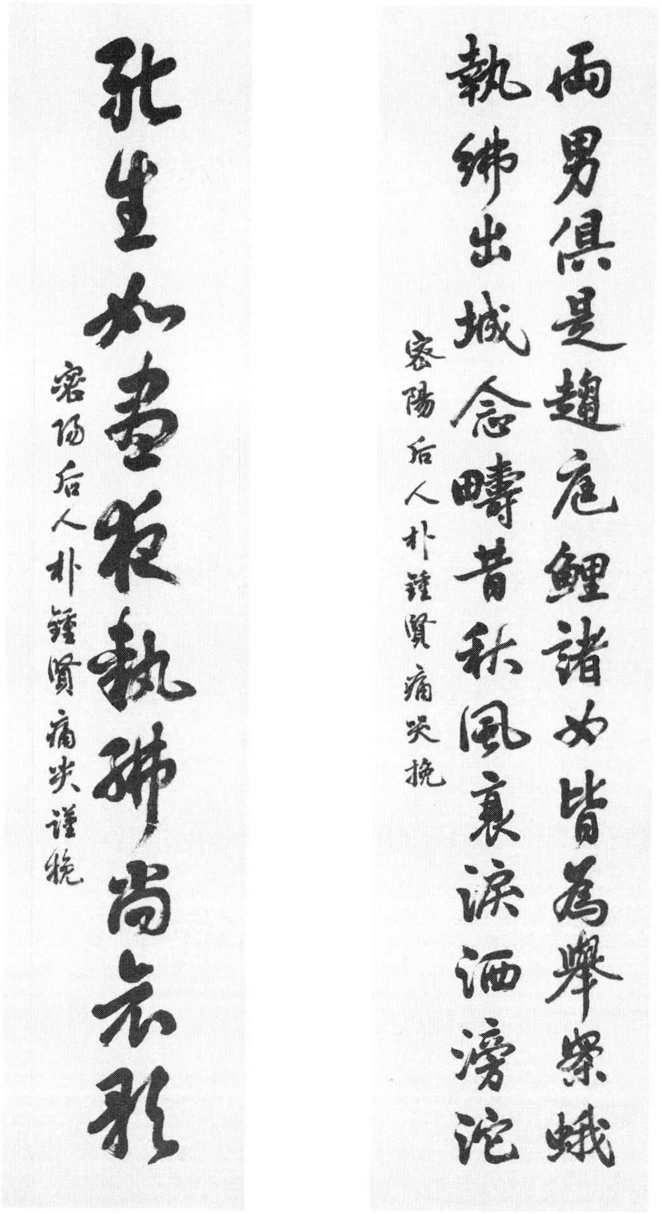

兩男俱是趨庭鯉　諸女皆爲擧案蛾　執紼出城念疇昔　秋風衰淚洒滂沱
두 아들 다 공자님의 가르침을 받았고 여러 딸 모두 공손함을 갖추었구나
상엿끈 잡고 성을 나서며 예전을 생각하니 가을 바람에 쇠미한 눈물 펑펑 흐르네

死生如晝夜　執紼尙哀歌
삶과 죽음은 밤과 낮 같으니 상엿줄 잡고 섧게 노래하네

- 是雨 朴鍾賢 書

銷魂諸友悲　모든 벗들 슬픔에 넋을 잃었네.
行修罹禍酷　수행을 하다가 재앙을 만났으니
天道邈難知　천도(天道)는 아득하여 알 수가 없네.

鶯入新年語 花開滿故枝 物衰還有日 人逝返無期
抱怨重泉暗 銷魂諸友悲 行修罹禍酷 天道邈難知 〈挽徐訓導适〉『晦齋集』李彦迪

祖路千山險　조상의 길은 천개의 산처럼 험하고
遺名一鎭威　남겨진 이름은 진산처럼 위엄있네.
下車桑梓[46]日　고향에 내려오는 날
寧復拜慈闈　언제 다시 어머니를 뵐 수 있으랴.

萬里防沙塞 三年今始歸 素輴非鐵騎 丹旐異蛇旂
祖路千山險 遺名一鎭威 下車桑梓日 寧復拜慈闈 〈挽萬戶〉『德陽遺稿』奇遵

臥病青春盡　병들어 누웠으니 청춘은 다하고
思家白髮紛　집을 생각하니 백발이 어지럽더라.
旌旄零落盡　지휘하는 깃발이 다 쓰러지니
何處問勞勤　어디에서 수고로움 물을 것인가?

繕壁嚴三板 懷恩感一軍 鐵衣寒塞月 金鼓動山雲
臥病青春盡 思家白髮紛 旌旄零落盡 何處問勞勤 〈挽萬戶〉『德陽遺稿』奇遵

微痘俄作祟　작은 병이 갑자기 빌미가 되어
萬事忽成塵　만사(萬事)가 홀연히 티끌로 변했구려.
豈但傷瓜葛　어찌하여 가족을 아프게 하나
堂留鶴髮親　집에는 늙은 부모 살아계신데…….

鐵城流慶遠 根大世生人 鳳穴雛元美 蘭芽葉更新
微痘俄作祟 萬事忽成塵 豈但傷瓜葛 堂留鶴髮親 〈李措大勝挽〉『潛庵逸稿』金義貞

46) 桑梓 : 뽕나무와 가래나무. 옛날에는 집담 밑에 뽕나무와 가래나무를 심어 두어 후세 자손들에게 조상을 생각하게 했다는 데서 고향의 집 또는 고향을 이르는 말.

蓮花慳映色 연꽃은 꽃빛을 감추고 있고
雁翼不成行 기러기는 대열을 이루지 못했다네.
此夕幽明隔 오늘 저녁 유명(幽明)을 달리했으니
終天恨獨長 세상 떠난 그 한은 유독 길더라.

多猜唯造物 憂喜并相將 欲慶萱堂日 纏悲棣萼腸
蓮花慳映色 雁翼不成行 此夕幽明隔 終天恨獨長 〈李措大勝挽〉『潛庵逸稿』金義貞

久作山中相 예전에는 산중에 재상이었지만
今爲地下郎 지금은 지하에 객이 되었네.
俯看人盡醉 사람들 취한 모습 내려다보며
思爾益難忘 당신을 생각하니 더욱 생각나.

久作山中相 今爲地下郎 俯看人盡醉 思爾益難忘 〈梁山人挽詞〉『石川詩集』梁山甫

天上風雲斷 천상(天上)에 풍운(風雲)이 끊어졌고
山中歲月遷 산중에도 세월이 흘러갔었지.
師資遽淪沒 스승의 위용이 갑자기 사라졌으니
志士更潸然 뜻있는 선비는 다시 눈물 흘린다.

大勇無賁育 收心慕聖賢 蒼茫培浩氣 要妙得眞傳
天上風雲斷 山中歲月遷 師資遽淪沒 志士更潸然 〈挽詞朴淳〉『一齋集』李恒

道傳千載學 말은 천년의 학문을 전했고
惠施小城民 작은 백성에게도 은혜를 베풀었네.
壽富多男子 장수(長壽)에 다복(多福)하고 자식도 많았으며
仁賢大德人 어질고 현명하고 큰 덕 있는 사람이라.

當代南中老 先王眷遇臣 道傳千載學 惠施小城民
壽富多男子 仁賢大德人 林泉休萬事 揮淚遠傷神 〈挽詞李良國〉『一齋集』李恒

石火催樞夢　전광석화처럼 빨랐던 헛된 꿈
人間八十秋　세상에서 팔십 수를 누렸다네.
乾坤英氣盡　세상에는 영웅이 다 사라졌지만
宇宙大名流　우주에는 대명(大名)이 전할 것이라.

石火催樞夢 人間八十秋 乾坤英氣盡 宇宙大名流
朝野悲張載 斯文哭子由 蔡淵憂道淚 重洒考亭頭 〈挽詞南彦縝〉『一齋集』李恒

承家敦孝義　집안에 전한 것은 돈독한 효의요
傳世尚溫良　세상에 전한 것은 온량(溫良)함이라.
餘事文章健　남겨놓은 것은 훌륭한 문장이요
青雲步武長　벼슬길로 향한 걸음 장대했다네.

生死由來事 偏於彦實傷 承家敦孝義 傳世尚溫良
餘事文章健 青雲步武長 前途猶未暮 騏驥奈云亡 〈挽林錦山希茂〉『葛川集』林薰

世自多飜覆　세상은 종종 바뀌었지만
身誠享具全　자신은 그 복을 온전히 누렸네.
誰知憂國淚　누가 알까 나라를 걱정하면서
臨化尚漣漣　영결에 임하여 눈물흘림을.

逸樂三朝貴 聰明大耋年 都門追漢傳 香社紹唐賢
世自多飜覆 身誠享具全 誰知憂國淚 臨化尚漣漣 〈知中樞聾巖李先生挽詞〉『退溪集』李滉

徹地慈親淚　어머니의 눈물은 땅을 흔들고
咨天識友情　친구들의 깊은 정에 하늘도 탄식하네.
笑言如昨日　소담을 나눈 것이 어제 같은데
誰道隔幽明　누가 말하던가, 유명(幽明)이 갈렸다고.

汗血臨千里 南圖擬萬程 宣城鸞去慕 天嶺鵬來驚
徹地慈親淚 咨天識友情 笑言如昨日 誰道隔幽明 〈挽郭咸陽〉『退溪集』李滉

積慶遺三子 경사가 이어져 아들 셋을 남겼고
稀年失五春 나이는 칠십에서 다섯이 모자랐네.
佳城無白日 무덤에는 밝은 해가 뜨지 않으리니
誰與樂相親 뉘와 함께 서로 친해 즐거워하리.

投轄陳無檢 治生馬不貧 蓮花雖小捷 楊葉竟空神
積慶遺三子 稀年失五春 佳城無白日 誰與樂相親 〈挽金綏之〉『退溪集』李滉

人文今已矣 인문이 이제 끝났으니
吾道竟何依 우리 도는 마침내 어디에 의지하나?
奔哭還無路 달려가 통곡해도 다시 길이 없으니
春風淚不晞 춘풍에도 눈물은 마르지 않네.

追惟昔年夜 愚魯近光輝 誘掖回迷走 充盈見實歸
人文今已矣 吾道竟何依 奔哭還無路 春風淚不晞 〈挽章金孝元〉『南冥集』曺植

唐虞思古道 요와 순은 고도(古道)를 생각하게 했고
洙泗起遺風 공자의 학풍은 유풍(遺風)을 일으켰네.
百代廉頑節 백대에 청렴하고 굳은 절개 전하니
高名滿海東 높은 이름 온 나라에 가득하리라.

與時不自適 結屋在山中 嘯覺乾坤小 愁看歲月窮
唐虞思古道 洙泗起遺風 百代廉頑節 高名滿海東 〈挽章兪大脩〉『南冥集』曺植

天上星光滅 하늘에는 별빛이 사라졌고
人間樑木摧 인간에는 대들보가 무너졌구나!
存心經世務 세상 다스림에 힘쓰셨으니
屬望濟時才 나라 구할 재목으로 촉망받았네.

天上星光滅 人間樑木摧 存心經世務 屬望濟時才
舊日蒲輪客 今悲絮酒抔 一爲多士痛 不敢哭吾哀 〈挽章朴啓賢〉『南冥集』曺植

君子存於世　군자가 세상에 살아계실 때
人情若倚山　사람들은 산처럼 의지하였네.
先生奄忽逝　선생이 갑자기 돌아가시니
後學更誰攀　후학들은 누구를 의지하려나.

君子存於世 人情若倚山 先生奄忽逝 後學更誰攀
落落風聲地 明明警覺開 秖今嗟已矣 烏得不潸潸 〈挽章許曄〉『南冥集』 曺植

殄悴驚連歲　해마다 진췌(殄瘁)의 글에 놀라니
天心莽未窮　하늘은 죽임을 다하지 못했는가.
山頹人孰仰　산이 무너졌으니 어디를 바라보나
學絶道誰東　학문이 끊기면 누가 해동을 말할까.

殄悴驚連歲 天心莽未窮 山頹人孰仰 學絶道誰東
汾水餘寒月 雙溪響晩風 摳衣平昔願 今日竟成空 〈挽章尹根壽〉『南冥集』 曺植

奔問吾何晩　바삐 물었다지, 내가 어찌 늦느냐고
那知病已危　어찌 알았으랴 병이 이미 위중했던 걸.
丁寧談似昔　자상하신 말씀이 어제 같은데
凶訃聽還疑　부음이 들려오니 듣고도 의심하네.

奔問吾何晩 那知病已危 丁寧談似昔 凶訃聽還疑
厚夜空長鎖 重泉只永思 肯言余後死 幾歲阻追隨 〈太虛挽〉『忍齋集』 洪暹

雅量如春草　단아한 도량은 봄풀과 같았는데
佳城隔暮雲　무덤마저 저녁구름에 가려졌더라.
欲將詩代哭　시로써 곡을 대신하려 했으나
悽斷不能文　슬프니 글 역시 쓰지 못하네.

君病無人報 慙余獨後聞 訃來疑未信 氣塞悶如焚
雅量如春草 佳城隔暮雲 欲將詩代哭 悽斷不能文 〈許不迷挽〉『忍齋集』 洪暹

世事那堪說 세상사 어떻게 말할 수 있나
浮生不盡年 하루살이 같은 삶 다하지도 않았는데
交遊餘幾老 교유(交遊)한 세월이 얼마나 되는지
獨立向青天 홀로 서서 푸른 하늘 바라보누나.

骯髒人中傑 崎嶇宦海邊 相將期白首 何處閟黃泉
世事那堪說 浮生不盡年 交遊餘幾老 獨立向青天 〈挽李正郎永成〉『秋坡集』宋麒秀

論交初恨晚 사귀며 늦게 만남 원망했는데
死別遽如斯 갑자기 이렇게 사별이라니?
江漢奔流急 강물은 바삐도 흘러가는데
邱原日夜思 묘지에서 밤낮으로 그대 생각 뿐.

論交初恨晚 死別遽如斯 江漢奔流急 邱原日夜思
襟期今寂寞 古意竟差池 痛哭南州土 深藏燁燁姿 〈挽金久菴就文〉『秋坡集』宋麒秀

世契情殊密 대를 이은 만남은 돈독했는데
沈痾阻此生 고질병이 이 삶을 방해했더라.
蒼山氷雪裡 푸른 산 얼음 얼고 눈이 덮인 곳
回首望丹旐 바라보니 붉은 기만 펄럭이누나.

〈挽林座首公俊〉『河西全集』金麟厚

五十人間客 오십을 살다간 나그네 인생
今從地下遊 지금은 지하에서 노닐고 있네.
悲涼薤露曲 상엿소리 들으니 처량하여라
淚落北邙陬 북망산 모퉁이서 눈물 흘린다.

〈挽陳彦卿嚴侍〉『河西全集』金麟厚

塵世黃粱急 속세의 부귀공명 덧없다지만

風霜玉樹摧　풍상(風霜)에 인재가 꺾여버렸네.

浮生如逝水　부생(浮生)은 흘러가는 물과도 같아

一去竟難回　한 번 가면 결국엔 돌아오지 못하누나.

〈挽汝溫氷天〉『河西全集』金麟厚

寂寞人間事　적막한 인간의 일이

悠悠未百年　황당하게 백년도 되지 못하네.

哀歌吟薤露　상엿소리 슬프게 읊조리는데

涼月滿霜天　서리 내린 하늘에 달이 차구나.

〈挽汝溫氷天〉『河西全集』金麟厚

故土三千里　고향땅은 삼천리 떨어져있고

浮生四十年　뜬 구름 인생은 사십년이라.

如何運命薄　어찌하여 운명을 박하게 했는지

無路問蒼天　푸른 하늘에 물어볼 길이 없구나.

早歲看頭角 文華世習傳 鵷行無出右 鳳質孰爭先
故土三千里 浮生四十年 如何運命薄 無路問蒼天〈挽金典翰紀〉『河西全集』金麟厚

孝友人爭仰　효도하고 우애있어 사람들이 존경했고

功名志未伸　공명이 있으나 뜻을 펴지 못했네.

傷心百年事　마음 아파라 백년의 일이여

欲說更無因　말하려 하지만 다시 할 말 없구려.

靑草安公後 詩書屬子身 高標淸出世 雅度遠超塵
孝友人爭仰 功名志未伸 傷心百年事 欲說更無因〈挽安判官〉『河西全集』金麟厚

天涯客未返　하늘 끝에 객은 돌아오지 못하고

山畔涕潛零　산 아래서 남몰래 눈물 떨구네.

每到相忘地　매번 서로 이별한 곳 이르게 되면
何堪永訣情　어떻게 영결의 정 감당을 하라고.

十載憂君切 孤魂一夢驚 天涯客未返 山畔涕潛零
每到相忘地 何堪永訣情 繁雲飄遠目 衰鬢益星星 〈挽門巖〉『河西全集』 金麟厚

書史看千古　역사에서 천고(千古)의 일을 보면서
榮枯撫衆芳　영고(榮枯)하는 꽃들을 사랑하였네.
溪山寄漫興　계산(溪山)에서 만흥(漫興)을 부치면서도
不覺百年忙　백년의 바쁨을 알지 못하네.

種學同金友 風波別恨長 窮途負壯志 薄宦爲高堂
書史看千古 榮枯撫衆芳 溪山寄漫興 不覺百年忙 〈挽奇上舍進〉『河西全集』 金麟厚

草樹荒村裏　황폐한 마을에 풀과 나무는
乾坤碧岫阿　푸른 산을 건곤으로 삼는다네.
存亡從此別　존망(存亡)이 이로부터 나눠지지만
兄去我沈痾　형은 떠나고 나는 병이 깊구나.

瀟灑園泉石 人亡奈爾何 徵詩曾有詠 挽柩奈無歌
草樹荒村裏 乾坤碧岫阿 存亡從此別 兄去我沈痾 〈挽瀟灑園主人〉『河西全集』 金麟厚

地下三千世　지하세계에서 삼천년은
人間六十朞　인간세상에서 육십년이라.
孤魂悲舊宅　외로운 혼 옛집에서 슬퍼하면서
執紼淚雙垂　상엿끈 잡고서 눈물 흘리네.

客路靑山外 功名白髮時 田閭勞字撫 簿牒苦紛披
地下三千世 人間六十朞 孤魂悲舊宅 執紼淚雙垂 〈挽載寧郡守〉『河西全集』 金麟厚

故里迎旌翣　고향에서 조기(弔旗) 운삽(雲翣) 맞으면서

窮村泣吏民 시골마을 사람 모두 슬퍼 운다네.

佳城悲紼紼 묘지에서 애통하게 상엿끈 잡고

薤曲淚盈巾 슬픈 노래 들으며 건을 적신다.

好享人間壽 悠悠七十春 慈祥原性稟 悃愊見天眞
故里迎旌翣 窮村泣吏民 佳城悲執紼 薤曲淚盈巾 〈挽監司〉『河西全集』金麟厚

五紀人間事 오십 년 인간세상 일을 끝내고

千秋地下遊 천추세월 지하에서 노닐겠지만

承家無子女 집안 이을 자녀가 하나 없으니

一恨幾時休 한결같은 원한을 언제 멈추랴.

不獨才名盛 仍兼德業優 經綸大手筆 霖雨巨川舟
五紀人間事 千秋地下遊 承家無子女 一恨幾時休 〈挽歌挽人而失其名氏〉『河西全集』金麟厚

忠厚兼剛毅 충후하고 강직한 것은

天資匪養成 천품이지 양성함이 아니라네.

行殊朝獎異 행실은 조정에서 특이했었고

德著士模程 덕업은 선비중에 드러났더라.

忠厚兼剛毅 天資匪養成 行殊朝獎異 德著士模程
諫院曾爲長 銀臺亦有名 尙非施展盡 經術富平生 〈挽礪城君宋寅〉『龜巖集』李楨

哀挽新阡去 새로운 묘로에서 슬피 끄는데

天風亦颯然 천풍은 또한 쓸쓸하구나.

臺亭空舊館 대정은 부질없이 옛것이지만

湖水只蒼煙 호수에는 다만 푸른 안개뿐이라.

哀挽新阡去 天風亦颯然 臺亭空舊館 湖水只蒼煙
杯酒承容榻 溫言得接筵 雄顔無復見 不覺淚懸泉 〈挽曹判書潤孫〉『龜巖集』李楨

身世專安便 신세가 오로지 편안했으니
衣裳豈倒顚 의상을 어떻게 바꿔 입으랴?
荒山封萬古 황산은 만고에 봉해졌는데
薤露落秋煙 상엿소리 안개속으로 사라지누나.

窮谷享高年 休哉任我天 關情溫飽裏 絶迹是非邊
身世專安便 衣裳豈倒顚 荒山封萬古 薤露落秋煙 〈梯谷丈金義元挽丙午〉『游軒集』丁熿

宿昔通家義 예전부터 가의(家義)가 통했으므로
俱爲白髮翁 함께 백발의 늙은이가 되었더라.
相違又幾歲 서로 헤어져 몇 해를 보냈는데
末路永無同 말로(末路)마저 영원히 함께 못하네.

宿昔通家義 俱爲白髮翁 相違又幾歲 末路永無同
更忍羊曇淚 長懷謝傳風 平生五字律 併寄九原中 〈挽鄭正〉『守庵遺稿』朴枝華

高才鬱泉穸 높은 재주 황천에서 답답하겠지.
厚德闕天施 두터운 덕 하늘에 베풀 것이라.
飛旐春風外 춘풍에 조기가 펄럭거리니
親朋無限悲 친구들 무한히 슬퍼한다네.

少稱白眉秀 早有靑雲期 萬事蹉跎去 一官州縣卑
高才鬱泉穸 厚德闕天施 飛旐春風外 親朋無限悲 〈挽金竹山〉『海峰集』洪命元

厚德寧無報 덕이 두터우니 어찌 보답이 없겠는가?
遺經幸有傳 남겨진 글에 다행히 전기가 있네.
湖西十年跡 호서에서 십 년을 지냈던 자취
回首一潸然 돌아보니 한결같이 눈물 흐른다.

燀奕家聲大 沈冥命道邅 東床桂枝秀 南極壽星懸
厚德寧無報 遺經幸有傳 湖西十年跡 回首一潸然 〈挽崔忠義〉『海峰集』洪命元

喪亂看高義 상란에 높은 뜻을 보았지만
風塵托此身 풍진에 이 몸을 맡겼다네.
存亡頃刻異 존망이 경각에 달라졌으니
萬事一沾巾 만사가 한결같이 눈물이로다.

大姓分茅幽舊 居背郭新 公孫卽吾姪 氣概更交親
喪亂看高義 風塵托此身 存亡頃刻異 萬事一沾巾〈挽朴生員〉『海峰集』洪命元

天上樓成日 천상에 누각이 이루어진 날
人間劍化時 인간에선 한 사람 떠나갔더라.
南山古宅在 남산엔 고택이 남아있어서
淚洒菊花枝 국화꽃 가지에 술과 눈물 뿌린다.

令嫂吾曾挽 君言語最悲 那知未閱歲 復作此哀詞
天上樓成日 人間劍化時 南山古宅在 淚洒菊花枝〈挽權正字徵〉『海峰集』洪命元

香山果遲結 향산의 과일은 늦게 맺는데
蜀郡惠空存 촉군의 은혜는 부질없어라.
飛旐春原暮 봄동산 저문 곳에 조기 날리고
哀歌聲更呑 슬픈 노래 들으며 목이 멘다네.

逢君解龜日 秋雨鶴橋村 誰意赤心疏 遽含黃壤冤
香山果遲結 蜀郡惠空存 飛旐春原暮 哀歌聲更呑〈挽曹康津〉『海峰集』洪命元

鳳穴雛皆好 봉황둥지 새끼들은 모두들 좋고
蟾宮桂獨華 달속에 계수나무 아름다워라.
門前舊騎竹 문전에서 대를 타고 놀았었는데
不忍送靈車 상여를 차마 전송 못하겠구나.

海嶽還眞氣 人間太耋嗟 魁三象最近 齒一秩還加
鳳穴雛皆好 蟾宮桂獨華 門前舊騎竹 不忍送靈車〈趙典籍廷虎大人挽〉『海峰集』洪命元

勤劬積日千痾集　오랜 세월 근면함에 온갖 병이 쌓여서
歸去中途萬事休　중도에 돌아가니 만사가 부질없네

- 霧林 金榮基 書

屋樑殘月疑顏面　용마루 기운 달빛에 님의 얼굴 아른거려
却憶平生淚濕衣　평생을 추억하며 눈물로 옷깃적시네

-竹峰 黃晟現 書

雅俗今誰鎭 아속(雅俗)을 지금 누가 안정시키랴
先賢遂盡零 선현들 모두 다 돌아가셨네.
乾坤留不朽 세상에 남기신 것 영원하지만
江漢與同傾 강물도 그와 함께 흐를 것이라.

七袠黃扉相 三朝宿德淸 文章餘事業 沖澹是生平
雅俗今誰鎭 先賢遂盡零 乾坤留不朽 江漢與同傾 〈挽洪政丞彦弼〉『東皐遺稿』李浚慶

謹厚言常訥 근후하여 말씀 항상 어눌했었고
謙恭德益宏 겸손하고 공손한 덕 더욱 크시네.
始終無悔吝 시종 후회할만한 인색함이 없었고
中外樹聲名 안팎으로 성명(聲名)을 세웠었더라.

謹厚言常訥 謙恭德益宏 始終無悔吝 中外樹聲名
禫石歸遺像 星山返緯精 傷情歌薤露 執紼送佳城 〈挽李摠制穗〉『敬齋集』河演

天道固莫測 천도(天道)는 참으로 헤아리기 어렵고
禍福工倚伏 화복(禍福)은 언제나 순환되는 것.
憂樂本同門 근심과 즐거움은 문이 같아서
懽愉變悲戚 기쁨이 변하여 슬픔 되었네.

天道固莫測 禍福工倚伏 憂樂本同門 懽愉變悲戚 元良作儲副 仁孝著至德
聖眷至隆重 臣民共拭目 前星方照輝 光芒忽磊落 龍樓少懽遊 銅闈鎖寂寞
佳城已在望 曉路薤歌咽 所悲非獨私 哀哀淚成血 〈懿敬世子挽詩〉『保閑齋集』申叔舟

謙恭仍謹愼 겸양하고 공손하며 근신하시니
處世自怡然 처세가 스스로 편안하였네.
志節追前烈 지조와 절개는 전열을 쫓으셨고
箕裘[47]付後賢 가업은 현손에게 전하였다네.

47) 箕裘 : 궁사의 아들이 먼저 연한 버드나무 가지로써 키 만드는 것을 배우고 대장장이 아들은 먼저 보드라운 짐승의 가죽으로써 갖옷 만드는 일을 배워 차츰 어려운 본업에 숙달한다는 뜻으

謙恭仍謹愼 處世自怡然 志節追前烈 箕裘付後賢 三槐祥已應 萬石美堪傳
樂事窮淸賞 流光任暮年 紅羅纔記姓 黃鶴忽遊仙 怊悵東郊道 酸風落夜泉
〈金中樞宗淑挽章代上洛君之父〉『佔畢齋集』金宗直

斯人無復見 이 사람을 다시 볼 수 없다지만
我輩竟誰親 우리도 결국엔 가까이 가리.
東門供祖軷 동문에서 길 제사 거행할 때에
猶得集朝紳 조정의 대관들 운집하였네.

亹亹靑雲器 多聞以潤身 斯人無復見 我輩竟誰親
明月隣家笛 淸尊藥玉塵 東門供祖軷 猶得集朝紳〈挽京畿觀察使李公吉甫代作〉『佔畢齋集』金宗直

家無三釜粟 집안에는 3가마의 곡식도 없지만
經勝滿籯金 경륜은 수많은 황금보다 낫다네.
射陰山上月 그늘진 산속에 둥근 달 떠오르니
空照棘人心 달빛마저 인심(人心)을 아프게 하네.

醞藉俞居士 鄕閭孰不欽 家無三釜粟 經勝滿籯金
宰樹嘘風急 桓碑隱霧深 射陰山上月 空照棘人心〈俞居士蔭挽章〉『佔畢齋集』金宗直

惻惻長惻惻 슬프고 슬프며 하염없이 슬픈 것은
人生鳥過目 인생이 날아가는 새를 보듯 짧음이라.
鳥飛尚知還 새는 날아가도 다시 돌아올 줄 알건만
此去何當復 이렇게 가버리면 무슨 수로 돌아오나?

〈挽人出葬〉『虛白亭文集』洪貴達

功名兼寵辱 공명과 영욕을 겸하였고
生死盡哀榮 생사에 슬픔과 영광을 다했다네.

로 부조(父祖)의 가업을 어어받음을 비유하여 이르는 말.

定向蓬萊頂　봉래산으로 향하더니
群仙作伴行　여러 신선들과 짝을 이뤘네.

黑頭大平相 白首聖人氓 勇退無今日 高亭不世情
功名兼寵辱 生死盡哀榮 定向蓬萊頂 群仙作伴行〈挽章李荇〉『懶齋集』蔡壽

白日在天朗　밝은 해는 맑은 하늘에 있고
孤臣在地幽　외로운 신하는 그윽한 땅에 있네.
离明無不照　태양의 밝음은 안 비춘 데 없나니
此死更誰尤　이 죽음에 다시 누구를 탓하랴.

〈崔海州挽詞〉『白沙集』李恒福

百年纔過半　백년 중에 겨우 절반만 지났건만
何奪玉人忙　어찌하여 귀인의 다망(多忙)함을 빼앗는가?
賴有叢蘭茂　한 떨기 난초(자녀)가 무성해지니
應傳永世芳　영원히 세상에 향기를 전하리라.

〈挽金生員〉『月軒集』丁壽崗

鵬程方闊大　붕정(鵬程)은 바야흐로 광활하여
仙路遽飛昇　신선의 길목으로 날아오르네.
玉樹淸香遠　인재의 맑은 향기 멀지만
庭蘭慶善仍　부인의 기쁜 일은 남아 있구나.

桂籍芳名綴 鑾坡令譽騰 鵬程方闊大 仙路遽飛昇
玉樹淸香遠 庭蘭慶善仍 病來阻執紼 哀淚十分增〈金正寬挽詞〉『二樂亭集』申用漑

寒風抄林莽　찬바람은 수풀에 불고
落日垂三竿　지는 해 삼간에 드리웠네.
招魂設野奠　초혼하여 들에서 제를 올리니

楚些聲悲酸　상엿소리 슬픔을 더하는구나.

李賀固多才 白露摧香蘭 素車城東門 行路亦無歡 窮阡斬荊棘 藁葬木皮棺
寒風抄林莽 落日垂三竿 招魂設野奠 楚些聲悲酸 〈挽安子挺〉『秋江集』南孝溫

長途行未了　장도의 여행이 끝나지 않았는데
短景逝何忙　짧은 세월 어찌 그리 바빴는가?
賴有叢蘭茂　한 무더기 무성한 난초 있기에
知君永不亡　그대는 길이 죽지 않을 것이라.

生涯嗟幾許 六十五星霜 奕世貂蟬貴 盈門桂樹香
長途行未了 短景逝何忙 賴有叢蘭茂 知君永不亡 〈挽李府尹坱〉『月軒集』丁壽崗

升沈兩無迹　영고성쇠 모두가 자취 없어서
泡影本非眞　거품같이 본래 참이 아니라.
去矣黃壚煖[48] 훈훈한 황씨 술집 떠나갔으니
浮生已七旬　덧없는 인생이 칠십이라네.

高科能自致 拙宦竟誰因 郡邑栖遑地 郊扉寂寞濱
升沈兩無迹 泡影本非眞 去矣黃壚煖 浮生已七旬 〈李僉知植立挽詞〉『谿谷集』張維

取勢回飛早　권세를 취함은 빠르고 쉬웠는데
歸田去國遲　전원으로 돌아가긴 더디었다네.
平生用意處　평생 동안 마음을 쓴 곳은
遺後數篇詩　후손에게 수편의 시 남겼음이라.

公入金閨日 宣陵遇見知 盡心扶直氣 不暇念身危
取勢回飛早 歸田去國遲 平生用意處 遺後數篇詩 〈挽章洪彦弼〉『懶齋集』蔡壽

忽此文星墜　갑자기 오늘 문성이 떨어지고

---

48) 黃壚煖 : 죽림칠현들이 모여서 노닐던 黃公酒壚, 세상을 떠난 벗을 추억할 때 쓰는 표현.

其於梁木摧　크나큰 대들보가 부러졌다오.
陪從四十載　사십 년을 뫼시고 따랐었는데
執紼不堪哀　상엿줄 잡으니 슬프기 그지없네.

一代三韓傑 一年三榜魁 功名判樞府 勳業上雲臺
忽此文星墜 其於梁木摧 陪從四十載 執紼不堪哀〈延城府院君樗軒李公石亨〉『四佳集』徐居正

得喪身何與　얻고 잃음이 몸과 무슨 상관이랴
行違事益章　행하고 떠나는 일 더욱 드러났네.
無由覩玉立　옥 같은 모습을 볼 수 없으니
黃閣日荒涼　황각에는 햇빛마저 쓸쓸하구나.

此道久淪沒 斯人今又亡 精神傳簡策 糠粃鑄虞唐
得喪身何與 行違事益章 無由覩玉立 黃閣日荒涼〈柳西厓成龍挽詞〉『白沙集』李恒福

星隕予初怪　별 떨어져 괴이하게 여겼었는데
山頹世共悲　산 무너져 세상 모두 슬퍼하누나.
聊將憂國淚　나라를 근심하는 눈물 흐르니
揮洒望乘箕[49] 눈물 씻고 기미(箕尾)를 바라본다네.

將相才兼德 彌綸道合時 一心勤翊亮 萬姓倚安危
星隕予初怪 山頹世共悲 聊將憂國淚 揮洒望乘箕〈柳貞愼公挽詞〉『陽村集』權近

山頹無復仰　산 무너져 우러를 곳 다시없으며
川逝可能回　흘러가는 물을 돌이킬 수 있으랴?
滿眼皆黃口　눈에 가득한 건 어린 것들 뿐이니
令人不勝哀　슬픔을 감당하지 못하겠구나.

堂堂麟閣畫 穩步到三台 好展經邦手 堪誇阜國財
山頹無復仰 川逝可能回 滿眼皆黃口 令人不勝哀〈青昌寧府院君錫文挽詞〉『四佳集』徐居正

---

49) 箕尾 : 騎箕와 같은 말인데 즉, 사람의 죽음을 뜻함.

人間亡一鑑 인간에는 하나의 귀감이 없어졌고
天上落三台 천상에는 삼태성이 떨어졌구나.
無復瞻山斗 다시는 북두성을 볼 수 없으니
那堪爲國哀 나라 위한 슬픔을 어찌 감당하랴?

黑頭登相府 勳業畫雲臺 鼎鼐調羹手 經綸濟世才
人間亡一鑑 天上落三台 無復瞻山斗 那堪爲國哀 〈姜領議政挽詞〉『四佳集』徐居正

誨人思玉振 남을 가르침엔 옥진을 생각했고
教子勝金籯 자식을 가르침엔 금영보다 나았더라.
一掬門生淚 한 줌 문생의 눈물로
題詞不耐情 만사를 쓰려니 너무나 슬퍼.

聲名龍榜早 步武鼇禁榮 當代尊耆舊 斯文仰老成
誨人思玉振 教子勝金籯 一掬門生淚 題詞不耐情 〈金兼司成新民挽詞〉『四佳集』徐居正

沈緜經數載 고질병을 여러 해 동안 끌다 보니
揚歷負初心 업적 드날리려던 초심을 저버렸구나.
五十人間事 오십 년 동안의 인간사가
居然成古今 어느덧 고금의 일이 되어버렸네.

孝思何至此 痛哭淚霑襟 功業今棠茇 才名舊翰林
沈緜經數載 揚歷負初心 五十人間事 居然成古今 〈辛監司永孫挽詞〉『四佳集』徐居正

天意元來定 하늘의 뜻 원래 정해져 있는 것을
人情浪自恫 사람들 외람되이 상심했었네.
傷心舊丈席 마음 아파라 옛날 계시던 자리
不復坐春風 봄바람 속에 다시 앉을 수 없네.

家學淵流遠 平生約禮功 行違關世運 道脈壽吾東
天意元來定 人情浪自恫 傷心舊丈席 不復坐春風 〈挽詞〉『愼獨齋全書』宋浚吉

寂寞坡山土　적막한 파주 땅 속에
新埋骯髒人　강직한 사람을 새로 묻었다.
力田隨野老　촌로(村老) 따라 힘써서 농사지었고
拙宦遠奸臣　간신배 멀리하니 벼슬길 어려웠네.

寂寞坡山土 新埋骯髒人 力田隨野老 拙宦遠奸臣
牢落掀髯笑 紛綸汙扇塵 西營有老將 歲暮識情眞〈金獻納敍九輓〉『與猶堂全書』丁若鏞

康瓠眞成寶　편안한 표주박이 진정한 보물
崇蘭屢見摧　커다란 난초도 자주 꺾였으니
覽觀多可厭　보기 싫은 게 하도 많아서
惆悵返泉臺　슬프게 구천으로 떠나갔는가?

寂寞人間世 斯人復起來 試看今士氣 能不使公哀
康瓠眞成寶 崇蘭屢見摧 覽觀多可厭 惆悵返泉臺〈許去非是先生遷葬輓詞〉『與猶堂全書』丁若鏞

耆宿凋零盡　학덕이 있는 분들 다 떠났으니
於今竟賴誰　이제 누굴 믿고 살아야 하나?
淳風收緬邈　순후한 풍속 멀리 떠나고
衰俗失維持　쇠미한 세속에 유지할 사람 없네.

耆宿凋零盡 於今竟賴誰 淳風收緬邈 衰俗失維持
壽閣星光隱 山庭月影悲 蒼崖暮春雪 是葬碩人時〈洪判書舟萬輓詞〉『與猶堂全書』丁若鏞

命也斯而已　타고난 명운이 이뿐이라면
悲夫奈若何　슬퍼한들 이것을 어찌할거나.
遽增才鬼簿　불현듯 재귀 명부에 올라갔으니
俄缺冷官窠　갑자기 냉관자리 비어서겠지.

奧惟文正裔 藉甚甲申科 命也斯而已 悲夫奈若何
遽增才鬼簿 俄缺冷官窠 旅殯魂無憾 楓溪爾族多〈金奉常章行輓〉『青莊館全書』李德懋

那知聚散傷心地　遽作存亡異世人
어찌 알았으랴 만나고 헤어짐이 아픔인 것을
갑자기 생사(生死) 갈려 저승사람 되었도다

悲風吹縞仗 落日照丹旌　極目靑山路 攀呼倍愴情
슬픈 바람 흰 의장을 펄럭이고 기운 해는 붉은 명정에 비치는데
청산 가는 길을 아득히 바라보며 부여잡고 통곡하니 슬픈 정 더하더라

- 月汀 白承勉 書

井臼能安分 물 긷고 방아 찧고 안분자족(安分自足)하며
杯盤或撥貧 술자리도 벌리고 가난도 잊었는데
如今已陳迹 이제는 모두가 지나간 옛이야기
哀挽一沾巾 만사(挽辭)를 지으며 눈물 흘린다.

鄭丈從遊慣 田居舊接鄰 時爲座上客 聽說室中人
井臼能安分 杯盤或撥貧 如今已陳迹 哀挽一沾巾 〈鄭直長內挽詩〉『谿谷集』張維

短世風燈促 짧은 생애 바람 앞에 등불과 같고
新阡宿草滋 묘도(墓道)엔 묵은 풀만 우거졌구나.
南雲飛不盡 끝없이 흘러가는 남쪽 구름에
寄挽淚雙垂 만사를 부치려니 흐르는 눈물.

洛下比鄰日 湖中邂逅時 丁寧尋舊社 契闊間交期
短世風燈促 新阡宿草滋 南雲飛不盡 寄挽淚雙垂 〈挽人〉『谿谷集』張維

秉志忠兼孝 뜻을 가져 충과 효를 겸하였고
持身險若夷 몸가짐은 험한 일을 편안히 했네.
邇來方折屐 근일에 찾아뵙지 못했었는데
誰謂忽乘箕 갑자기 돌아갈 줄 누가 알았나?

秉志忠兼孝 持身險若夷 邇來方折屐 誰謂忽乘箕
黃閣風聲遠 蘭亭墨跡遺 含言更流涕 非獨爲吾私 〈杏村李侍中嵒挽章〉『東文選』李仁復

暮境沾微祿 만년(晩年)에 낮은 관직 몸담았다가
他鄉送幻身 객지에서 이승을 하직했구나.
停雲杳南極 아득한 남쪽 하늘 멈춰 선 구름
寄挽自沾巾 만사(挽詞)를 부치면서 눈물 흘리네.

洛社分張後 湖山邂逅辰 相憐臭味合 奈此別離頻
暮境沾微祿 他鄉送幻身 停雲杳南極 寄挽自沾巾 〈挽權察訪霍〉『谿谷集』張維

耿耿言空在 또렷한 말씀만 부질없이 남았으나
蒼蒼命不諶 푸른 하늘 명을 감당할 수 없어라.
公私兩凄絶 공사(公私)가 모두 처절하기에
哀淚自沾襟 슬픈 눈물 절로 흘러 옷깃 적시네.

一代高明學 兩朝經濟心 硏幾竟深密 遇事肯浮沈
耿耿言空在 蒼蒼命不諶 公私兩凄絶 哀淚自沾襟 〈挽章鄭惟一文峯〉『高峯集』奇大升

共擬長途遠 서로 함께 장구한 계책 의논했는데
那知大限窮 막다른 길이 있을 줄 어찌 알았으랴?
斯人而至此 이 사람을 여기에 이르게 했으니
憒憒歎天公 너무도 심란하여 하늘만 한탄하네.

學以淵源邃 心因道義雄 對人惟悃愊 於國但精忠
共擬長途遠 那知大限窮 斯人而至此 憒憒歎天公 〈挽章李湛靜存齋〉『高峯集』奇大升

3) 40자의 만장

漢濱纔惜別 한강에서 방금전에 석별했는데
湖外忽傳哀 호외에서 홀연히 슬픈 소식 전하네.
已矣斯人也 이 사람 이렇게 끝났구나
天乎世道哉 하늘이여 세도(世道)를 어찌하나요?
是非誰復辨 옳고 그름 누가 다시 가려내려나
變怪轉多猜 변괴는 갈수록 심해지는데.
此恨無人共 이 한을 함께 할 사람 없으니
臨風意不裁 바람앞에 내 마음 추스르지 못하누나.

〈挽章尹斗壽梧陰〉『高峯集』奇大升

義理蠶絲密 의리는 누에고치처럼 치밀하였고

胸襟海宇寬　흉금은 바다처럼 넓고 넓었지.
幾年同臭味　몇 년 동안 취미를 같이 했었고
半世共悲歡　반세상 고락을 함께 했는데
山頹何倏忽　산같이 무너짐은 어찌 그리 빠르고
風色屬艱難　풍모와 안색은 회복하기 어려워라.
絮酒休千里　천릿길이라 서주마저 올리지 못하니
還慚取友端　좋은 벗 얻었음을 부끄러하네.

〈挽章尹斗壽梧陰〉『高峯集』奇大升

應世才眞鉅　세상에 응할 재주는 참으로 크고
爲儒學又全　유자(儒者)로서 학문 또한 온전하였지.
明時期大用　밝은 시절 크게 쓰이리라 기대했는데
一疾損長年　한 차례 병환으로 돌아가셨네.
事業嗟難究　사업은 다 마치기 어렵지만
文章只許傳　문장만은 후세에 전할 수 있어라.
搢紳均痛惜　사대부들 한결같이 통곡을 하며
灑淚向南天　남쪽 하늘 바라보고 눈물 흘리네.

〈挽章宋寅頤菴〉『高峯集』奇大升

竝世知名久　한 시대라 이름 안 지 오래됐는데
僑居偶比隣　나그네살이 우연히 이웃하였네.
深情膠漆固　깊은 정은 아교와 같이 굳었고
馨德蕙蘭新　향기로운 덕은 난초처럼 새로워라.
世態紛難測　세태는 어지러워 측량이 어려웠고
交情淡益眞　교분은 담박하여 더욱 진실했으나
幽明遽如許　뜻밖에도 유명을 달리했으니
摧咽倍沾巾　목이 메어 거듭거듭 눈물 흘리네.

〈挽章李湛靜存齋〉『高峯集』奇大升

樑毁從誰托 대들보가 무너지니 어디에 의탁할까
浮生沒應科 부평초 같은 몸 부칠 곳 없네.
天機終莫識 천기(天機)를 마침내 알 수 없으니
人事竟如何 인사(人事)가 마침내 어찌될 건가?
學道傳心未 도를 배워 마음전하지 못했는데
思言感懷多 말씀을 생각하니 감회가 많구나.
玄宮千里隔 현궁(玄宮)은 천 리나 막혀 있으니
南望淚滂沱 남쪽 하늘 바라보며 눈물 흘리네.

〈挽章沈友勝〉『高峯集』奇大升

夫子聊乘化 부자께서 애석하게 돌아가시니
斯文天喪如 하늘이 선비를 없애버렸네.
盈庭蘭玉秀 뜰 가득 난옥이 빼어났었고
連屋聖賢書 방마다 성현의 서책이구나.
素志當經世 그 뜻은 경국제세 이루려 했고
俄時樂飯疏 틈틈이 거친 밥을 즐기었다네.
終然失慕恃 결국에는 믿던 사람 잃어버리고
我輩但空餘 우리들만 쓸쓸히 남아 있구나.

〈挽章丁熠晩軒〉『高峯集』奇大升

超卓聰明質 탁월하고 총명한 자질에다가
精深造詣功 정묘하고 깊은 공이 있었네.
法筵陳正義 법연(法筵)에선 정의(正義)를 펼쳤고
賢路樹高風 현로(賢路)에는 고풍(高風)을 세웠었지.
身遠心愈著 몸이 멀어지니 마음은 더욱 드러나고
人亡道亦窮 사람 죽으니 도 역시 궁해지누나.
士林無限慟 사림에선 슬픔이 무한하기에

豈獨惜元龍　어찌 홀로 원룡(元龍)만을 애석해할까?

〈挽章金景生〉『高峯集』奇大升

旅寓終南下　종남산 아래에서 우거하실 때
傷離摠賞音　이별의 슬픔을 노래하였지.
客程千里遠　나그네 길 천리만큼 멀다면
世事一杯深　세상사는 술 한 잔의 깊이로구나.
豈料臨岐恨　어찌 알랴 석별의 한스러움이
翻成永訣心　영결의 마음으로 뒤바뀔 줄을.
摳衣小子願　스승으로 모시고픈 소자의 소원
無復更追尋　다시는 찾을 길이 없어졌다네.

〈挽章金景生〉『高峯集』奇大升

孰謂江南別　그 누가 말했던가, 강남의 이별
曾含永訣愁　일찍이 영결의 슬픔 이어질 줄을….
凄涼斯道托　이 도를 부탁할 곳 처량하구나
冥寞彼蒼尤　고요한 저 하늘이 원망스럽네.
誨語思愈痛　말씀을 생각하면 가슴 아프고
儀刑想更悠　모습을 생각하니 멀기만 하다.
此生歸宿計　이생에서 예전 계획 어긋났으니
今日淚空流　오늘에는 부질없이 흐르는 눈물.

〈挽章金景生〉『高峯集』奇大升

邂逅眞如舊　서로 만나보니 옛 친구 마주한 듯
升沈各不忘　부침(浮沈)하며 각자 잊지 않았다네.
何論同臭味　취미가 같은 것을 어찌 논하며
直取好心腸　아름다운 마음씨 바로 반했다.

乍入尚書省　잠깐 새에 상서성에 들어가더니
飄成地下郞　갑자기 지하객이 되어버렸네.
傷心故姬在　마음 아파하는 여인만이 남았으니
孤影繐帷凉　외로운 그림자 영전(靈前)에 싸늘하네.

〈挽崔皡如〉『谿谷集』張維

萬事眞難料　일이란 참으로 생각하기 어려운 것
同歸幻化中　물거품처럼 동시에 사라지누나.
居然奪孝子　슬그머니 효자를 뺏어가다니
不敢問天公　감히 하늘에게 묻지도 못하겠네.
失蔭庭蘭悴　그늘 잃은 뜰에 난초 야위고
迎風宰樹空　바람 맞는 나무는 쓸쓸하지만
于公舊門戶　공이 살던 옛 집에
餘慶定無窮　남겨진 경사는 무궁하리라.

〈吳典簿士謙挽〉『谿谷集』張維

君家好群從　집안의 자식 조카 훌륭했는데
零落一何哀　영락이 어찌 이리 슬프게 하나
學士已黃土　학사가 땅속으로 들어간 뒤에
廣文仍夜臺　많은 글도 무덤속에 함께 묻혔네.
殘年無飽飯　만년에는 배불리 먹지 못했고
衰疾罷徵盃　병들어 술자리도 파했었는데
寂寞巴陵路　적막하게 이어진 파릉길에는
悲風薤挽催　비풍(悲風)만이 상엿소리 재촉을 하네.

〈挽嚴敎官寬甫〉『谿谷集』張維

溫溫吾益友　온화한 나의 좋은 벗이여
情話幾回同　정담을 몇 번이나 함께했는지?
未必仁人壽　어진 사람 장수(長壽)하지 못하고
空留長者風　장자의 풍모만을 남겨놓았네.
塵棲經卷上　책 위에는 티끌만이 쌓이고
火盡藥爐中　약 화로에는 불이 꺼졌다오.
惆悵平生事　슬프다 평생의 일이여
松楸夜月籠　무덤은 밤달에 감춰졌구나.

〈挽趙宰臣〉『東文選』成石璘

聲名龍榜早　명성은 일찍이 용방에서 들렸고
步武鼇禁榮　벼슬은 오금의 영화 누렸다.
當代尊耆舊　당대엔 원로로서 존경 받았고
斯文仰老成　유림에선 노성하다 추앙했었지.
誨人思玉振　남을 가르침엔 옥진을 생각했고
教子勝金籯　자식교육 금영보다 나았었더라.
一掬門生淚　문생이 한 줌 눈물 흘리면서
題詞不耐情　만사쓰니 슬픔을 가눌 수 없네.

〈金兼司成新民挽詞〉『四佳集』徐居正

情鍾兩兄弟　깊은 정리는 형제의 우애와 같아
夙昔有襟期　예전부터 서로 의기투합했으니
勳業人皆仰　훈업은 남들이 모두 우러르지만
風流我獨知　풍류는 나 혼자만이 알고 있다오.
淸談揮玉麈　청담에는 옥진을 휘두르고
雅興映金巵　고상한 흥취는 술잔에 비쳤는데
無復聞餘論　남은 의논을 다시는 못 듣겠으니

那堪涕泗垂 흐르는 눈물을 어찌 감당하리오.

〈吉昌府院君挽詞〉『四佳集』徐居正

光焰高萬丈 광염의 높이가 만장이지만
斂之一木空 하나의 빈 널에 거두었구나.
士林憔悴去 선비들은 모두가 시들어가니
吾道寂寥中 우리 도는 적막하고 쓸쓸하더라.
有子猶不死 아들이 있어 죽지는 않았고
得官未全窮 벼슬을 얻었으니 궁하진 않네.
青門來哭處 묘지에 이르러 곡하다보니
丹旐拂悲風 명정도 슬픔에 펄럭이누나.

〈挽尹典書〉『三峰集』鄭道傳

高才天亦忌 높은 재주 하늘도 시기했기에
君故止於斯 그대가 여기서 멈춰버렸나
江海風霜厲 강과 바다에 풍상이 사나왔고
關山道路危 관산의 도로는 험난하였네.
持杯無舊面 술잔은 들었으나 옛 얼굴 없고
開篋有新詩 상자를 열어 보니 새 시가 있구나.
畢竟同歸盡 결국에는 모두가 돌아가련만
孤懷淚自垂 외로운 마음에 눈물 흘린다.

〈挽體素〉『象村稿』申欽

與子同年紀 그대와 나는 나이가 같지만
呼君半月兄 그대를 반달형으로 불렀었지.
虞憂共今日 근심 걱정 그날그날 함께 하였고

肝膽卽平生　간담은 평생 동안 변함없었지.
絶峽逢幽問　깊은 산에서 부음을 만나니
新阡隔九京　새로운 무덤길 서울과 멀다네.
傷心蒿里曲　상엿소리 들으며 아파하는데
悽斷暮江聲　저문 날 강물소리 처량하구나.

〈挽金長湍尙寬〉『象村稿』申欽

仙鶴下人間　선학이 인간 속에 내려왔던가.
軒然見風神　고고한 풍신(風神)을 보였고
羽翮皎如雪　깃털이나 눈처럼 희어서
鷄鶩生嫌嗔　닭이며 오리가 싫어했었네.
鳴聲動九霄　울음소리 하늘 끝까지 울려 퍼졌고
嘹亮出風塵　맑은 소리 풍진을 벗어났는데
乘秋忽飛去　가을을 타고 문득 날아가 버려
怊悵空勞人　사람들의 마음만 슬프게 한다.

〈友人李德操輓詞〉『與猶堂全書』丁若鏞

坐茵餘宿暖　앉았던 자리엔 체온이 남아 있고
題墨宛新淋　쓴 글씨에는 먹물이 새로 스미는 듯
月畢下元眺　달이 기울어 하원이 바라 뵈는데
詩終十韻吟　시는 열 수만 읊었었구나.
偃弦回舊映　조각달은 옛 모습 비추고 있고
哀輓續同音　슬픈 만가 같은 소리 이어진다네.
嗅氣尋痕憶　냄새 찾아 기억을 더듬으니
君醪染我襟　그대의 술이 내 옷에 묻어 있구나.

〈金奉常章行輓〉『靑莊館全書』李德懋

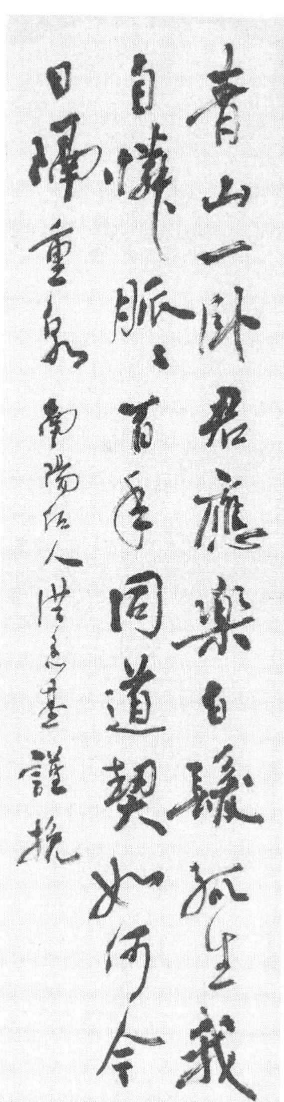

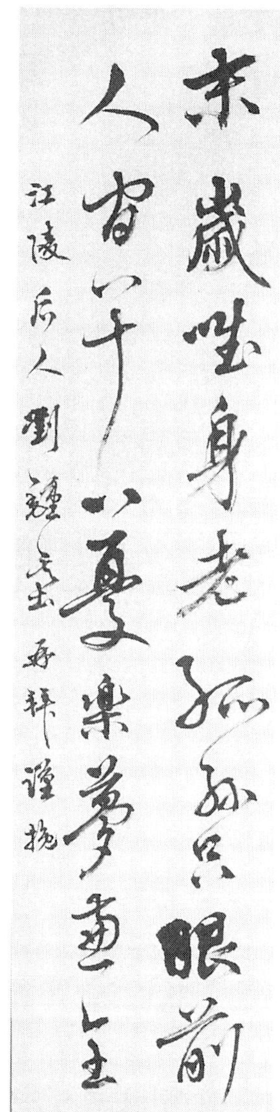

青山一臥君應樂 白髮孤生我自憐 脈脈百年同道契 如何今日隔重泉
청산에 누웠으니 그대는 좋겠지만 백발에 외로운 삶 나는 슬퍼라
언제나 한 백년을 함께하자 하고서 어이해 그대 먼저 황천으로 갔는가
- 陶谷 洪思基 書

末歲唯身老 孤孫只眼前 人間八十八 憂樂夢兼全
말세에 오직 몸이 늙었으나 외로운 손은 다만 눈앞에 있네
인간세상에서 여든여덟을 살며 근심과 즐거운 꿈 모두 갖췄지
- 竹山 劉鍾基 書

交朋盡零落　친구는 모두 세상을 떠났고
肉骨且消磨　형제도 또한 돌아갔는데
自爾歡情少　너와 나 정분이 적어
其如白髮多　그렇게 백발이 많아졌는가?
愛才重悼惜　재주를 아껴서 거듭 애석해 했고
知命亦滂沱　명을 알아서 또한 눈물 흘렸네.
益厭人間事　인간세상이 더욱 싫어짐은,
眞如夢入柯　참으로 남가의 꿈 꾸었음이라.

〈挽申同知景洸〉『企齋集』申光漢

能書繼先祖　능한 필적은 선조를 이었고
善畫是誰師　좋은 그림은 누구에게 배웠는가?
才調無雙美　재주는 세상에 견줄 이 없고
文章又一奇　문장 또한 한결같이 기이했다네.
更看知遇日　다시 만난 날을 생각하니
未盡報恩時　은혜를 다 갚지 못했는데.
萬古成丘隴　만고에 무덤이 이루어지면
天心竟莫知　천심도 마침내는 알지 못하리.

〈挽申尙牧濳〉『企齋集』申光漢

仁者必爲壽　어진 사람 반드시 장수한다 했는데
如何而止斯　어찌하여 여기에 이르렀는가?
善人今若此　착한 사람이 지금 이와 같다면
天道亦難知　천도 또한 알지를 못하겠구나.
草木秋風後　초목에는 가을바람 지나고
山川落照時　산천엔 석양만 비치는구나.
空餘湖海老　공허하구나, 강호에 사는 늙은이

無復細論詩　다시 시를 논할 사람이 없네.

〈丕承挽詞〉『松齋遺稿』羅世纘

問疾憶相話　문병을 하면서 서로 대화를 했었는데
誰疑便隔生　누가 의심했으랴 이렇게 돌아갈 줄을.
音容盈耳目　목소리 그 모습 귀와 눈에 가득한데
談笑判幽明　담소(談笑)가 유명(幽明)으로 나뉘었다네.
不復花前飮　또 다시 꽃앞에서 마시지 못하니
誰同月下醒　뉘와 함께 달아래서 깨어나려나.
尋常當日事　평상시 그날그날 일이 생각나는데
悽斷百年情　백년의 정 끊어짐 처량하여라.

〈挽友人許浩夫辭〉『長吟亭遺稿』羅湜

世事憑誰說　세상사 뉘와 함께 얘기하려나
悠悠水自東　강물은 유유히 흘러만 간다.
光陰俄過隙　세월은 잠깐사이 지나가고
哀樂總成空　슬픔과 즐거움은 모두 헛되다.
玉折埋黃土　옥은 꺾어져 황토에 묻혔고
蘭衰殞曉風　난초는 새벽바람에 시들었더라.
從今久交絶　오랜 사귐이 이 순간 끊어지니
題挽訴天公　만사를 지어 하늘에 호소한다네.

〈李修撰挽詞〉『蓮軒雜稿』李宜茂

直道匡時事　곧은 말로 당시를 바로 잡았고
文章亦絶倫　문장 또한 남들보다 뛰어났었다.
盛名傾一世　명성은 일세를 뒤흔들었고
成廟有斯臣　성묘(成廟)에는 이 사람이 있었다네.

榮辱終虛事　영욕은 마침내 허망한 일이라
江湖任此身　강호에 이 몸을 맡겨보았네.
空餘身後想　몸 뒤로 생각만 남아 있으니
風月是精神　이것이 바로 풍월의 정신이리라.

〈挽章李沆〉『懶齋集』蔡壽

昨日見君面　어제는 그대의 얼굴을 보았는데
今朝聞訃音　오늘 아침엔 그대의 부음을 듣네.
思之是死別　생각하매 이게 바로 사별이거니
已矣長痛心　끝났도다. 길이 마음 아프구려.
一一言存耳　그대의 말마다 귀에 쟁쟁해
浪浪淚滿襟　옷깃 가득 눈물이 흐르는구나.
從今一世內　이제부터 이 세상 안에서는
無復伯牙琴　백아의 거문고는 다시 없으리.

〈姜晉山挽詞〉『四佳集』徐居正

世日趨澆僞　세상은 날로 거짓으로 달리는데
唯君老益眞　오직 그대는 늙을수록 참다워라.
風流今杜保[50)]　풍류는 지금 세상의 두보이고
氣槪舊希文　기개는 옛날의 희문과 같았도다.
書報乘槎信　편지엔 사신가는 소식을 알려 왔는데
人亡返國春　사람은 귀국하는 봄에 죽어
逢迎只旅櫬　맞이하여 만나는 건 상여뿐이니
危涕滿停雲　눈물이 구름 속에 가득하구나.

〈李僉知壽俊挽詞〉『白沙集』李恒福

---

50) 杜保 : 후한 때 사람으로 자는 季良인데, 字로써 행세.

華屋悲風起　화려한 집에 슬픈 바람이 이니
哀榮事已休　속세의 일이란 이미 끝났네.
人生有修短　인생 목숨 길고도 짧다 하지만
天意豈恩讐　하늘의 뜻이니 어찌 하리오.
慘淡雲烟曉　구름 연기 참담한 새벽인데다
凄涼草樹秋　초목도 처량한 가을이로다.
挽歌轉悽楚　상엿소리 한결 더 구슬프니
行路摠知愁　길 가는 사람들도 슬퍼하누나.

〈成判書唯德挽詞〉『陽村集』權近

擧擧名臣子　행동거지 단정한 명신의 자제
才能出等流　재능 또한 동배(同輩)를 뛰어넘었지.
豈因心計重　어찌 타산(打算)을 중히 하리요?
端爲理行優　바로 덕행이 우수했기 때문이라.
美疢三年劇　삼 년간 앓던 병 위독해져서
浮生萬相休　뜬구름 같은 인생 멈추었구나.
萱闈迫頹景　석양녘에 접어든 모친의 모습
泉路恨難收　황천길 못 따라가 한이 맺혔네.

〈李長城庾俊挽詞〉『谿谷集』張維

盛世才須達　성대에는 재주가 달통해야 했고
高人隱不腓　덕 높은 이 은거마저 하지 못했네.
家貧甘宦拙　집안이 가난하니 작은 벼슬도 감수했고
學邃貴知希　학식은 심원하나 아는 사람 드물었다.
大耋驚離昃　늙어서 병들어 떠나가노니
哀歌怨露晞　슬픈 노래 짧은 생애 원망스러워라.
青山數畝宅　푸른 산에 몇 평 텃밭과 집이

新塚近相依　새 무덤과 가까우니 의지 되겠네.

〈尹丈百順挽詞〉『谿谷集』張維

夙昔親聯壁[51] 오래 전부터 연벽과 친했나니
論交擬斷金　강철도 끊을 만한 교분이로다.
升沈眞有命　잘 되고 못 되는 건 운명이지만
存沒只傷心　생사가 갈리니 가슴 아파라.
舊業詩書倦　옛날에 시서공부 게을렀는지
微官歲月深　미관말직으로 세월만 깊어졌다오.
湖中邂逅地　강호의 해후하던 곳에서
憶着更沾襟　옛생각에 다시금 눈물 흘리네.

〈鄭察訪暉挽詞〉『谿谷集』張維

暮景紆恩數　만년에 임금 은혜 듬뿍 받고서
端居養性靈　성령을 길러 온 단아한 생활.
何慙高士傳[52] 어찌 고사전이 부끄러우랴
自有老人星　스스로 노인성에 비쳤더라.
來去渾無累　오고 감에 모두 누 될 것 없나니
悲歡慣幾經　슬픔과 기쁨은 몇 번이나 겪었던가?
傷心典刑盡　師表가 떠나심에 가슴이 아파
空望道峯青　푸르른 도봉산만 부질없이 바라보네.

〈松溪李丈挽詞〉『谿谷集』張維

高年世不乏　나이 많은 노인들 적지 않으나
精健更誰齊　강건한 분 또 누가 있었으리.

51) 聯璧 : 즉 雙璧으로 계곡이 일찍이 높이 일컬었던 李明漢과 鄭弘溟을 가리킨다.
52) 高士傳 : 晉나라 皇甫謐이 편찬한 은사의 전기.

露頂眠風榭　바람 부는 정자에서 잠을 즐기고
抛笻踏雪蹊　눈길에도 지팡이를 짚지 않았네.
泥塗憐甲子　진흙 속 한평생이 아쉬웠지만
蘭玉足提携　난초와 교목이 함께 했었지.
忽罷黃粱夢　어느새 다 지난 한단지몽
江湖物色凄　강호의 경관이 쓸쓸하구나.

〈崔丈挽詞〉『谿谷集』張維

身死聲名在　몸은 갔어도 명성은 남았기에
人疑坐得仙　사람들은 앉아서 신선이 되었다 하네.
萊衣[53]猶架上　색동옷은 아직 선반위에 있고
萱葉向堂前　망우초는 집 앞에 피어있더라.
古里餘寒月　옛 마을엔 달빛만 남아 있고
新阡鎖晩煙　새 무덤엔 늦은 안개 자욱하구나.
與君情最切　그대와 나눈 정 간절한데
遙望倍凄然　멀리 바라보니 더더욱 쓸쓸하여라.

〈挽兪濡溪好仁〉『藍溪集』表沿沫

玉樹嗟埋地　슬프다! 뛰어난 인재가 땅에 묻히니
奇才更可傷　기고한 재주는 다시 못 보리.
詩堪追甫白　한시는 능히 두보와 이백이요
筆亦繼王張　필적은 또한 왕희지와 장지라.
夢斷靑雲裏　청운의 꿈 깨어나 마감 할 때에
身終碧水傍　몸은 마침내 푸른 물가에 있어라.
空題哀挽處　부질없이 만장시 적고 있으니
淚眼看蒼蒼　눈물이 앞을 가려 보이지 않네.

53) 萊衣 : 노래자가 5채색의 옷을 입고 춤을 추며 노모를 위로했다는 그 옷.

〈挽君度〉『月軒集』丁壽崗

半世交遊內　반세기를 사귀고 노닐었으나
情親更幾人　정들고 친했던 이 몇 명이런가?
悲歡同肺腑　고락을 폐부로 같이 느꼈건만
出處兩精神　떠날 때는 정신이 둘이로구나.
白首還相失　백수에 다시 서로 헤어졌으니
青春久已陳　청춘은 오래전에 묵은 자취라.
黃公壚獨在　황공이 무덤에 홀로 있으니
不覺淚沾巾　눈물이 수건을 적시는구나.

〈挽人失其名〉『寓菴稿』洪彦忠

장명등

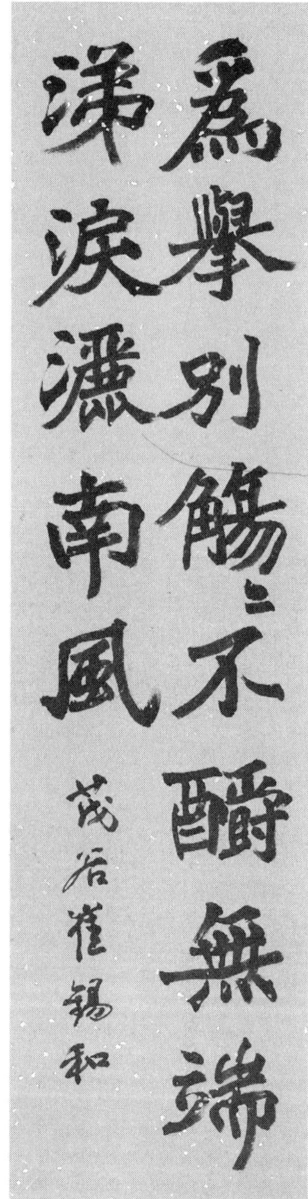

山林娛晚景軒冕是吾餘
傳家無長物留與五車書
廣州后人李容燁再拜謹揮

山林娛晚景 軒冕是吾餘　傳家無長物 留與五車書

산 속에서 저녁경치 즐기셨고 벼슬은 나만의 여유라

집에는 좋은 물건 없으나 다섯 수레의 책만이 남아있구나

- 德巖 李容燁 書

爲擧別觴觴不酹 無端涕淚灑南風

이별의 잔 들었으나 마시지 못하고 한없이 흐르는 눈물 남풍이 씻어주네

- 茂谷 崔錫和 書

2. 칠언의 만장

1) 14자의 만장

那知聚散傷心地 어찌 알았으랴 만나고 헤어짐이 아픔인 것을
遽作存亡異世人 갑자기 생사(生死) 갈려 저승사람 되었도다.

鄕曲承薰竊自親 更從賢胤挹餘塵 那知聚散傷心地 遽作存亡異世人
積善故應終有報 淸名渾覺久無磷 病中裁挽空垂淚 回首南雲白髮新 〈挽高參議孟英〉『高峯集』奇大升

五十八年眞一夢 오십팔 년이 참으로 한마당 꿈이라
紅旋迢遞海雲邊 붉은 명정 구름속에 아득하구나.

少年才氣視無前 老去空憐命不甄 鷄肋久厭思解紱 蓴羹頻憶擬歸田
微痾漸痼終難療 大運俄催更莫延 五十八年眞一夢 紅旋迢遞海雲邊 〈挽人〉『高峯集』奇大升

挽歌寄與湖南遠 만가를 호남 멀리에서 부치는데
斜日悠悠下素天 기운 해 유유히 하늘에 지네.

洛下相逢憶去年 怪君容鬢遽衰然 春來喜有音書至 秋晩警聞訃報傳
情信未酬懷耿耿 幽明長隔恨綿綿 挽歌寄與湖南遠 斜日悠悠下素天 〈挽人〉『高峯集』奇大升

高年厚福獨能全 장수에 다복을 홀로 겸전하셨고
萬石家風孝謹傳 만석의 가풍은 효(孝)와 근(謹)으로 전해지네.

高年厚福獨能全 萬石家風孝謹傳 中歲交遊總霄漢 暮途優逸卽神仙
官躋二品銜恩重 子擬雙珠54)幹蠱賢 乘化歸眞更無憾 岳陰秋柏蔚蒼煙
〈李同知惟侃挽詞〉『谿谷集』張維

文追班馬不多讓 文은 반마(班馬)를 따랐으나 거의 비슷했고
學究天人空自奇 學은 천인(天人) 연구하여 스스로 기이했다.

---

54) 雙珠 : 형제 두 사람이 모두 출중한 것을 이르는 말.

獨抱瑚璉罕世姿 良材留待棟樑期 文追班馬不多讓 學究天人空自奇
陶逕遙憐稚子候 延門長惜大醫遲 傷心玉樹埋何處 無復蒼生望濟時

〈挽章兪泓退憂堂〉『高峯集』奇大升

傷心玉樹埋何處 마음 아파라 인재(人材)를 어디에 묻나
無復蒼生望濟時 창생 구제 다시는 기대 못하리.

獨抱瑚璉罕世姿 良材留待棟樑期 文追班馬不多讓 學究天人空自奇
陶逕遙憐稚子候 延門長惜大醫遲 傷心玉樹埋何處 無復蒼生望濟時

〈挽章兪泓退憂堂〉『高峯集』奇大升

如何夫子棄斯文 어이하여 선생은 사문(斯文)을 버리셨는가
豈獨交親哭寢門 어찌 교우 친지만이 침문에서 곡을 하나?

如何夫子棄斯文 豈獨交親哭寢門 帷幄已虧堪寄命 江湖誰復任憂君
公傷世道扶無着 私悼吾身過未聞 間氣生賢還不憖 茫茫天意詎能論〈挽章金啓雲岡〉『高峯集』奇大升

强擡淚眼瞻南紀 눈물어린 눈으로 남쪽 하늘 바라보니
疊巘層巒一萬重 산봉우리 층층이 일만 겹이 싸였어라.

振古儒家有退翁 天分正派接高峯 明心獨紹微言絶 義膽咸知淑氣鍾
群卉謾誇榮綺陌 貞松無復秀嚴冬 强擡淚眼瞻南紀 疊巘層巒一萬重〈挽章崔顒〉『高峯集』奇大升

歲寒共勵凌霜操 추위에 오상고절(傲霜孤節) 함께 격려했었고
道喪深悲殄國章 도 잃고 망한 나라 글에 깊이 슬퍼했었지.

青眸初擡漢之陽 契托金蘭意味長 蓬觀晴簷開縹帙 銀臺暇日接瓊觴
歲寒共勵凌霜操 道喪深悲殄國章 最憶去秋三五夜 一輪明月照連床〈挽章崔顒〉『高峯集』奇大升

英明德業秀而長 영명하신 덕업이 빼어나고 원대한데
天意如何殲我良 하늘은 어이하여 어진사람 앗아갔나?

英明德業秀而長 天意如何殲我良 講學曾尋雲谷主 修文今作玉樓郎
再歸亦樂居顔巷 三就難忘補舜裳 世事悠悠空疹瘁 長號欲問更茫茫〈挽章吳健德溪〉『高峯集』奇大升

世事悠悠空疹瘁 세상일은 아득한데 병이 들었으니
長號欲問更茫茫 소리쳐 물어봐도 다시 아득하구나.

英明德業秀而長 天意如何殲我良 講學曾尋雲谷主 修文今作玉樓郎
再歸亦樂居顔巷 三就難忘補舜裳 世事悠悠空疹瘁 長號欲問更茫茫〈挽章吳健德溪〉『高峯集』奇大升

刻勵擬成三省學 각고의 노력으로 삼성학(三省學)을 이뤘고
精深不厭五經窮 깊은 정성으로 오경(五經)을 연구했네.

斯文久矣喪吾東 前有先生後有公 刻勵擬成三省學 精深不厭五經窮
儒林只自悲邦瘁 講幄誰能迪聖聰 墜緖茫茫難又續 懦夫無復立高風〈挽章李輅〉『高峯集』奇大升

那知此日無窮慟 어찌 알랴 오늘 한없이 슬퍼할 줄을
獨立長宵何所之 긴긴 밤 홀로 서서 어디 가는가?

晩覺爲文始得師 百年函丈願無違 那知此日無窮慟 獨立長宵何所之〈挽章陳重厚〉『高峯集』奇大升

學極高明推廣大 학문은 고명하여 점차 높아졌고
行由賢聖有淵源 행실은 성현을 따랐기에 연원이 있네.

曾從風下聽餘論 警拔常勤省與存 學極高明推廣大 行由賢聖有淵源
退翁雖去人猶望 吾道無傳世欲昏 休恨經綸時未展 儒林千載仰龍門〈挽章邊士貞桃灘〉『高峯集』奇大升

清儉在身讎亦服 청렴검소 지키니 원수도 감복하고
文章傳子古猶稀 문장이 가전(家傳)함은 예로부터 드물더라.

奎星析木屬休期 藉藉聲名七歲兒 清儉在身讎亦服 文章傳子古猶稀
蓍龜定策三朝老 柱石經邦四海知 韋杜聯台今復見 人間五福聚於斯〈挽詞李輅〉『鵝溪遺稿』李山海

南郊執紼偏忉怛　교외에서 상엿줄 잡고 크게 슬퍼함은
投跡東床自少年　소년시절부터 내 사위가 되었음이라.

早向青霄穩着鞭 一生氷蘗聳諸賢 鹽梅偉望三朝舊 鐘鼎奇勛萬古傳
詩拾老珠傾水府 筆驅羣馬破蠻牋 南郊執紼偏忉怛 投跡東床自少年〈挽詞安應亨〉『鵝溪遺稿』李山海

筆勢飛騰鸞鶴舞　필세는 비등하여 난학이 춤을 추고
詩篇奇絶鬼神驚　시편이 기발하여 귀신도 놀래었지.

青丘山水孕精英 七歲聲名動洛城 筆勢飛騰鸞鶴舞 詩篇奇絶鬼神驚
主文能使風騷變 秉政爭稱仕路清 德宇已成泉下隔 暮雲南嶽亦含情〈挽詞李尙信〉『鵝溪遺稿』李山海

德宇已成泉下隔　덕우를 이루고 황천으로 떠났으니
暮雲南嶽亦含情　남산에 저문 구름마저 슬퍼하누나.

青丘山水孕精英 七歲聲名動洛城 筆勢飛騰鸞鶴舞 詩篇奇絶鬼神驚
主文能使風騷變 秉政爭稱仕路清 德宇已成泉下隔 暮雲南嶽亦含情〈挽詞李尙信〉『鵝溪遺稿』李山海

一老天胡不憖遺　어이해 하늘은 한 원로를 앗아갔나?
居然邦國失蓍龜　갑작스레 온 나라가 좌표를 잃었다네.

一老天胡不憖遺 居然邦國失蓍龜 三朝德望兒童誦 四海聲名草木知
筆下風雲皆造化 眼中蘭玉儘皐夔 留形麟閣神歸嶽 露洗秋空曉月悲〈挽詞南以恭〉『鵝溪遺稿』李山海

留形麟閣神歸嶽　기린각에 모습남고 산으로 신은 돌아가니
露洗秋空曉月悲　이슬에 씻긴 가을하늘 새벽달이 슬퍼라.

一老天胡不憖遺 居然邦國失蓍龜 三朝德望兒童誦 四海聲名草木知
筆下風雲皆造化 眼中蘭玉儘皐夔 留形麟閣神歸嶽 露洗秋空曉月悲〈挽詞南以恭〉『鵝溪遺稿』李山海

儀邦德宇推喬嶽　나라에 덕우(德宇)되어 산악처럼 추앙했고
驚世文章認謫仙　세상 놀랜 문장에 적선(謫仙)으로 알았다네.

七歲聲名已卓然 三朝勳業照青編 儀邦德宇推喬嶽 驚世文章認謫仙
方擬鹽梅重鼎鼐 忽聞榮落已隨煙 昔年癡掾今霜鬢 獨立銷腸涕淚漣〈挽詞鄭昌衍〉『鵝溪遺稿』李山海

已識去來俱係數 오가는 것은 모두가 운수에 달렸으나
不禁門館淚盈襟 옷깃을 적시는 눈물은 금할 수 없네.

芳名六歲動儒林 天上麒麟絶古今 筆壓東吳龍虎態 賦傾南紀鳳凰吟
淸貧一節家聲遠 勳舊三朝寵渥新 已識去來俱係數 不禁門館淚盈襟〈挽詞李德馨〉『鵝溪遺稿』李山海

人事奕碁同戲幻 인간사 바둑판의 놀이와 같고
世情雲雨任推遷 세정은 비구름처럼 옮겨 다니네.

傾時盛望屬當日 粉署黃扉儼若仙 人事奕碁同戲幻 世情雲雨任推遷
十霜憂患艱危裏 千首詩篇嶺海邊 恩義向來緘在骨 哭殘秋日下寒天〈挽詞李德馨〉『鵝溪遺稿』李山海

恩義向來緘在骨 은의(恩義)가 예전부터 뼈 속에 깊었는데
哭殘秋日下寒天 곡소리 그치자 가을해가 차갑게 진다.

傾時盛望屬當日 粉署黃扉儼若仙 人事奕碁同戲幻 世情雲雨任推遷
十霜憂患艱危裏 千首詩篇嶺海邊 恩義向來緘在骨 哭殘秋日下寒天〈挽詞李德馨〉『鵝溪遺稿』李山海

浮生何似尊前醉 부생이 어찌하여 존전에 취하고
千古英靈土一丘 천고의 영령은 한 언덕 흙이 되는지.

達者從來味道腴 昔人賢聖與爲徒 浮生何似尊前醉 千古英靈土一丘〈挽姜領議政〉『保閑齋集』申叔舟

憶昨笙歌侵夜散 어제는 노래하다 밤깊어 헤어졌는데
那知春夢曉來驚 새벽에 꿈을 꾸다 놀라 깰 줄 몰랐더라.

靑雲振翮早飛英 白髮歸休也稱情 再向池邊看浴鳳 三回谷口放遷鶯
雖無膝下王文度 尙有林間阮始平 憶昨笙歌侵夜散 那知春夢曉來驚〈韓相國文俊挽詞〉『東文選』李仁老

唯餘謝眺蒼苔詠 오직 사조(謝眺)의 창태영(蒼苔詠)이 남아
留作人間萬口雷 세상 만인의 입에 우레처럼 전해진다.

玉骨英英應上台 氷壺皎潔點靈臺 早從閶闔排雲叫 晚向虞淵取日廻
丹鳳久從池上浴 白鷄爭奈夢中催 唯餘謝眺蒼苔詠 留作人間萬口雷 〈文相國克謙挽詞〉『東文選』李仁老

天姿恭敬與人忠 공경하고 충성스러운 성품으로
諳練朝儀靡不窮 조정 일 익히기를 그치지 아니했네.

天姿恭敬與人忠 諳練朝儀靡不窮 自古知臣莫君若 玄陵眷顧異群公
〈陟山君朴元鏡挽詞一絶〉『柳巷詩集』韓脩

十分潤色重興盛 중흥의 성대에 한껏 빛을 더했으니
身退年高道更光 물러나고 연로해도 도가 더욱 빛났다오.

宣祖崇儒要贊襄 故留元老相今王 十分潤色重興盛 身退年高道更光
〈益齋李文忠公挽詞〉『東文選』李仁復

無復懸燈請夜話 등걸고 밤새우며 얘기할 사람 없는데
那堪今日送征輌 어떻게 오늘 상여를 보낼 수 있나?

名門才子氣專豪 遼海燕山況歷遨 每想西歸尋故道 方看南服試牛刀
時時見解循良傳 往往談鋒豹犬韜 無復懸燈請夜話 那堪今日送征輌 〈挽李商州松齡〉『白湖全書』尹鑴

西風灑盡情鍾淚 서풍에 정든 눈물 남김없이 흘리나니
無復人間見玉人 다시는 인간에서 좋은 사람 못 보리라.

髫齔相從白髮新 中間交道托雷陳 聲名山斗昌黎是 家業箕裘柳巷親
位望貳公居鼎鼐 圖形千載照麒麟 西風灑盡情鍾淚 無復人間見玉人 〈韓贊成繼禧挽詞〉『四佳集』徐居正

天上一星還是客 천상에 별 하나 객성으로 돌아가고
江門寒月足傳神 강변엔 차가운 달 정신을 전하누나.

風雨膠膠夜未晨 脩街如漆共迷津 生涯丘壑從初服 夢裡羲皇自在春
天上一星還是客 江門寒月足傳神 他年大史收高士 不作編中第二人〈挽李蓮峯基卨〉『象村稿』申欽

世間脩短俱休說 세간의 수명장단 얘기를 마오.

語到才難涕却懸 말이 재난에 이르니 눈물 맺힌다.

每憶春坊共直年 一宵佳會尙依然 悠悠聚散眞如夢 落落行藏欲問天
玄晏半生唯宿疾 滕公今日卽新阡 世間脩短俱休說 語到才難涕却懸〈挽金輔德義元〉『象村稿』申欽

浮生擾擾終歸化 부생(浮生)의 번잡함이 자연으로 돌아가니

萬事紛紛一任天 세상사 어지러움 하늘에 맡겼다네.

每憶龍湖悵別筵 重來釜浦喜團圓 浮生擾擾終歸化 萬事紛紛一任天
北里故居蓬翳逕 南阡新壟草埋烟 百年永訣無窮恨 雪涕千行送去船〈挽宋副學舅氏〉『象村稿』申欽

達識久知身是幻 밝은 식견에 부질없는 인생 알았기에

老年唯以酒爲鄕 늘그막엔 오로지 술로써 지냈다네.

如如心跡湛眞常 絳闕淸都姓字香 達識久知身是幻 老年唯以酒爲鄕
鼎中龍虎空符訣 海上蓬壺隔渺茫 皎皎風姿那復見 重陽悽斷菊花觴〈挽鄭教官礥〉『象村稿』申欽

皎皎風姿那復見 맑고 밝은 기풍을 어찌 다시 만날까

重陽悽斷菊花觴 중양절 국화술에 마음이 처량하다.

如如心跡湛眞常 絳闕淸都姓字香 達識久知身是幻 老年唯以酒爲鄕
鼎中龍虎空符訣 海上蓬壺隔渺茫 皎皎風姿那復見 重陽悽斷菊花觴〈挽鄭教官礥〉『象村稿』申欽

飮人和氣陽春暖 온화한 그 마음은 봄볕처럼 따스하고

徇國丹誠鐵石堅 나라에 충성함은 철석같이 견고했네.

儐從西關記往年 幾回談笑對賓筵 飮人和氣陽春暖 徇國丹誠鐵石堅
劍履擬看朝赤陛 衣冠何遽掩新阡 空餘身後勳名在 却望淩煙一悵然〈挽鄭西川崑壽〉『象村稿』申欽

나그네길 천리만큼 멀리있다면 세상사는
한잔술의 깊이로구나 어찌알랴 석별의
한스럼이 영결의 슬픔으로 뒤바뀔줄을
경주후인 이은숙 재배곡만

하늘뜻을 어찌 믿을수있나 사문은 이제 영원히
무너졌구나 남쪽향해 하염없이 눈물
흘리며 혹시라도 구천만남을 기약한다오
경주후인 이은숙 재배곡만

客程千里遠 世事一杯深 豈料臨岐恨 翻成永訣心

天意嗟何恃 斯文奈永隳 南瞻淚不盡 倘有九泉期

- 청향 이은숙 書

空餘身後勳名在　돌아간 뒤 공훈만 부질없이 남아
却望淩煙一悵然　능연각을 보면서 한결같이 슬퍼하네.

儐從西關記往年 幾回談笑對賓筵 飮人和氣陽春暖 徇國丹誠鐵石堅
劍履擬看朝赤陛 衣冠何遽掩新阡 空餘身後勳名在 却望淩煙一悵然 〈挽鄭西川崑壽〉『象村稿』申欽

異時名姓三光麗　변란에 성명은 삼광처럼 빛나고
一代恩榮五嶽崇　한 시대에 영화는 오악처럼 드높았네.

天爲中興挺世雄 風雲隨處效全功 異時名姓三光麗 一代恩榮五嶽崇
劒珮爭看開北第 祁山還睹象幽宮 誰將嵂崒銘遺跡 家有綸言紀朴忠 〈挽權元帥〉『象村稿』申欽

盛德謙沖心轉小　덕이 많고 겸손하나 마음은 세심했고
眞工純實老逾深　참된 공 순실함이 늙을수록 더했다네.

登龍昔日奉書琴 丈席從容荷誨音 盛德謙沖心轉小 眞工純實老逾深
河南寂寞春風座 泗上依俙杏樹陰 冥道秖今空擿埴 謾敎哀涕洒衣襟 〈挽詞〉『愼獨齋全書』閔維重

惺惺謹獨端居日　고요하고 삼가하며 바르게 살았고
慥慥加功大耋年　착실하게 공을 더해 여든이 되었더라.

千聖工夫一字傳 先生因性得之天 惺惺謹獨端居日 慥慥加功大耋年
敬學儘從和靖密 禮書終待勉齋全 倏然乘化應無憾 可耐邦家殄瘁篇 〈愼獨齋金先生挽章〉『市南集』兪棨

倏然乘化應無憾　홀연히 떠나신 몸 유감이 없으련만
可耐邦家殄瘁篇　피폐한 이 나라를 어찌 감당할거나.

千聖工夫一字傳 先生因性得之天 惺惺謹獨端居日 慥慥加功大耋年
敬學儘從和靖密 禮書終待勉齋全 倏然乘化應無憾 可耐邦家殄瘁篇 〈愼獨齋金先生挽章〉『市南集』兪棨

人間福祿官勳壽　인간복록은 관(官)·훈(勳)·수(壽)를 누렸고
家世文章祖子孫　가세문장은 조(祖)·자(子)·손(孫)이 이었더라.

台宿精沈日下昏 朝廷不復典刑存 人間福祿官勳壽 家世文章祖子孫
海右西風飛素旆 終南秋草鎖朱門 他年叔譽觀原處 微子誰歸有定論〈挽詞〉『鵝溪遺稿』金藎國

儀邦德宇推喬嶽 국범(國範)이 된 덕행에 산악처럼 추앙했고
驚世文章認謫仙 경세(警世)의 문장에 적선인 줄을 알았다네.

七歲聲名已卓然 三朝勳業照靑編 儀邦德宇推喬嶽 驚世文章認謫仙
方擬鹽梅重劑鼎 忽聞榮落已隨煙 昔年癡掾今霜鬢 獨立銷腸涕淚漣〈挽詞〉『鵝溪遺稿』鄭昌衍

一代功名調鼎鼐 한 시대의 공명 재상에 어울리고
百年形像畫麒麟 백년의 모습이 기린각에 그려졌네.

宿德文章第一人 靑雲高步冠簪紳 秀鍾舊日山川氣 榮鍾昌朝際會辰
一代功名調鼎鼐 百年形像畫麒麟 黃扉煙閣俱聯席 臥病城東淚滿巾〈挽詞〉『鵝溪遺稿』李元翼

文彩騷壇推老將 문채는 시단에서 노장으로 추앙하니
丹靑麟閣冠羣賢 단청한 기린각 군현 중에 으뜸이라.

天挺奇標迥若仙 雲霄平步上台躔 才從七歲聲名早 身歷三朝德業全
文彩騷壇推老將 丹靑麟閣冠羣賢 恩生白首今題挽 泣撿燕山贈別篇〈挽詞〉『鵝溪遺稿』李廷龜

有涯人事靑空盡 끝이 있는 인사는 푸른 하늘에 다하고
不廢勳名翠石刊 불후의 훈명(勳名)은 푸른 돌에 새겼네.

牧翁之後文章伯 龍起龜潭世聳觀 耆造典刑天下老 神童筆力道家山
有涯人事靑空盡 不廢勳名翠石刊 舊日門生今白髮 湖中無路送喪還〈挽詞〉『鵝溪遺稿』李好閔

恩霈未久騎箕逝 은혜는 새로운데 기성 타고 떠나시니
天奪增傷聖主情 하늘은 성주의 정을 더욱 아프게 하네.

風骨凝然間世英 昆虫草木盡知名 一生勳業三朝盛 七歲文章四海驚
早荷門基一非少 積重袍笏衆皆榮 恩霈未久騎箕逝 天奪增傷聖主情〈挽詞〉『鵝溪遺稿』金順命

醉夢不醒千日酒　취한 꿈은 천일주에 깨지 않았고
浮名已作一朝塵　헛된 이름 하루아침 티끌이로다.

少年風采映簪紳 罷相閑居閱幾春 醉夢不醒千日酒 浮名已作一朝塵
日長深院花無主 雨過空庭草自新 未見兒孫扶櫬去 令人惆悵倍傷神 〈評理王興挽辭〉『陽村集』 權近

世傳經術是鴻儒　대대로 경술(經術)을 전했으니 큰 선비요
洒落襟懷貯月壺　말쑥한 회포는 둥근달에 담긴 듯.

世傳經術是鴻儒 洒落襟懷貯月壺 烏府肅將三院紀 鳳池尊領百寮趨
門連節鉞多賢子 堂滿簪紳有弟徒 崇重老成開國日 却嗟無復獻嘉謨
〈判門下安宗源挽辭〉『陽村集』 權近

用舍行藏元有數　용사(用捨) 행장(行藏)에 원래 운수가 있지만
斯文興喪奈關天　유림(儒林)의 흥망이 어찌 천운에 달렸는가.

山川儲淑應時全 生我先生豈偶然 世晩不嫌修古道 地偏誰禦作通賢
志由伊洛窮洙泗 業把經綸付簡篇 用舍行藏元有數 斯文興喪奈關天
〈寒岡鄭先生挽章〉『旅軒集』 張顯光

五福於人備却難　사람에게 오복(五福)을 갖추기가 어렵지만
公無一欠性情寬　공께선 흠도 없고 성정도 관후했네.

五福於人備却難 公無一欠性情寬 靈椿拔地枝方旺 神劍衝星氣倏殘
編簡謾教評宿德 鄕閭無復奉淸歡 鄙夫豈是雷同哭 爲忝當時子姪看
〈挽崔判書善文〉『佔畢齋集』 金宗直

回首菁川人不見　청천을 돌아봐도 사람 없으니
誰將遺愛紀豐碑　누가 남긴 사랑으로 풍비를 세울까?

年來屬郡荷相知 一片襟懷自坦夷 喜客情濃呼酒處 醫民仁洽發倉時
龍蛇直歲初驚夢 柳翣迎風更助悲 回首菁川人不見 誰將遺愛紀豐碑
〈挽晉州牧使權良〉『佔畢齋集』 金宗直

幾箇羅裙紅淚濕　몇 개의 비단치마에 붉은 눈물 적시고
黃州城外哭西風　황주성 밖에서 서풍에 곡하누나.

茅廬一出侍金宮 朝擲毛錐暮角弓 杜預未忘儒者業 孔明非望列侯功
六仙樓閣承宣密 四道旌麾節度雄 幾箇羅裙紅淚濕 黃州城外哭西風
〈外舅洪節度輓詞〉『與猶堂全書』丁若鏞

人事可憐同逝水　인사(人事)의 가련함이 흐르는 물 같아라
故交無處覓晨星　옛 친구들 새벽별처럼 사라져 가네.

荷亭寥落鎖塵扃 又見春歸一鑑亭 人事可憐同逝水 故交無處覓晨星
幅巾澣濯悲遺令 絏子貧窮想舊經 惟有後曹承世好 屋頭小嶺號申丁
〈一鑑亭申丈景玄輓詞〉『與猶堂全書』丁若鏞

空餘身後綿綿慶　부질없이 신후에 경사가 이어지나
回首南柯夢亦非　고개를 돌리니 남가의 꿈이 그르더라.

耳目聰明固爾奇 乾坤賦與似君稀 恰看白璧山千仞 宜著黃金帶十圍
晤語論文何日是 莊修進取與時違 空餘身後綿綿慶 回首南柯夢亦非〈挽安陽城珽〉『企齋集』申光漢

人間何處堪惆悵　사람들 어디에서 슬퍼할 수 있으랴
萬古同歸一掬泥　만고의 모든 사람 한줌 흙이 되었네.

勝日芳郊獵馬嘶 王孫風態孰能齊 眼前玉樹憐渠秀 身後銘旌任許題
漆炬頻迎幽櫟道 靑苔蕪絶貴遊蹊 人間何處堪惆悵 萬古同歸一掬泥〈挽吉安正〉『冲庵集』金淨

故園永與新阡隔　고향은 새로운 무덤과 영결하였으니
老樹啼禽不忍聞　고목(古木)에 새소리도 차마 듣지 못하네.

珍重林泉鎖舊雲 路迷何處覓徵君 謝家庭畔蘭方郁 曾氏堂前日欲曛
穿石巖溪空自咽 引墻花木爲誰芬 故園永與新阡隔 老樹啼禽不忍聞〈外弟瀟灑處士挽〉『俛仰集』宋純

佳城一閉無消息　묘지 한번 닫히면 소식이 없으리니

遺恨應隨地下長 남겨진 한 마땅히 지하에 전하리라?

教子詩書望立揚 龍門一蹴便騰驤 方期百歲當榮享 何意重泉奄禍殃
嶧水風光偏索寞 黃山秋日轉凄涼 佳城一閉無消息 遺恨應隨地下長 〈挽劉魯叔友參〉『葛川集』林薰

勤劬積日千痾集 오랜 세월 근면함에 온갖 병이 쌓여서
歸去中途萬事休 중도에 돌아가니 만사가 부질없네.

早騁詞華晩改求 仕中爲學欲兼優 勤劬積日千痾集 歸去中途萬事休
陶舍宿心違講習 錦溪幽抱失藏修 朱書每與人同讀 幾憶平生淚共流 〈黃星州仲擧挽詞〉『退溪集』李滉

百年親舊凋零盡 인생 백 년 친구들 모두가 떠났으니
獨對秋風暗斷腸 홀로 추풍(秋風)을 맞아 애끊는구나.

身世詩書志立揚 龍泉牛斗射寒芒 百年親舊凋零盡 獨對秋風暗斷腸 〈挽金應軫〉『河西全集』金麟厚

半生憂患身俱老 평생동안 근심걱정 이 몸은 늙었고
一餉功名夢已過 잠깐의 공명에 꿈은 이미 사라졌네.

同年同宦齒纔差 朋友遊從分最多 螭首書言曾共筆 銀臺候曉亦聯珂
半生憂患身俱老 一餉功名夢已過 豈料驊騮先委地 駑駘隨俗尙婆娑
〈挽權同知應挺〉『東皐遺稿』李浚慶

誰料無嗣仍無壽 누가 짐작하랴, 단명에 후사(後嗣)없을 줄
頭白雙親哭子悲 두 늙은 어버이 자식상에 곡하누나.

憐爾瑤環自晬時 乃翁宜有保家兒 誰料無嗣仍無壽 頭白雙親哭子悲 〈李栖挽〉『鶴谷集』洪瑞鳳

惆悵百年經苦樂 인생 백 년 겪은 고락 슬퍼하는데
只今還是夢中身 지금은 다시 꿈속의 몸이로구나.

當時結髮共青春 牛女何期參與辰 惆悵百年經苦樂 只今還是夢中身 〈挽李适室〉『河西全集』金麟厚

浮生忽盡風前燭　부생(浮生)을 다했으니 바람앞에 촛불이요
忠懇徒勞日下燈　충직이 허사(虛事)되니 해아래 등불같네.

首陽高節聳稜稜 慷慨如公見未曾 鵠嶺家書無使寄 燕山詔獄有誰矜
浮生忽盡風前燭 忠懇徒勞日下燈 天道定教流后慶 雲來世世繼繩繩
〈知都僉議韓公挽章大順〉『及菴詩集』閔思平

累世陰功及後昆　누세의 숨은 공덕 후손에 미치고
功名富貴繼專門　공명과 부귀는 문중에 이어지네.

累世陰功及後昆 功名富貴繼專門 千金子有千金子 萬石君傳萬石君
謝傳夢鷄何草草 接生歌鳳漫云云 哀榮終始如公少 爲底行人淚滿巾
〈吉昌府院君挽章〉『及菴詩集』閔思平

自是道心堪寂寞　도심은 적막을 스스로 견딤이요
謂應壽骨享康強　응당 장수하며 건강을 누리는 거라네.

一從爲傳歎無良 致劣年來臥草堂 自是道心堪寂寞 謂應壽骨享康强
仙游忽迫歸蓬島 醉魄猶疑在夜郎 人百其身那可贖 深嗟美玉火崑岡
〈深岳君挽章李湛〉『及菴詩集』閔思平

平生事業唯清白　평생 사업은 오직 청백했는데
夢裏功名幾險艱　꿈속의 공명은 얼마나 험난했나?

百年終始似公難 看取凌煙畫壁間 羽蓋不來雲杳杳 漆燈無盡夜漫漫
平生事業唯清白 夢裏功名幾險艱 地下有知應喜見 德陵松柏暗西巒
〈李政丞凌幹挽章〉『及菴詩集』閔思平

竹軒曾有死生約　죽헌에서 일찍이 생사약속 있었으니
吾輩如今百倍嗟　우리들의 슬픔은 백곱절이라.

豁達胸中洞九家 毅陵倚任若蕭何 重泉應亦思良弼 千藥終難起積痾
已與輞川莊別去 謾留煙閣畫傳誇 竹軒曾有死生約 吾輩如今百倍嗟〈挽章〉『及菴詩集』閔思平

十年風雪天涯夢　십년 풍설은 천애(天涯)의 꿈이요
萬古丹青壁上圖　만고의 단청은 벽상(壁上)의 그림이라.

高車駿馬騁長途 種德堂前日轉梧 臺府振綱初自負 詩書有力晩相扶
十年風雪天涯夢 萬古丹青壁上圖 燕邸少時曾半面 欲成挽曲强操觚
〈西原伯鄭公挽詞諱賴〉『牧隱藁』李穡

直得一宵眠不穩　하룻밤 잠이 편하지 못하구나
薤歌焉得有精神　상엿소리에 어찌 정신 있으랴?

老樵門下第三人 家敎熏陶氣味醇 甲子更端俄屬纊 戊辰居後獨霑巾
解龜換酒情猶渥 刻燭題詩迹已陳 直得一宵眠不穩 薤歌焉得有精神
〈昨聞朴判書契長卽世曉作挽詞〉『牧隱藁』李穡

兩朝禮樂皆研極　양조(兩朝)의 예악(禮樂)을 지극하게 연구하니
一代功名孰比豐　일대(一代)의 공명(功名)은 누가 이보다 나을까?

兼達尊三冠海東 淸明氣質世無同 兩朝禮樂皆研極 一代功名孰比豐
年近八旬猶儆戒 慶流諸子摠英雄 知公此日無遺恨 何翅汾陽有始終
〈曲城府院君廉忠敬公挽詞〉『柳巷詩集』韓脩

唯有名聲留竹帛　명성이 오직 죽백에 남겨지니
令人復使後人看　좋은 사람 후인들이 다시 보리라.

威儀不忒天資秀 喜怒無形宇量寬 堂上幾年慙伴食 關東此去勸加飡
安危望重身何在 經濟才長意未闌 唯有名聲留竹帛 令人復使後人看〈浩亭挽章〉『獨谷集』成石璘

從今誰是經綸手　이제부터 누가 경륜의 고수인가
執紼那堪爲國哀　상엿줄 잡고서 국상을 어찌 견디나.

帝念東民降大才 歷揚華秩到三台 忠心更與艱危固 盛節難將勢利回
摠擬整遺調鼎鼐 何知不弔夢瓊瑰 從今誰是經綸手 執紼那堪爲國哀
〈益山府院君李文忠公挽詞〉『陶隱集』李崇仁

春歸別墅花初謝 저무는 봄 별장에 꽃 떨어지고
雲掩佳城日欲昏 구름은 묘지 가리는데 해가 기운다.

三韓右族默軒孫 文彩風流今尙存 早入虞庠參胄子 頻持漢節化黎元
春歸別墅花初謝 雲掩佳城日欲昏 幸與令男同綴榜 都門執紼倍消魂
〈閔判書挽辭自註元朝國學生員諱璿〉『陽村集』 權近

忠誠許國扶明主 명주를 받들고 나라에 충성하며
淸白傳家遺後昆 청백을 전승해서 후손에 남겼구나.

累葉蟬貂具達尊 須知積善必昌門 忠誠許國扶明主 淸白傳家遺後昆
今日共悲邦國瘁 他時唯有典刑存 吾生亦得遊東閣 執紼行中倍斷魂〈慶貞烈公挽辭〉『陽村集』 權近

門連節鉞多賢子 가문에 곧은 절개, 어진 아들 많고
堂滿簪紳有弟徒 집안엔 고관으로 가득한 아우들이라.

世傳經術是鴻儒 洒落襟懷貯月壺 烏府肅將三院紀 鳳池尊領百寮趨
門連節鉞多賢子 堂滿簪紳有弟徒 崇重老成開國日 却嗟無復獻嘉謨
〈安判門下挽詞宗源〉『陽村集』 權近

久棹瀾波心不動 파란에 노 저어도 마음은 견고했고
再經榮辱德彌昌 영욕 겪어도 덕은 두루 창성했네.

自我先生翼典常 素王風振海東邦 朝衣屢拂三台列 仙桂曾分兩國香
久棹瀾波心不動 再經榮辱德彌昌 斯文莫嘆天將喪 賢子賢孫尙在堂
〈韓山伯牧隱先生李文靖公挽辭〉『陽村集』 權近

日長深院花無主 긴긴날 심원의 꽃은 주인도 없고
雨過空庭草自新 비내린 빈 정원 풀만 절로 새롭네.

少年風采映簪紳 罷相閑居閱幾春 醉夢不醒千日酒 浮名已作一朝塵
日長深院花無主 雨過空庭草自新 未見兒孫扶櫬去 令人惆悵倍傷神〈王評理興挽辭〉『陽村集』 權近

蒼天不憖誠難料 하늘이 죽임을 헤아리기 어려워

薤露聲中正斷魂　상엿소리에 혼이 끊기는 듯하구나.

寬厚天資德望尊 聖朝開國作元勳 聯翩鐵券藏盟府 煥赫金章繼相門
心爲憂民常自渴 眼因哭子更多昏 蒼天不憖誠難料 薤露聲中正斷魂
〈上洛府院君金公士衡挽辭〉『陽村集』權近

富貴六朝眞一夢　육조(六朝)의 부귀(富貴)도 한바탕 꿈이라
翩翩丹旐向山岡　펄럭이는 붉은 깃발 산으로 향한다네.

曲城淪喪來原亡 耆舊唯公壽且康 豈意今晨俄屬纊 遂敎行路亦霑裳
考終好德俱無歉 賜諡停朝更有光 富貴六朝眞一夢 翩翩丹旐向山岡〈權元靖公挽辭〉『復齋集』鄭摠

聞訃未能陪執紼　부음 듣고도 상엿끈 잡지 못했으니
傷心北望欲沾巾　마음아파 북쪽 보며 눈물 흘린다.

曾從醫局揖天眞 一段淸氷不受塵 聞訃未能陪執紼 傷心北望欲沾巾
廊廟高標映縉紳 人生七十九經春 名香已自傳靑史 能世諸郎也絶倫
〈李宰臣舒源挽章〉『春亭集』卞季良

年踰七秩位仍尊　칠십 넘어 지위가 더욱 높았고
一世皆推積善門　일세에 모두가 적선문을 추앙했네.

秉心淸直踐台班 名姓應垂竹帛間 握手笑談曾幾日 忍聞哀挽向花山
年踰七秩位仍尊 一世皆推積善門 袞袞家聲應更大 旣生文子又文孫
〈辛武節公有定挽章〉『春亭集』卞季良

直幹風聲雖淅瀝　곧은 가지 바람소리 쓸쓸하지만
承枝雨露尙芳菲　우로 내린 가지는 향기롭더라.

庸德庸言世所希 多才多藝似公稀 傳門相業登台府 繼祖文章典禮闈
直幹風聲雖淅瀝 承枝雨露尙芳菲 偶然贈別牛峯月 誰識分明永歎欷〈李贊成孟畇挽〉『敬齋集』河演

豪標逸氣飄雲漢　호방한 기상 운한(雲漢)에 드러나고

雄辯高談動鬼神　웅변(雄辯)과 고담(高談)은 귀신을 움직이네.

並肩諸友倍情親 香火同盟丙子春 戶部十年憂慮遠 監司四道德音新
豪標逸氣飄雲漢 雄辯高談動鬼神 執紼悲哀歌韰露 疏星落月照寒晨
〈沈判書道源挽沈公即先生同年〉『敬齋集』河演

落月飛星天欲曉　지는 달 지는 별에 날은 밝아오는데
韰歌悽惻聽彌驚　상엿소리 슬프니 듣고 더욱 놀랐더라.

心源正直秉忠淸 曾謂文城世德明 六紀帶方雖政敎 一年宗簿謾聲名
生涯共念兒孫計 姻媾相聯骨肉情 落月飛星天欲曉 韰歌悽惻聽彌驚〈挽柳府使漢生〉『敬齋集』河演

風吹玉樹凄凉夜　빼어난 나무에 바람부는 처량한 밤
花落佳城寂寞春　묘지에 꽃 지는 적막한 봄이로다.

情深骨肉素交親 等是延安氏族人 曾謂聖朝將大用 豈期芳歲忽沈淪
風吹玉樹凄凉夜 花落佳城寂寞春 庸行庸言皆中道 潸然爲國淚霑巾〈挽金牧使學知〉『敬齋集』河演

憂國鬢毛渾似雪　나라걱정 귀밑머리 눈처럼 하얀데
忘家賓榻尙無氈　집을 잊은 참상엔 담요조차 없구나.

廉風峻節孰能肩 勳業終歸輔相賢 憂國鬢毛渾似雪 忘家賓榻尙無氈
廟堂冢宰叨聯席 兵部郎官憶共筵 俯仰古今多少意 夢中說夢總茫然
〈綾城府院君挽詞〉『拭疣集』金守溫

臥病人人皆謂酒　병져 누운 사람마다 모두 술을 말하고
諸方藥藥未爲神　모든 처방 약마다 신통한 것 없네.

天稟魁梧七尺身 文章政事亦堪論 官經中外總華秩 際遇風雲承寵恩
臥病人人皆謂酒 諸方藥藥未爲神 老余交道終何用 不及樽前丁尤陳〈成左尹挽詞〉『拭疣集』金守溫

無常到此誠如夢　무상함이 여기에 이르니 진정 꿈갈고
老眼先枯血滿襟　노안은 야위어 옷깃에 피만 가득.

離馭初昇鰈海臨 重華允協放勳欽 那知殷后梁闇裏 遽奉周王玉几音
天奮予齡誰復詰 國連遭恤奈何心 無常到此誠如夢 老眼先枯血滿襟 〈睿宗挽章〉『太虛亭集』崔恒

元帥朔方平雁塞 원수되어 북쪽 변방 평정했었고
孤舟東海壓鯨波 외로운 배 큰 파도위에 떠있구나.

長安紫陌共鳴珂 自少情親到鬢皤 元帥朔方平雁塞 孤舟東海壓鯨波
山河帶礪連三世 道德文章入四科 再領廟堂承委寄 忍聞薤露一聲歌
〈挽章河東鄭麟趾〉『保閑齋集』申叔舟

落落胸襟寬似海 고고한 마음은 바다처럼 넓고
汪汪談笑靄如春 깊고 넓은 담소는 봄처럼 무성했네.

文章經濟兩無倫 功重勞多社稷臣 落落胸襟寬似海 汪汪談笑靄如春
榮家八子皆邦傑 扶柩諸孫摠席珍 已矣泰山無所仰 慟將雙淚洒淸晨
〈挽章坡平尹弼商〉『保閑齋集』申叔舟

泰山勳業海東冠 태산같은 훈업은 해동의 으뜸이요
華國文章天下知 화국문장은 천하가 알고 있다네.

挺世英雄爲應期 六朝培植大平基 泰山勳業海東冠 華國文章天下知
出將威名重方召 陳謨氣像藹皐夔 聖君政倚調元手 天奪其如不憖遺
後生向我亦人倚 濫廁明公結主知 先代昔曾叨捲遇 廟堂今復許陪追
自期合擧籃輿耳 誰料還題薤曲爲 腸斷典刑難再見 松山斷隴草離離
〈挽章宣城盧思愼〉『保閑齋集』申叔舟

不爲聖明遺碩輔 성명(聖明)이 현명한 이 남기지 않아
空將怨恨問蒼旻 부질없이 원망하며 하늘에 묻는구나.

維嶽生賢甫及申 天敎治世命斯人 勳高帶礪三朝老 道大經綸卄載春
不爲聖明遺碩輔 空將怨恨問蒼旻 欲知德業垂無盡 看取昭昭史筆新
〈挽章延城李石亨〉『保閑齋集』申叔舟

萱草風霜老 轜車嶺海遙 鄕閭應雪涕 墳土酒頻僥
원추리 꽃은 풍상에 시들었고 상여는 아득히 멀어지누나
마을에선 눈물을 펑펑 흘렸고 무덤에선 술잔을 자주 뿌리리

- 章石 徐明澤 書

禀性貞嘉寂 儷尊富貴全 誰知忽奔月 自是爲賓天
품성은 곧고 아름다우셨기에 부군의 부귀가 온전하셨다
누가 알았으랴 홀연히 떠나실 줄 이로부터 하늘의 객이 되었네

- 是雨 朴鍾賢 書

胸中粲粲羅星斗　흉중엔 빛나는 성두가 펼쳐지고
腹裏堂堂幾甲兵　복중엔 당당한 병갑이 몇이던가?

光嶽千年稟性靈 鯤岑鍾秀應時生 胸中粲粲羅星斗 腹裏堂堂幾甲兵
黃閣調羹勤燮理 雲臺畫像煥丹靑 人間五福應無儷 況復兒孫有典刑
〈挽章昌寧曹錫文〉『保閑齋集』 申叔舟

血枯雙眼西風冷　두 눈에 피눈물 마르고 서풍이 찬데
獨對殘燈賦挽歌　잔등 홀로 대하고 만사를 짓는다네.

結髮從遊兩鬢皤 一生情契世無多 血枯雙眼西風冷 獨對殘燈賦挽歌
〈挽姜中樞希顔〉『保閑齋集』 申叔舟

梁棟忽傾人事改　동량재목 홀연 기울어 사람일이 바뀜에
蒼生失望士林悲　창생은 실망하고 사림은 슬퍼하네.

堂堂俊傑應昌期 勳業從來出等夷 帆擧東溟通國信 旗飜朔野振天威
累朝寵眷蒙三接 前席籌謨擅一時 梁棟忽傾人事改 蒼生失望士林悲
〈挽章夏山成任〉『保閑齋集』 申叔舟

天意由來眷聖明　천명으로 오셔서 성명을 돌보시고
篤生豪傑佐隆平　호걸의 도타움 태평세월 보좌했네.

天意由來眷聖明 篤生豪傑佐隆平 文章快覩爲時用 德望端宜秉國成
位冠百寮承寵澤 功高一代擅榮名 忽騎箕尾還霄漢 多少都人淚若傾
〈挽章西河任元濬〉『保閑齋集』 申叔舟

君臣遭遇無今古　군신간의 조우는 고금이 없고
富貴榮華有始終　부귀와 영화는 시종이 있네.

麟閣曾收第一功 箕裘事業到三公 君臣遭遇無今古 富貴榮華有始終
北斗泰山那復仰 浮雲流水本來空 悠悠六十年間夢 留取聲名簡策中 〈黃領相挽章〉『四佳集』 徐居正

西風灑盡情鍾淚　서풍에 정든 눈물 뿌린다 해도

無復人間見玉人　다시 인간세상 귀인은 볼 수 없으리.

髫齔相從白髮新 中間交道托雷陳 聲名山斗昌黎是 家業箕裘柳巷親
位望貳公居鼎鼐 圖形千載照麒麟 西風灑盡情鍾淚 無復人間見玉人
〈韓贊成繼禧挽詞〉『四佳集』徐居正

死生知己非顏面　사생(死生)의 지기(知己)는 얼굴이 아니요
少壯論交只腎腸　소장의 논교는 단지 마음이라오.

早從詞苑共聯芳 妙手推君獨擅場 筆法王鍾傳骨格 文章班馬已薰香
死生知己非顏面 少壯論交只腎腸 惆悵九京那復作 不堪沉痛迫悲傷〈晉山君挽詞〉『四佳集』徐居正

輔國早知勳烈盛　일찍이 보국하여 공훈이 드높더니
傳家必有子孫賢　현명한 자손들이 집안을 이어가네.

麻渡之西楮島邊 如今卜葬掩重泉 鶴歸天上何時返 龍臥泓中幾日眠
輔國早知勳烈盛 傳家必有子孫賢 平生榮貴如君少 未畢嫁婚只可憐〈挽權花川瑊〉『四佳集』徐居正

功高万古風塵靜　만고에 높은 공 풍진이 고요했고
仁洽三韓雨露施　삼한에 펼친 자애 우로 같구나.

天扶景運啓重熙 眞主生膺五百期 獨炳機先淸內難 遠漸聲教及荒夷
功高万古風塵靜 仁洽三韓雨露施 模畫乾坤誰得似 但題哀挽涕交洟〈世祖挽章〉『三灘集』李承召

一夜壽星韜瑞彩　일야 수성은 서광을 감추고
百年喬木帶斜曛　백년 교목에 황혼이 둘렀네.

申甫當年嶽降神 中興王業樹奇勳 名垂麟閣明圖畫 位冠槐庭領搢紳
一夜壽星韜瑞彩 百年喬木帶斜曛 久陪太傅遊山屐 執紼今朝淚滿巾〈挽〉『三灘集』李承召

萱草堂前玉樹聯　훤초 당전에 뛰어난 인재 나란하니
須知孟母教三遷　모름지기 맹모삼천 가르침을 알겠네.

萱草堂前玉樹聯 須知孟母敎三遷 乘龍已總烏臺憲 戱綵還看鳳沼賢
莫恨南柯驚蟻夢 定應雙劍會龍淵 都門祖送輪蹄鬧 終始哀榮兩得全〈挽〉『三灘集』李承召

餘慶綿綿傳萬古 여경은 이어져 만고에 전하고
徽音寂寂閉重泉 휘음은 고요하니 중천에 막혔구나.

懿範爭誇四德全 萱堂榮養俯稀年 傳家更有韋經在 生子終看玉署仙
但覺于門容駟馬 寧知孟宅已三遷 浮生如寄塵棲草 大運難逃箭脫弦
餘慶綿綿傳萬古 徽音寂寂閉重泉 縻官未得陪牽紼 南望題詞倍悵然〈挽〉『三灘集』李承召

東觀滄海心逾壯 동으로 창해를 보니 마음 유창하고
北學中原道已通 중원에 유학했으니 도 이미 통했도다.

河岳崇深氣渾雄 牢籠宇宙入寬胸 東觀滄海心逾壯 北學中原道已通
八柱擎天高紫極 六龍扶日上蒼穹 三朝將相經綸業 天地淸寧敍九功
〈領議政申文忠公叔舟挽詞〉『三灘集』李承召

德碩才英獨出群 덕이 큰 영재로 무리중에 우뚝했고
三朝將相贊華勳 삼조에 장상들이 큰 공을 칭찬했네.

德碩才英獨出群 三朝將相贊華勳 斗南名重扶周鼎 塞北功高掃楚氛
帶礪早垂千載慶 芝蘭晩見一庭芬 薤歌聲斷人歸盡 鬱鬱佳城掛落曛
〈昌寧曺忠簡公錫文挽詞〉『三灘集』李承召

百年事業何曾恨 백 년 사업 어찌 한할 수 있으랴.
但恨高堂淚不禁 고당만을 한하며 눈물 흘리네.

籍甚聲名動士林 更逢英主托知心 再圖煙閣功無比 作柱明堂倚益深
中令一身關社稷 謝家諸子總纓簪 百年事業何曾恨 但恨高堂淚不禁〈挽〉『三灘集』李承召

名高大樹誰能及 대수(大樹)같이 높은 이름 누가 미치랴
功紀凌煙永不磨 공은 능연각에 기록되어 영원히 남네.

吉昌華冑自新羅 麗代封君有九家 赫業簪纓人不乏 如今門閥世無多
名高大樹誰能及 功紀凌煙永不磨 仗鉞嶠南專閫寄 宣威日域靜溟波
壯圖未究鳴程遠 幻夢其如蟻國何 餘慶綿綿應未艾 謝庭蘭玉正交加

〈永嘉君權公擎挽詞〉『三灘集』李承召

花朝幾共千杯飮 화조에 함께 천 잔 술 들기 몇 번인가
雪夜還同一榻眠 설야에 한상에서 같이 잠을 잤었네.

昔遊黌舍袂相連 公是丈夫我少年 秖爲忘形容後進 却將投膝擬先賢
花朝幾共千杯飮 雪夜還同一榻眠 老去每嗟相面少 如何又棄世間緣〈挽金乖崖守溫〉『三灘集』李承召

高勳已入雲臺畫 높은 공훈 운대에 이미 그려졌고
華閥堪誇宅相成 화벌에 정승댁 됨을 자랑하네.

騎牛於世以文鳴 公出渠家是外甥 藝苑揚鑣誰並駕 詩壇授鉞早蜚英
高勳已入雲臺畫 華閥堪誇宅相成 況有綿綿餘慶在 滿庭蘭玉更敷榮〈挽金乖崖守溫〉『三灘集』李承召

天生大器全才德 하늘이 큰 그릇 내니 재덕이 온전하고
寵冠當時遇聖明 총애받던 때에도 성명(聖明)을 만났네.

我於氷岳幸同庚 甚識君侯一世英 游刃久參司馬政 乘軒高翥鳳池淸
天生大器全才德 寵冠當時遇聖明 出按神州承重任 行宣王化洽群情
山陵適會心先苦 榮衛乖和病已成 但向樽前思北海 無由世上見西平
薤歌悽斷天將曉 唯有空樑落月明〈李觀察使吉甫挽詞〉『三灘集』李承召

玉階夜冷仙遊祕 옥계 차가운 밤 선유로 숨기고
金殿秋虛武帳空 궁전 텅 빈 가을에 무장(武帳)이 비었구나.

大東民物被南風 三載垂衣坐法宮 雲覆蒼梧終晏駕 丹成寶鼎忽遺弓
玉階夜冷仙遊祕 金殿秋虛武帳空 已矣南薰丹扆上 此生無復覩重瞳〈顯陵挽詞〉『私淑齋集』姜希孟

腹胞五經多醞藉 뱃속에 오경을 품어 온자함이 많았고

筆臻三昧射光芒　필력은 삼매경에 이르러 빛을 내었네.

先生眞是丈夫行 衿度汪汪未易量 腹胞五經多醞藉 筆臻三昧射光芒
才名鄭重當時貴 勳業蹉蛇識者傷 鮑叔去來知己少 微軀不用食饘漿〈成景武挽詞〉『私淑齋集』姜希孟

榮華謝謝浮雲變　영화의 시듦은 부운 같이 변하고
身世悠悠落日傾　신세의 흐름은 지는 해처럼 기울더라.

少年蓮榜共題名 連袂趍朝分不輕 事業寧期止樞密 飛騰共擬到公卿
榮華謝謝浮雲變 身世悠悠落日傾 惆悵江頭奠椒酒 一歸何日返神京〈成景武挽詞〉『私淑齋集』姜希孟

天道由來難可必　천도의 유래는 필연(必然)이라 할 수 없으니
斯人無壽又無男　이 사람 장수도 못했고 자식마저 없구나.

自從孤幼當門戶 浮世駸駸四十三 天道由來難可必 斯人無壽又無男〈崔主簿玉閏挽〉『佔畢齋集』金宗直

五福於人備却難　사람에게 오복을 갖추기 어려우나
公無一欠性情寬　공은 부족함이 없었고 성정도 너그러웠네.

五福於人備却難 公無一欠性情寬 靈椿拔地枝方旺 神劍衝星氣倏殘
編簡謾教評宿德 鄉閭無復奉清歡 鄙夫豈是雷同哭 爲忝當時子姪看
〈挽崔判書善文同年崔漢公漢候漢伯漢蕃之父〉『佔畢齋集』金宗直

服膺遺澤箕裘遠　선친 유훈 심복하여 가업을 계승했고
奮志熙朝禮樂新　조정에 뜻을 두어 예악을 새롭게 했네.

處世全非齷齪人 如公奚止一家珍 服膺遺澤箕裘遠 奮志熙朝禮樂新
黼座幾曾思讜論 鷺班無復見長身 謾將楚些彈雙淚 韓土芒芒渤澥濱
〈李二相坡挽詞〉『佔畢齋集』金宗直

年才知命誰云老　나이가 오십이나 누가 늙었다하며
官再參銓苦患貧　벼슬길에 나갔어도 가난을 근심했네.

希賢好學有斯人 義分年來莫我親 師道百篇稱典重 仲舒三策說眞醇
年才知命誰云老 官再參銓苦患貧 郿水竹枝無復昌 瀠碕空想照長身〈金善源挽詞〉『佔畢齋集』金宗直

爲擧別觴觴不釂 이별의 잔 들었으나 마시지 못하고
無端涕淚灑南風 한없이 흐르는 눈물 남풍이 씻어주네.

大庭臚句氣如虹 兩榜豪才孰似公 九陌過從常恨少 一春笑語每回同
帶方絲竹歡曾洽 沛館鞦韆夢忽空 爲擧別觴觴不釂 無端涕淚灑南風
〈全州金府尹堅壽挽詞〉『佔畢齋集』金宗直

春坊侍講心如昨 동궁에서 시강(侍講)함이 어제 같은데
地下修文夢已新 지하에서 문장을 다듬으니 꿈이 새롭네.

四朝冠冕老詞臣 秋水精神不受塵 專對才華鳴上國 流傳經術表東人
春坊侍講心如昨 地下修文夢已新 落落襟期無復見 爲題哀誄淚霑巾〈崔寧城恒挽〉『逍遙齋集』崔淑精

平生好客尊常滿 평생 손님 좋아해 술동이가 가득했고
晩歲知君我最親 늦게 그대 알았지만 나와 가장 친했네.

積善之家餘慶新 原城門戶世簪紳 平生好客尊常滿 晩歲知君我最親
絃管幾回留白日 園林何遽失青春 可憐滿屋聞啼哭 盡是當時歌舞人
〈元僉知孟穟挽〉『虛白亭文集』洪貴達

謾有文章傳永世 문장은 영원토록 전할 수 있었으나
了無嗣續構遺基 후사없어 유업을 이루지 못한다네.

圭璧精神鸞鳳姿 才名氣槪冠當時 扶搖九萬天高遠 遷謫多年地濕卑
謾有文章傳永世 了無嗣續構遺基 傷心豈是無從淚 仲父襟期鮑叔知〈挽曹大虛〉『虛白亭文集』洪貴達

浮雲萬事回頭過 뜬 구름 세상만사 순식간에 지나가고
化蝶孤魂入夢酣 나비가 된 외로운 혼 단 꿈에 젖어드네.

休官自適臥城南 七十稀齡又享三 治郡才名追召父 滿床袍笏盡賢男
浮雲萬事回頭過 化蝶孤魂入夢酣 病痺故人違執紼 空題哀挽意難堪〈挽權旌善〉『月軒集』丁壽崗

北山蘭滅誰分臭 북망산에 난 시들면 그 누가 향기 말고
南極天陰不見星 남쪽 하늘 그늘지니 별이 없구나.

我今風痺患沈冥 君獨康强向九齡 黃甲靑年曾接武 丹心白首尙忘形
北山蘭滅誰分臭 南極天陰不見星 惆悵若堂封罷後 忍聞谿澗響泠泠
〈挽同年孫正元老〉『月軒集』丁壽崗

無端歲運催雙轂 금년 운세 무단히도 재촉했으니
不管生涯逼百年 백년생애 가까워도 상관없다네.

早卜幽居漢水邊 閑情分與白鷗眠 無端歲運催雙轂 不管生涯逼百年
否極昭陽鷄入夢 妖臨鵩尾鶴歸天 可憐滿目江亭興 無復吟成玉屑篇
〈挽枕流堂李君度〉『月軒集』丁壽崗

聞訃人興埋玉歎 부음 들은 사람은 인재 묻힘 한탄하고
知音我痛絶絃傷 지음인 나는 줄 끊어져 서글퍼라.

金鷄催曉叫扶桑 七十年光蝶夢忙 聞訃人興埋玉歎 知音我痛絶絃傷
靑氈家物心無累 白首鵷班國有良 萬事如今已陳迹 惟餘蘭秀一莖香
〈挽閔左尹國瑞祥安〉『月軒集』丁壽崗

深嗟玉樹將埋土 슬퍼라 인재가 흙속에 묻혔지만
多幸庭蘭獨秀芬 다행히 난초는 아직도 향기롭다.

峨洋世上喜逢君 何乃琴從此夕分 千歲鶴歸今尙說 九原人作古無聞
深嗟玉樹將埋土 多幸庭蘭獨秀芬 怊悵龍門山下洞 空封數尺若堂墳
〈挽同年洪副正祥卿慶昌〉『月軒集』丁壽崗

端雅溫良稟自天 단아하고 온량함은 하늘이 내리셨고

英才宿望世推賢 뛰어난 재주는 세상이 추앙했네.

端雅溫良稟自天 英才宿望世推賢 龍喉啓沃無多日 夢蝶那知忽栩然
〈挽權承旨自恭歸葬安東〉『保閑齋集』 申叔舟

人間永棄靑雲路 사람으로 영원히 출세길을 버렸으나
天上應題白玉樓[55] 하늘에선 백옥루에 서 글을 쓰리라.

與君聯袂幾春秋 到處相從意更悠 筆邁鍾王眞有法 詩兼鮑謝絶無儔
人間永棄靑雲路 天上應題白玉樓 已識廟堂遺跡在 從知簡史美名留
今朝繐帳悲傷處 前日玳筵歌舞遊 一別九泉誰與語 西風回首淚雙流 〈重卿相公挽詞〉『四雨亭集』 李湜

惆悵淸芬無覓處 처량하게 맑은 인품 찾을 길 없고
不堪秋色滿林坰 들 가득한 가을빛 감당 못하네.

靈風肅肅動雲軿 絳節搖搖凌紫冥 忠義高門心未竟 功名浮世夢初醒
庭中空有聞詩鯉 原上誰看急難鴒 惆悵淸芬無覓處 不堪秋色滿林坰 〈韓僉議大淳挽詞〉『東文選』 郭珚

翛然觀化終無憾 홀연히 떠나심에 유감이 없으리다
好享人間八十春 세상에서 팔십 년을 아름답게 사셨으니.

詩禮趨庭敎訓醇 德門仍世見儒眞 精深翫理功存敬 用舍關時道在身
畎畝之中何事業 唐虞以上是經綸 翛然觀化終無憾 好享人間八十春 〈挽詞〉『愼獨齋全書』 閔維重

我於萬里歸來日 내가 만리 길 돌아오던 날
聞訃難禁不整愁 부음 듣고 슬픈 시름 금치 못했네.

早脫名韁物外遊 十年江海狎沙鷗 閑情每向新篇寫 淸節當從古史求
子有功臣餘澤遠 官爲學士寵恩優 我於萬里歸來日 聞訃難禁不整愁
〈中樞咸承慶挽辭〉『陽村集』 權近

---

55) 白玉樓 : 문인 묵객이 죽은 후에 간다는 천상의 루각

勇退又兼仁智樂　용퇴해서 인(仁)·지(智)·악(樂)을 겸하였으니
公言一快豈徒哉　공의 말이 쾌연한데 빈말일 수 있으리.

亭空人去碧山隈 仙袂飄飄不復來 湖海更無鷗鳥狎 林巒長與子孫哀
已聞弱冠能魁甲 應笑稀年始乞骸 勇退又兼仁智樂 公言一快豈徒哉 〈挽章金詮〉『懶齋集』蔡壽

幾箇羅裙紅淚濕　몇 개의 비단치마 홍루(紅淚)에 젖었는가
黃州城外哭西風　황주성 밖에서 서풍에 곡한다네.

茅廬一出侍金宮 朝擲毛錐暮角弓 杜預未忘儒者業 孔明非望列侯功
六仙樓閣承宣密 四道旌麾節度雄 幾箇羅裙紅淚濕 黃州城外哭西風
〈外舅洪節度輓詞〉『與猶堂全書』丁若鏞

人事可憐同逝水　유수(流水)같은 인간사 가련하여라
故交無處覓晨星　드물어지는 친구들 찾을 곳 없네.

荷亭寥落鎖塵扃 又見春歸一鑑亭 人事可憐同逝水 故交無處覓晨星
幅巾澣濯悲遺令 縢子貧窮想舊經 惟有後曹承世好 屋頭小嶺號申丁
〈一鑑亭申丈景玄輓詞〉『與猶堂全書』丁若鏞

六十七年渾似夢　육십칠 년 모두 다 꿈과 같은데
薤歌凄楚響淸晨　상엿소리 처량하게 새벽에 들려오네.

傳家積善正無倫 眞箇東韓社稷臣 許國寸心雙鬢雪 接人和氣一團春
芸臺繪綵殊勳著 玉輦親臨寵數新 六十七年渾似夢 薤歌凄楚響淸晨
〈上洛府院輓詞〉『春亭集』卞季良

乘化歸眞更無憾　승화하여 돌아가니 유감이 있으련만
岳陰秋柏蔚蒼煙　산마루 잣나무길 울울창창하여라.

高年厚福獨能全 萬石家風孝謹傳 中歲交遊總霄漢 暮途優逸即神仙
官躋二品銜恩重 子擬雙珠幹蠱賢 乘化歸眞更無憾 岳陰秋柏蔚蒼煙 〈李同知惟侃挽詞〉『谿谷集』張維

每切雲天芘 其如松柏凋 青門數行淚 丹旐正迢迢
구름은 하늘을 가려 애절하고 송백(松柏)같은 충절도 시들었구나
청문(靑門)에 두 줄기 흐르는 눈물 붉은 깃발 높이도 걸려있더라

每把漁綸遊水國 何知塵夢落邯鄲
매양 낚시하며 수국에서 놀았으나 한단지몽에 빠졌음을 어찌 알았으랴
- 章石 徐明澤 書

2) 28자의 만장

積善故應終有報　적선(積善)했으니 끝내는 보답받을 것이며
清名渾覺久無磷　맑은 이름 오래도록 훼손되지 않으리라.
病中裁挽空垂淚　병든 몸에 만사 쓰며 흐르는 눈물
回首南雲白髮新　남쪽 구름 돌아보니 백발이 새롭구나.

鄕曲承薰竊自親　更從賢胤挹餘塵　那知聚散傷心地　遽作存亡異世人
積善故應終有報　清名渾覺久無磷　病中裁挽空垂淚　回首南雲白髮新 〈挽高參議孟英〉『高峯集』奇大升

春來喜有音書至　봄에는 편지가 와서 기뻐했지만
秋晩驚聞訃報傳　가을에는 부음을 듣고 놀랐다네.
情信未酬懷耿耿　정든 편지 답장 못해 마음이 걸렸는데
幽明長隔恨綿綿　유명으로 길이 갈려 한(恨)이 끝없다.

洛下相逢憶去年　怪君容鬢遽衰然　春來喜有音書至　秋晩驚聞訃報傳
情信未酬懷耿耿　幽明長隔恨綿綿　挽歌寄與湖南遠　斜日悠悠下素天 〈挽人〉『高峯集』奇大升

一代高名懸北斗　한 시대 높은 이름 북두처럼 우뚝하고
千年遺韻在東方　천 년토록 남긴 여운 동방에 그윽하네.
天涯坐負臨泉慟　먼 곳에 앉아서 황천객에 통곡하고
掩淚遙吟殄瘁章　눈물을 훔치면서 진췌장을 읊조린다.

秀出清朝鵷鷺行　平生經濟意共長　專功學業傳濂洛　餘事文華駕漢唐
一代高名懸北斗　千年遺韻在東方　天涯坐負臨泉慟　掩淚遙吟殄瘁章 〈挽章洪天民〉『高峯集』奇大升

樽酒未嘗溫一笑　술마시며 따뜻하게 웃지도 못했는데
音容何遽隔重泉　어찌 서둘러 황천으로 돌아갔나.
題詞此日無窮慟　만사 쓰는 이날 끝없이 슬퍼함은
未見長松竟拄天　하늘 떠받칠 長松을 보지 못함이라.

連榻周庠舊拍肩 于今二十有餘年 君辭北闕初關外 我按南州適海邊
樽酒未嘗溫一笑 音容何遽隔重泉 題詞此日無窮慟 未見長松竟拄天
〈挽章兪泓退憂堂〉『高峯集』奇大升

公傷世道扶無着 공(公)으론 세도(世道) 지킬 사람이 없고
私悼吾身過未聞 사(私)로는 내 허물 듣지 못함 슬퍼라.
間氣生賢還不憖 간기(間氣)로써 나신 현인 돌아가시니
茫茫天意詎能論 아득한 하늘 뜻을 어찌 논할 수 있나.

如何夫子棄斯文 豈獨交親哭寢門 帷幄已虧堪寄命 江湖誰復任憂君
公傷世道扶無着 私悼吾身過未聞 間氣生賢還不憖 茫茫天意詎能論
〈挽章金啓雲岡〉『高峯集』奇大升

虎逝龍亡嗟莫及 범도 용도 없으니 탄식이 지극하고
山摧棟折痛何依 산 무너지고 기둥 꺾이니 어디에 의지할까?
屋樑殘月疑顔面 용마루 기운 달빛에 님의 얼굴 어른거려
却憶平生涙濕衣 평생을 추억하며 눈물로 옷깃 적신다.

獨諳研窮善惡幾 浩然寧動是兼非 孤衷耿耿論思際 大節堂堂進退機
虎逝龍亡嗟莫及 山摧棟折痛何依 屋樑殘月疑顔面 却憶平生涙濕衣 〈挽章金啓雲岡〉『高峯集』奇大升

傷心世事涕漣漣 세사(世事)에 마음아파 눈물 흘렸고
握手風塵幾視天 풍진(風塵) 속에 손잡고 얼마나 하늘 보았나.
雪遍途中街十二 눈 덮인 세상길은 열둘로 갈렸고
春明門外路三千 춘명문(春明門) 밖엔 삼천리길 이어졌더라.

傷心世事涕漣漣 握手風塵幾視天 雪遍途中街十二 春明門外路三千
青山一臥君應樂 白髮孤生我自憐 脈脈百年同道契 如何今日隔重泉 〈挽章洪仁慶〉『高峯集』奇大升

青山一臥君應樂 청산에 누웠으니 그대는 좋겠지만
白髮孤生我自憐 백발에 외로운 삶 나는 슬퍼라.

脈脈百年同道契　언제나 한 백년을 함께하자 하고서
如何今日隔重泉　어이하여 그대 먼저 황천으로 갔는가?

傷心世事涕漣漣 握手風塵幾覩天 雪遍途中街十二 春明門外路三千
青山一臥君應樂 白髮孤生我自憐 脈脈百年同道契 如何今日隔重泉〈挽章洪仁慶〉『高峯集』奇大升

同寅夙歲分深投　일찍이 공경하여 깊은 정 나눴는데
意氣相傾到白頭　의기가 투합하여 늘그막에 이르렀네.
手下判裁皆世務　손으로 하는 일은 다 일마다 힘씀이니
胸中陶寫有天游　가슴에 새긴 정 하늘에도 있으리.

同寅夙歲分深投 意氣相傾到白頭 手下判裁皆世務 胸中陶寫有天游
輶軒累策多勞勩 椿算方延遽罷休 埋玉故山孤絮酒 憶從轟飮每輸籌
〈鄭參判仁甫挽〉『湖陰雜稿』鄭士龍

古寺殘雲寒夜月　옛 절에 구름 흐르는 차가운 달밤
小船飛雪暮江風　작은 배에 눈 날리는 저문 강바람.
乖逢便作平生別　만나지도 못하고 영원히 이별했으니
夢裏丁寧警蔽蒙　꿈속에서나마 혼매함을 깨워주게나.

瑞石新摧第一峯 斯人何使涕垂胸 文章不獨波瀾闊 道術要將閫域通
古寺殘雲寒夜月 小船飛雪暮江風 乖逢便作平生別 夢裏丁寧警蔽蒙
〈挽章具鳳齡柏潭〉『高峯集』奇大升

知必行時功奪巧　아는 것 실천하니 공은 교(巧)를 앞서고
理先氣處知無營　이(理)가 기(氣)에 우선하니 지식이 소용없네.
如君慕尚今稀有　그대처럼 존경할 이 이제 거의 없으니
哀挽臨風哭澈聲　슬픈 만가 바람결에 곡소리 들리는가.

東海人文萬萬齡 淵源統緒杳難明 道從隱圃直疏派 學到仙溪始集成
知必行時功奪巧 理先氣處知無營 如君慕尚今稀有 哀挽臨風哭澈聲
〈挽章具鳳齡柏潭〉『高峯集』奇大升

文倒江河光簡策 강하를 되돌릴 문장 서책에 빛나고
氣凌牛斗結雲霞 북두를 능가한 기개 구름에 맺혔더라.
華山一別幽明隔 화산(華山)의 이별 이승 저승 갈렸으니
無路招魂泣楚些 초혼할 길이 없어 초사로써 흐느끼네.

南服高翔彩翼斜 羽儀淸世志亨嘉 英才未試胸中蘊 殊渥從聞沒後加
文倒江河光簡策 氣凌牛斗結雲霞 華山一別幽明隔 無路招魂泣楚些

〈挽章李珥栗谷〉『高峯集』奇大升

去住關心愁客路 생사에 마음 아파 나그네 길 근심했고
風燈催燼望鄕情 등불아래 밤늦도록 고향을 그렸다네.
士林共惜相驚吊 선비 모두 애석하여 서로 놀라 조문하니
豈獨情朋淚濕纓 어찌 유독 친구들만 눈물 흘리랴.

幸接陶山講理精 擬將餘緖付時平 一堂經席論王霸 三塾英才喜就成
去住關心愁客路 風燈催燼望鄕情 士林共惜相驚吊 豈獨情朋淚濕纓

〈挽章鄭惟吉林塘〉『高峯集』奇大升

求極精微探造化 정미한 도 연구하여 조화를 찾았고
闡明幽妙啓昏蒙 미묘함을 천명하여 어둠을 열었네.
山頹一夕渾無賴 산이 무너진 저녁 의지할 곳 없으니
吾道其衰慟不窮 우리 도는 쇠했고 슬픔은 한없더라.

天遣先生挺海東 能全賦予斂于躬 心通大本神應會 眼徹群書智已融
求極精微探造化 闡明幽妙啓昏蒙 山頹一夕渾無賴 吾道其衰慟不窮

〈挽章李好閔五峯〉『高峯集』奇大升

文章道德獨兼全 문장과 도덕이 홀로 온전하였으니
問禮聞詩二十年 예를 묻고 시를 듣기 이십 년이라.
一曲顔回誰解聽 한 곡조 안회를 누가 알아들으랴
從今我欲絶琴絃 지금 나는 거문고 줄을 끊으려하네.

〈益齊李文忠公挽辭〉『東文選』金齊顏

竹院蕭疎一逕苔　대숲에 드문드문 이끼 낀 오솔길
嗒然相對歲寒梅　추위 속의 매화를 멍하니 바라본다.
心期已逐浮雲散　기대는 이미 뜬 구름따라 흩어지고
江水悠悠春又回　하염없는 강물속에 봄이 또 돌아오네.

〈挽章李好閔五峯〉『高峯集』奇大升

此日縱悲邦國瘁　오늘은 국난에 슬프긴 해도
他時應有典刑存　타일에는 전형이 남을 것이라.
南宮昔日同僚客　예전엔 남궁의 동료였는데
執綍那堪拭淚痕　상엿끈 잡고 보니 한없는 눈물.

退叟南翁相繼淪 公今又逝復何言 斯文再喪儒林索 伊洛將窮道脈昏
此日縱悲邦國瘁 他時應有典刑存 南宮昔日同僚客 執綍那堪拭淚痕〈挽章金澮〉『高峯集』奇大升

利欲迷人事事非　이욕(利欲)에 미혹하여 일마다 그르지만
君生南服紹前徽　남쪽에서 그대 나서 옛 영광이었더라.
志扶衰俗還淳古　쇠한 풍속 바로잡아 순박하게 되었고
神會遺編闡奧微　성현의 글 깨우쳐 깊은 뜻 밝혔다네.

利欲迷人事事非 君生南服紹前徽 志扶衰俗還淳古 神會遺編闡奧微
共惜鄉園聊趕去 忽聞身世已長違 云亡自古關時運 可忍今年淚再揮
〈挽章李後白青蓮〉『高峯集』奇大升

士林無地爲依倣　사림은 믿고 따를 곳이 없어졌으며
大廈其如逸棟樑　국가에는 들보 기둥 사라졌다네.
不盡三霜餘淚在　삼 년이 넘지 않아 눈물이 남았으니
爲君和墨寫哀章　그대 위해 먹을 갈아 만장을 쓴다.

西川攀柏隔南鄕 漢水長懷作惡場 北闕初傳宣室對 中途何遽伯牛亡
士林無地爲依倣 大廈其如逸楝樑 不盡三霜餘淚在 爲君和墨寫哀章
〈挽章辛應時白麓〉『高峯集』奇大升

人事凋零吾事盡 인간사 다하니 내 일도 다하고
秋風搖落曉風吹 가을바람에 떨어지고 새벽바람 불어
土亭遺範今難見 토정의 유범을 이제는 보기 어렵지만
惟有天涯明月知 오직 하늘가에 밝은 달만 알리라.

六歲能書筆法奇 詞源浩浩耀當時 天曹事業今誰並 末路淸貧我所師
人事凋零吾事盡 秋風搖落曉風吹 土亭遺範今難見 惟有天涯明月知〈挽詞金晬〉『鵝溪遺稿』李山海

有涯人事靑空盡 가이 있는 인사는 푸른 하늘에 다했고
不廢勳名翠石刊 불후의 훈명은 푸른 비석에 새겼네.
舊日門生今白髮 옛날 문생이 지금은 백발이 되어
湖中無路送喪還 호중에 문상하니 돌아갈 길 없구나.

牧翁之後文章伯 龍起龜潭世聳觀 耇造典刑天下老 神童筆力道家山
有涯人事靑空盡 不廢勳名翠石刊 舊日門生今白髮 湖中無路送喪還〈挽詞李好閔〉『鵝溪遺稿』李山海

一代功名調鼎鼐 한 시대의 공명은 재상에 어울렸고
百年形像畫麒麟 백 년의 모습은 기린각에 그려졌네.
黃扉煙閣俱聯席 황비(黃扉)와 능연각에 자리를 갖췄건만
臥病城東淚滿巾 병들어 누웠기에 눈물만 흘린다오.

宿德文章第一人 靑雲高步冠簪紳 秀鍾舊日山川氣 榮鍾昌朝際會辰
一代功名調鼎鼐 百年形像畫麒麟 黃扉煙閣俱聯席 臥病城東淚滿巾〈挽詞李元翼〉『鵝溪遺稿』李山海

儀形留賞雲臺上 모습은 운대 위에 머무는데
精爽還從箕尾回 혼백은 기성 미성을 따라갔구나.

幸與白眉交最厚　다행히 백미와 가장 후히 사귀었으니
寢門來哭不勝哀　침문에 와서 곡하며 크게 슬퍼한다네.

嶽靈停毓降全才 天遣扶持聖運開 勳業祗今安社稷 文章餘事壓鄒枚
儀形留賞雲臺上 精爽還從箕尾回 幸與白眉交最厚 寢門來哭不勝哀〈挽詞朴彝叙〉『鵝溪遺稿』李山海

衣食半生何草草　반평생 의식위해 얼마나 서둘렀나
功名當世亦遲遲　당세의 공명 또한 더디었더라.
傷心夢哭元非此　상심하여 곡함은 그 때문이 아니요
風樹前頭不耐思　나무에 바람일 듯 그대생각 견디지 못해서라.

〈挽人〉『高峯集』奇大升

三載居廬一夢忙　삼년의 초려생활에 꿈이 바빴는가
更揮餘淚意茫茫　눈물을 흘리며 마음은 아득해라.
人間從此無消息　인간 세상 이로부터 소식이 없으리니
回首靑山是北堂　청산에 고개 돌리면 바로 북당이라네.

〈挽人〉『高峯集』奇大升

金章解早方圖逸　벼슬에서 물러나 한가하길 바랐지만
紫府微忙亦要賢　묘당(廟堂)에 일이 바빠 어진 사람 필요했나.
池館蕭然空碧草　지관(池館)은 쓸쓸하고 풀은 푸른데
玉簪零落淚如泉　세상을 등짐에 눈물 금할 길 없네.

三朝翼亮鐵心堅 富貴功名四十年 鳳閣早腰丞相印 鼇山兼領史臣權
金章解早方圖逸 紫府微忙亦要賢 池館蕭然空碧草 玉簪零落淚如泉
〈奇平章挽詞翰林奏呈〉『東國李相國集』李奎報

未信賓天終莫返　가신 님 끝내는 돌아올지 모르겠고
尙疑遊月儻還歸　달에서 놀다 갑자기 돌아올 것 같구려.

四方涵泳皇恩久 만백성이 임금은혜 오래도록 받았으니
有眼何人不淚揮 눈이 있는 누구나 눈물 아니 닦으랴?

御極三年國已肥 忽因微恙輟宵衣 瑤臺縹緲仙遊遠 玉殿凄涼御座非
未信賓天終莫返 尙疑遊月儻還歸 四方涵泳皇恩久 有眼何人不淚揮

〈康宗大王挽詞翰林奏呈〉『東國李相國集』李奎報

羽蓋不來雲杳杳 우개(羽蓋)가 없으나 구름은 아득하고
漆燈無盡夜漫漫 칠등이 끝없으니 밤은 길고 길더라.
平生事業唯淸白 한평생 사업은 오직 청백뿐이었고
夢裏功名幾險艱 꿈속의 공명은 얼마나 험난했던가?

百年終始似公難 看取凌煙畫壁間 羽蓋不來雲杳杳 漆燈無盡夜漫漫
平生事業唯淸白 夢裏功名幾險艱 地下有知應喜見 德陵松栢暗西巒

〈李政丞凌幹挽章〉『及菴詩集』閔思平

千歲鶴歸三嶠月 천 년의 학은 삼교 달로 돌아갔고
九淵龍化五更雷 구연의 용은 오경 우레에 변화했다.
才疏未足銘淸德 서툰 재주로 맑은 덕을 새기지 못해
淚洒當年玉鏡臺 당년의 옥경대 그리며 눈물 흘리네.

揚歷淸華到上台 君王獨倚棟梁材 詩書滿屋無奬素 簪履盈門有老萊
千歲鶴歸三嶠月 九淵龍化五更雷 才疏未足銘淸德 淚洒當年玉鏡臺

〈菊齋權文正公挽詞〉『益齋亂藁』李齊賢

近世文章與世衰 근세의 문장이 세상과 함께 쇠해가나
公將大手獨持危 공은 큰 솜씨로 홀로 버티었지.
剗除舊習開來學 구습을 없애고 내세 학문 열었으니
須信東方有退之 동방에 퇴지 있음을 진실로 믿겠구나.

〈益齋李文忠公挽詞〉『東文選』李仁復

國論不須稽卜筮 국론에 점괘가 필요 없다 하더니

山頹無復見儀形　산이 무너져 다시 모습을 보지 못하네.
曾叨家叔同年契　일찍이 가숙과는 동년의 친교가 있어
執紼難禁老淚傾　상엿끈을 잡으니 늙은 눈물 쏟아진다.

如晦淸風傳說星　黃扉白屋短長亭　堂堂朝著有元老　袞袞相門生列卿
國論不須稽卜筮　山頹無復見儀形　曾叨家叔同年契　執紼難禁老淚傾〈柳議政觀挽章〉『東文選』尹淮

金樽美酒春長滿　금동이 좋은 술엔 봄향기 가득하고
玉子紋楸日又曛　옥자 널린 바둑판에 해가 또 어두웠네.
最恨難將仙掌露　안타깝구나! 선장 이슬 한 잔 가져다가
一杯救得病文園　병든 문원 구하지 못한 일이로다.

憶曾受業益齋門　獨立當時亦有聞　積善盡知餘慶在　老成雖遠典刑存
金樽美酒春長滿　玉子紋楸日又曛　最恨難將仙掌露　一杯救得病文園
〈挽李密直彰路〉『東文選』鄭道傳

末俗風漓萬不淳　순후라곤 전혀 없는 말세의 풍속
吾翁獨自保天眞　영감만은 천진함을 간직했는데
如今栗里門前路　이제는 율리문 앞길을 가도
無復披襟坐上春　다시 흉금을 털어놓을 사람이 없네.

〈挽人〉『白湖全書』尹鑴

先輩風流久寂寥　선배들의 풍류가 오래도록 적막하여
我公冠珮不蕭條　우리 공 모양새는 쓸쓸하지 않았는데
從今駝駱山前路　이제부턴 타락산 앞길을 거닐어도
悵悵何門杖几操　슬프다 뉘집에 의젓한 궤장이 있는가?

〈挽李判決淀〉『白湖全書』尹鑴

金門之隱玉堂仙　금문의 은자였고 옥당의 신선으로
前代風流豈乏賢　전대의 풍류에 어찌 덜하겠는가.

만겁의 재는 그대로 까맣고 천등의 불꽃은
아직 붉다네 인간이 어찌 오래 머물 수 있으랴
본디 도솔천에 궁전 있는 걸
태주후인 정혜영 근만

어진 부인 홀연히 눈감다니
어린자식들 가엾어서 어이할꺼나
이제는 이승 저승 갈리고 말았다네
남쪽하늘 바라보니 흐르는 눈물
광주후인 이필숙 재배근만

萬劫灰猶黑 千燈焰尚紅 人間那久住 兜率有天宮

- 지당 정혜영 書

賢婦忽無祿 衆雛眞可悲 存亡兩隔絕 南望淚雙垂

- 미당 이필숙 書

從此驪湖湖上月　이후로 여호의 호수에 달이 떴어도
一尊無復喚孤眠　술로써 외로운 잠 깨울 수 없겠구나.

〈挽尹參判鏶〉『白湖全書』尹鑴

尊酒風高水竹深　수죽(水竹)이 깊은 곳에 술마시던 기풍
古人貌又古人心　고인의 모습에 고인의 마음이라네.
如今寂寞柴桑宅　이제는 시상(柴桑)의 집이 적막하니
揮涕誰從聽素琴　누구에게 거문고를 들을 것인가?

〈挽朴大興隆阜〉『白湖全書』尹鑴

希聖吾兄已故人　우리 형 희성은 이미 고인인데
每逢賢季若天倫　아우를 만날 때면 형제처럼 지냈어라.
如今宇內親朋盡　지금은 세상에 다정한 벗 다 가버려
揮涕栖遑漢水濱　눈물 흘리며 한강가에서 서성인다네.

〈挽沈典簿光泗〉『白湖全書』尹鑴

凄涼無復琴樽會　거문고 술자리는 다시없음 슬프고
寂寞難追翰墨場　문단에서 따를 이 없어 적막하구나.
莫說人間多少恨　인간의 수많은 한을 말하지 말라
玉樓天上記應忙　천상 백옥루에 글쓰기 바쁘리라.

天工應忌子文章 大數纔經六十霜 交道曾論知我鮑 言詩今失起予商
凄涼無復琴樽會 寂寞難追翰墨場 莫說人間多少恨 玉樓天上記應忙

〈陽城君李公挽詞〉『四佳集』徐居正

十載爲官杖屨陪　십 년 동안 벼슬하며 선생 모시고
或從棋酒笑談開　간혹 바둑과 술로 담소했는데
邇來哀淚頻霑臆　요즘은 슬픈 눈물이 가슴을 적시지만

病恨無能奠一杯　아쉽게도 병들어 한 잔 술도 못하네.

〈李判漢城純之挽詞〉『四佳集』徐居正

鑑湖秋水倍澄清　맑은 호수 가을 물은 더 맑아지고
夜夜湖山月正明　밤마다 호산에는 달이 정녕 밝구나.
疑是先生舊顏色　선생의 옛 얼굴인가 짐작되어
臨流對月獨傷情　물 보고 달 보니 마음만 아프더라.

〈挽權寧海〉『三峰集』鄭道傳

每憶春坊共直年　춘방에서 우리 함께 입직한 것 회상하면
一宵佳會尙依然　하룻밤의 좋은 모임 아직도 여전하다.
悠悠聚散眞如夢　끊임없는 이합 집산 진정 꿈속 같으니
落落行藏欲問天　외로운 행장을 하늘에 묻고 싶어라.

每憶春坊共直年 一宵佳會尙依然 悠悠聚散眞如夢 落落行藏欲問天
玄晏半生唯宿疾 滕公今日卽新阡 世間脩短俱休說 語到才難涕却懸〈挽金輔德義元〉『象村稿』申欽

北里故居蓬翳逕　북쪽 마을 옛집 길 쑥대가 우거지고
南阡新壠草埋烟　남쪽 언덕 새 무덤 풀 안개에 묻히었네.
百年永訣無窮恨　백년에 영원한 이별 한이 끝없어
雪涕千行送去船　한없이 흐르는 눈물로 배를 보낸다.

每憶龍湖悵別筵 重來釜浦喜團圓 浮生擾擾終歸化 萬事紛紛一任天
北里故居蓬翳逕 南阡新壠草埋烟 百年永訣無窮恨 雪涕千行送去船〈挽宋副學舅氏〉『象村稿』申欽

傷心無復天涯面　세상끝에서도 다시 보지 못함 슬퍼서
掩淚空看篋裏書　눈물로 부질없이 상자속의 글을 읽네.
落落未伸男子氣　고고한 남자 기백 펴보지를 못하고
定隨牛斗上蒼墟　견우 직녀 따라서 창공으로 떠났구나.

淹淹元不羡曹蜍 骯髒風塵與俗踈 戎馬幾年肝膽盡 江湖晩歲笑談餘
傷心無復天涯面 掩淚空看篋裏書 落落未伸男子氣 定隨牛斗上蒼墟 〈挽林文化懽〉『象村稿』 申欽

去來皆幻何須恨 오고 감이 환상인데 무엇을 한탄하리
脩短雖殊竟有涯 수명 장단 다르지만 마침내는 끝이 있어
蕭瑟西風東廓路 떠나가는 동녁의 길 하늬바람 스산한데
夜臺那得寄相思 무덤 속엔 어떻게 그리운 정 전할까?

追隨諸從如兄弟 因識夫君拔俗姿 玄晏一生唯抱疾 顔回三十更無兒
去來皆幻何須恨 脩短雖殊竟有涯 蕭瑟西風東廓路 夜臺那得寄相思 〈挽朴免山東點〉『象村稿』 申欽

世緣已薄身如幻 세상 인연은 얇은데 내 몸은 환상같고
日飮無何酒滿樽 매일 마시니 어찌 술동이가 가득하랴?
往跡更兼新感集 옛 자취에 새로운 감회가 더하기에
江門西望自消魂 서쪽 강문 바라보며 넋을 잃었네.

曾從元帥芙蓉幕 喜見風流好弟昆 豈謂龍驪奄冥漠 便辭鵷鷺返丘園
世緣已薄身如幻 日飮無何酒滿樽 往跡更兼新感集 江門西望自消魂 〈挽權同知恂〉『象村稿』 申欽

世變豈能移素節 세상이 변해도 본심마저 변하리
時危猶得保全名 시절은 위태해도 성명(聲名)을 지켰다네.
游魂倘識洪陽路 떠도는 넋 행여나 홍양길을 안다면
應遣人間父子情 마땅히 인간세상 부자의 정 전하리라.

飆馭翛然返九京 新阡東望暮雲橫 兩朝耆舊驚淪沒 異日衣冠憶老成
世變豈能移素節 時危猶得保全名 游魂倘識洪陽路 應遣人間父子情 〈挽具贊成思孟〉『象村稿』 申欽

新阡已輟東園器 새 무덤엔 동쪽 기물 이미 거두었으니
綠野誰斟北海樽 녹야장에 어느 누가 북해준을 따를까?
惆悵庾公樓上月 유공루 밝은 달에 서글퍼지고

挽章을 살펴보는 모습(玄民 李鍾宣先生 儒林葬, 2008년 6월 14일, 충남 유구)
사진제공 : 雪峰 李東雨

현민 이종선선생 발인광경 - 사진제공 : 설봉 이동우

舊遊回首自消魂 예전 놀이 생각하며 절로 넋을 잃었네.

憶曾持檄赴轅門 虛左頻蒙語笑溫 斧鉞乍懸公望鬱 壇場重設大名存
新阡已輟東園器 綠野誰斟北海樽 惆悵庾公樓上月 舊遊回首自消魂 〈挽權元帥〉『象村稿』申欽

人間不得抽金櫃 세상에서 금궤의 글 짓지도 못했는데
天上旋催記玉樓 천상 옥루의 기문쓰길 재촉했나?
惆悵石城崗下麓 서글픈 석성산 아랫자락에
明珠藏處賁山邱 밝은 구슬같은 그대를 묻었다네.

文章自許馬班流 早歲騷壇擅鼓桴 位列正卿官品足 壽登耆社聖恩優
人間不得抽金櫃 天上旋催記玉樓 惆悵石城崗下麓 明珠藏處賁山邱
〈挽艮翁李判尹獻慶〉『順菴集』安鼎福

一朝倏忽仙驂遠 하루아침 갑자기 신선되어 떠나다니
不死踽涼淚眼辛 죽지 못한 외로운 몸 눈물만이 흐른다.
異敎喧豗今漸熾 이교가 시끄럽게 점점 극성하는데
正論闢廓更誰人 정론으로 물리칠 사람 누가 다시 있는가?

〈挽艮翁李判尹獻慶〉『順菴集』安鼎福

先生爵齒德俱尊 관작에다 나이에다 덕까지 갖춘 선생
人誦家傳儘法言 사람마다 집집마다 법언을 전했었지.
湖右諸儒承訓誨 호서의 선비들은 그 교훈을 다 받았고
海東吾道接淵源 우리나라 우리 도 그 연원을 이었구나.

先生爵齒德俱尊 人誦家傳儘法言 湖右諸儒承訓誨 海東吾道接淵源
天書徵畀銓衡地 野服歸居水石村 日下侍臣宣旨弔 禮賢恩數更便蕃 〈挽詞〉『愼獨齋全書』尹絳

林壑豈無天下志 산속이라도 어찌 천하의 뜻이 없으랴
朝廷但計目前功 조정에선 눈앞의 일만을 생각한다오.

一時暫出空爲兆　한때 잠시 출사한 것 부질없는 일이라
千載齊名石室翁　천재의 높은 명성 석실옹과 같다네.

三世儒宗道德崇 百年矜式國人同 須看詩禮趨庭日 要在曾思愼獨中
林壑豈無天下志 朝廷但計目前功 一時暫出空爲兆 千載齊名石室翁〈挽愼齋金先生〉『草廬集』李惟泰

進退行藏唯義歸　진퇴와 행장을 의리에만 맞췄기에
其來其去摠關時　오고 가는 그 모두가 시운이었지?
崇班八袠俱餘事　높은 벼슬 팔십 노령 모두 여사라
絶學如今更有誰　끊긴 학문 지금 또 누가 있는가?

〈挽詞〉『愼獨齋全書』尹履之

一老如何不憖遺　한 노인을 어찌 살려두지 않았을까
民生國事屬之誰　민생과 국사를 누구에게 맡기려고
斯文索莫將安放　사문(斯文)이 삭막하니 장차 편안해지려나.
衰病徒爲未死悲　노쇠해도 죽지 않은 내가 슬퍼진다네.

〈挽詞〉『愼獨齋全書』金堉

湖山迢遞幾消魂　호산이 멀어 얼마나 혼이 빠졌나
尺牘披來若晤言　편지를 뜯어보니 이야기를 하는 듯
知負素心長已矣　소심(素心)을 저버렸으니 끝이로다.
多慚白馬汝南奔　백마타고 바빴던 것 부끄러워라.

〈挽詞〉『愼獨齋全書』金堉

河南寂寞春風座　하남에서 적막하게 봄바람 부는 자리
泗上依俙杏樹陰　사수위 흐릿한 살구나무 그늘.
冥道秪今空擿埴　명도를 지금 부질없이 열면서

謾教哀涕洒衣襟　슬픔에 흐르는 눈물 옷깃을 적신다네.

登龍昔日奉書琴 丈席從容荷誨音 盛德謙沖心轉小 眞工純實老逾深
河南寂寞春風座 泗上依俙杏樹陰 冥道秖今空擿埴 謾教哀涕洒衣襟 〈挽詞〉『愼獨齋全書』閔維重

寒宵靜室聞言切　추운 밤 서재에서 귀 기울여 들었고
永日高齋說理精　긴긴 해 서재에서 논리가 정묘했지.
三紀秖今如昨日　삼십 년 된 지금도 어제와 같고
骨驚鬢變若爲情　놀란 골수 흰머리에 마음은 서글퍼라.

憶曾從事老先生 鯉對常兼蛾述程 婉色愉聲慚卜夏 德容和氣悅公明
寒宵靜室聞言切 永日高齋說理精 三紀秖今如昨日 骨驚鬢變若爲情 〈愼獨齋輓丙申〉『童土集』尹舜擧

軒裳夢斷風雲隔　헌상의 꿈을 끊고 풍운과 떨어져
丘壑身閒日月遲　자연에서 한가하니 세월도 더디다네.
石室黃山同一色　석실과 황산은 동일한 색이라
千秋留得大名垂　천추에 큰 이름을 남길 것이로다.

儒林三世老宗師 暫向淸朝作羽儀 晩節沈潛猶樂道 當年進退實關時
軒裳夢斷風雲隔 丘壑身閒日月遲 石室黃山同一色 千秋留得大名垂
〈挽愼獨齋先生〉『靜觀齋集』李端相

東韓近日瞻師席　동한에서 근래에 스승 자리 바라봄을
南宋當年仰考亭　남송 시절에 주자를 보듯 했다오.
從此儒林長寂寞　지금부터 유림은 길이 적막하리라.
杏壇風月獨淸明　행단의 바람과 달이 유독 맑고 밝구나.

老先生後我先生 斯道相傳在鯉庭 私淑有來尊靜退 正宗無替祖文成
東韓近日瞻師席 南宋當年仰考亭 從此儒林長寂寞 杏壇風月獨淸明
〈愼獨齋金先生挽章〉『市南集』兪棨

晩從函丈始摳衣　늦게서야 선생따라 옷을 여미니

道大還容薄劣姿　도가 커서 용렬한 것 포용하였지.
一語幸承君子敎　군자의 가르침 한마디 듣고서
多慙終作小人歸　소인이었던 것 많이 부끄러웠다네.

晩從函丈始摳衣 道大還容薄劣姿 一語幸承君子敎 多慙終作小人歸
晨歌七日違觀化 墓哭三年未報私 只有孤雲山下路 白頭殘涕不勝揮
〈愼獨齋金先生挽章〉『市南集』兪棨

晨歌七日違觀化　칠 일을 앓다가 세상을 뜨셨는데
墓哭三年未報私　묘에서 삼 년 동안 곡도 하지 못했으나
只有孤雲山下路　다만 고운산 아래 길이 있기에
白頭殘涕不勝揮　흰머리에 남은 눈물 하염없이 뿌린다오.

晩從函丈始摳衣 道大還容薄劣姿 一語幸承君子敎 多慙終作小人歸
晨歌七日違觀化 墓哭三年未報私 只有孤雲山下路 白頭殘涕不勝揮
〈愼獨齋金先生挽章〉『市南集』兪棨

三尊祗作傳家物　군사부 공경함은 가문의 전통인데
一老偏傷誄聖情　한 원로를 조문하며 임금도 슬퍼했네.
已矣斯文天欲喪　선비를 없애려고 하늘이 그러셨나
空敎吾黨淚縱橫　부질없이 눈물만 흐르게 한다.

石潭之後二先生 還似坡山兩世名 道學淵源誰復繼 君民志業古難成
三尊祗作傳家物 一老偏傷誄聖情 已矣斯文天欲喪 空敎吾黨淚縱橫
〈挽愼獨齋先生〉『魯西遺稿』尹宣擧

函丈幾年宣不學　선생에게 몇 년을 못 배웠는가?
奠楹疇昔賜何遲　제물을 드리는 것이 어찌 늦었나?
烏頭力去龍鍾在　젊은 시절 다 보내고 노쇠하여져
一闋哀歌萬古辭　한 가락 슬픈 노래에 만고의 이별이라.

少未知方晩自悲 行虧無賴得賢師 朱門始幸修程譜 李座終慚許孔兒

函丈幾年宣不學 奠楹疇昔賜何遲 烏頭力去龍鍾在 一闋哀歌萬古辭
〈挽愼獨齋先生〉『魯西遺稿』尹宣擧

淸儉在身讎亦服 청검(淸儉)하게 사시니 원수까지 감복하고
文章傳子古猶稀 자식에게 문장을 전함이 예부터 드물었네.
蓍龜定策三朝老 기획과 정책은 세 조정의 원로였고
柱石經邦四海知 주석과 국가경영 천하가 다 알았더라.

奎星析木屬休期 藉藉聲名七歲兒 淸儉在身讎亦服 文章傳子古猶稀
蓍龜定策三朝老 柱石經邦四海知 韋杜聯台今復見 人間五福聚於斯〈挽詞〉『鵝溪遺稿』李輅

方擬鹽梅重劑鼎 상감보좌하며 거듭 재상이 되었는데
忽聞榮落已隨煙 갑자기 영락하여 연기 따라 가버렸네.
昔年癡掾今霜鬢 옛날 치연이 이제는 백발이 되어
獨立銷腸涕淚漣 홀로 서서 서글픈 눈물만 흘리노라.

七歲聲名已卓然 三朝勳業照靑編 儀邦德宇推喬嶽 驚世文章認謫仙
方擬鹽梅重劑鼎 忽聞榮落已隨煙 昔年癡掾今霜鬢 獨立銷腸涕淚漣〈挽詞〉『鵝溪遺稿』鄭昌衍

筆下風雲皆造化 붓 아래 풍운이 이니 모두가 조화요
眼中蘭玉儘皐夔 눈 속에 자식들 모두가 고요와 기라네.
留形麟閣神歸嶽 기린각에 모습남고 산으론 신이 돌아가니
露洗秋空曉月悲 이슬내린 가을 하늘 새벽달이 슬프구나.

一老天胡不憖遺 居然邦國失蓍龜 三朝德望兒童誦 四海聲名草木知
筆下風雲皆造化 眼中蘭玉儘皐夔 留形麟閣神歸嶽 露洗秋空曉月悲〈挽詞〉『鵝溪遺稿』南以恭

詩拾老珠傾水府 시는 노주를 모아 수부를 기울였고
筆驅羣馬破蠻牋 필력은 군마몰아 만전을 답파했네.
南郊執紼偏忉怛 교외에서 상엿끈 잡고 크게 슬퍼함은

浮生擾擾終歸化 萬事紛紛一任天

부생(浮生)의 번잡함이 자연으로 돌아가니 세상만사 어지러움 하늘에 맡겼다네

\- 禮園 崔守延 書

天意元來定 人情浪自恫　傷心舊丈席 不復坐春風

하늘의 뜻 원래 정해져 있는 것을 사람들 외람되이 상심했었네

마음 아파라 옛날 계시던 자리 다시 봄바람 속에 앉을 수 없구나

\- 月軒 林奈泳 書

投跡東床自少年　젊어서부터 동상(東床)에서 함께 했음이라.

早向靑霄穩着鞭 一生氷蘗聳諸賢 鹽梅偉望三朝舊 鐘鼎奇勛萬古傳
詩拾老珠傾水府 筆驅羣馬破蠻牋 南郊執紼偏忉怛 投跡東床自少年 〈挽詞〉『鵝溪遺稿』安應亨

駒隙忽驚西山迫　빠른 세월에 놀라니 해는 서산에 지고
鴒原堪嘆此風寒　영원의 한숨에 바람이 차갑구나.
積哀成毁嗟何及　슬퍼하고 아파한들 무슨 소용이랴
萬事悠悠已盖棺　만사는 유원하고 이미 관에 들었으니.

高步鴻樞整佩冠 天資淳厚且能寬 庭闈奉母皆稱孝 尊俎邀賓每盡歡
駒隙忽驚西山迫 鴒原堪嘆此風寒 積哀成毁嗟何及 萬事悠悠已盖棺
〈都摠制金乙貴挽辭〉『陽村集』權近

日長深院花無主　긴긴 날 그윽한 집에 주인 없는 꽃
雨過空庭草自新　비 맞은 빈 뜰에 풀만 절로 새롭다.
未見兒孫扶櫬去　널잡고 가는 아손들을 보지 못하고
令人惆悵倍傷神　사람의 슬픈 마음을 더욱 아프게 하네.

少年風采映簪紳 罷相閑居閱幾春 醉夢不醒千日酒 浮名已作一朝塵
日長深院花無主 雨過空庭草自新 未見兒孫扶櫬去 令人惆悵倍傷神〈評理王興挽辭〉『陽村集』權近

久棹瀾波心不動　파란이 흔들어도 요동하지 않았고
再經榮辱德彌昌　영욕을 다시 겪어도 덕이 더욱 빛났다.
斯文莫歎天將喪　하늘이 선비를 없앤다 한탄을 마소
賢子賢孫尙在堂　어진 아들 어진 손자 집에 있으니.

自我先生翼典常 素王風振海東邦 朝衣屢拂三台列 仙桂曾分兩國香
久棹瀾波心不動 再經榮辱德彌昌 斯文莫歎天將喪 賢子賢孫尙在堂
〈韓山伯牧隱先生李文靖公挽辭〉『陽村集』權近

門連節鉞多賢子　가문에는 곧은 절개 어진 자손이 많고

堂滿簪紳有弟徒 집에는 고관이 가득 아우들이 모였네.
崇重老成開國日 노성한 사람 존숭하는 개국한 날에
却嗟無復獻嘉謨 다시 좋은 계책을 드릴 이가 없구나.

世傳經術是鴻儒 洒落襟懷貯月壺 烏府肅將三院紀 鳳池尊領百寮趨
門連節鉞多賢子 堂滿簪紳有弟徒 崇重老成開國日 却嗟無復獻嘉謨 〈判門下安宗源挽辭〉『陽村集』權近

高步鴻樞鬢未秋 원대한 이상 높은 벼슬 늙지는 않았고
牧民遺澤在諸州 백성에게 남긴 은택 여러 고을에 있네.
今朝忽聽玄堂閉 오늘 아침 갑자기 현당이 닫혔으니
隣笛聲中恨不休 이웃의 피리 소리에 한이 이어진다네.

〈林令公濕挽辭〉『陽村集』權近

寵拜鴻樞仍列爵 홍추로 제수되어 작(爵)의 서열 받더니만
俄成蝶夢已迷魂 이윽고 나비 꿈에 넋이 이미 희미해.
小生執紼偏多感 상엿줄 잡은 이 몸 유달리 감회 많아
曾附葭莩[56] 舊有恩 엷은 교분으로 받은 은혜 오래가누나.

玉樹初生冢宰門 于今尙有典刑存 蘋蘩奉祀孝思篤 棠棣敷華友愛敦
寵拜鴻樞仍列爵 俄成蝶夢已迷魂 小生執紼偏多感 曾附葭莩舊有恩 〈固城君挽辭〉『陽村集』權近

山川儲淑應時全 산천의 정기를 모으고 온전한 때에
生我先生豈偶然 우리 선생 나셨으니 어찌 우연이랴?
世晩不嫌修古道 세상 늦어도 옛도를 싫어하지 않으니
地偏誰禦作通賢 땅이 궁벽하나 통현(通賢)을 누가 막으랴.

山川儲淑應時全 生我先生豈偶然 世晩不嫌修古道 地偏誰禦作通賢
志由伊洛窮洙泗 業把經綸付簡篇 用舍行藏元有數 斯文興喪奈關天
〈寒岡鄭先生挽章〉『旅軒集』張顯光

56) 葭莩之親 : 아주 엷은 교분.

編簡謾教評宿德　서책에선 부질없이 쌓은 덕을 평하고
鄕閭無復奉淸歡　마을에선 다시 평소모습 볼 수 없다네.
鄙夫豈是雷同哭　못난 내가 어찌 남을 따라서 곡하리
爲忝當時子姪看　생전에 자질(子姪)처럼 보았기 때문이라.

五福於人備却難 公無一欠性情寬 靈椿拔地枝方旺 神劍衝星氣倏殘
編簡謾教評宿德 鄕閭無復奉淸歡 鄙夫豈是雷同哭 爲忝當時子姪看
〈挽崔判書善文〉『佔畢齋集』金宗直

相思天末三年夢　그리워서 천애에서 삼 년 동안 꿈꿨는데
何處山厓四尺墳　어느 곳 산언덕에 넉 자 무덤이런가?
逐臭江濱成舊迹　강변에서 냄새따라 옛 자취로 돌아가니
不堪臨挽淚紛紛　만사를 쓰면서도 한없이 흐르는 눈물…….

南州人士盛儒文 雅望如今輒數君 妙藝早能鳴璧沼 雄圖終屈步靑雲
相思天末三年夢 何處山厓四尺墳 逐臭江濱成舊迹 不堪臨挽淚紛紛〈房進士泰根挽〉『寒水齋集』權尙夏

山館蕭條往復來　쓸쓸한 산속 집을 왕래하며
雅懷唯肯向我開　맑은 가슴 오로지 나를 향해 열었지.
金華奕奕長相繼　아름다운 금빛 꽃이 길게 이어졌으나
玉樹亭亭也自摧　뛰어난 인재 고고해 저절로 부러졌네.

〈洪校理樂貞輓〉『與猶堂全書』丁若鏞

寒岡樹老書樓冷　추운 언덕 고목에 서루(書樓)는 쓸쓸한데
鏡水花殘舞榭平　맑은 물에 꽃지고 춤을 추던 정자 없어
鳧鳥分飛如昨日　오리 까치 날아오름은 어제와 같은데
獨歸華表淚沾纓　홀로 망주석으로 가니 눈물 흐른다.

英年邱壑抱遐情 晩歲彤墀射策榮 闢異如公眞衛道 飭躬爲己不求名
寒岡樹老書樓冷 鏡水花殘舞榭平 鳧鳥分飛如昨日 獨歸華表淚沾纓
〈輓李承旨景溟〉『與猶堂全書』丁若鏞

一醉眞堪換百年　한번 취함은 백년과 바꿀만하지
生何如死兩茫然　사나 죽으나 둘 다 아득하구나.
那將萬斛南湖水　어떻게 만곡이나 되는 호수를
盡與泉塗作酒泉　황천으로 가져다 주천을 만들어볼까.

〈黃裳之父仁聃輓詞〉『與猶堂全書』丁若鏞

纖草句萌魂浩渺　고운 풀은 싹 트는데 혼은 아득하고
圓墳象設事荒凉　둥근 무덤 만드니 일은 허전하더라.
承家孝友風諸族　대를 이은 효우(孝友)는 가족에게 교훈되니
警世聲名樹一鄕　세속을 경계한 성명(聲名) 고을에 우뚝하다.

戊年寅月日之剛 葬我宗人德岸陽 纖草句萌魂浩渺 圓墳象設事荒凉
承家孝友風諸族 警世聲名樹一鄕 小姪於今安所仰 靑山大哭久徊徨

〈代人族叔輓〉『靑莊館全書』李德懋

君吾幷降甲辰年　그대와 나 갑진년에 함께 태어나
同志同僚伯仲然　뜻도 벼슬도 같아 형제처럼 지냈더라.
事事平生無不似　평생에 같지 아니한 일 없었는데
獨憐今日送歸先　가련하게 오늘은 먼저 떠나는구나.

〈代人輓〉『靑莊館全書』李德懋

兒殤舊日痛難支　예전에 아들 잃은 슬픔 견디지 못해
放酒傷生却恨誰　술로써 몸 상했으니 누굴 원망할건가?
試聽尊爺晨夕哭　그대의 아버지 조석으로 우는 소리
一般父子斷腸悲　보통 부자간의 애끊는 슬픔이라.

〈代人輓〉『靑莊館全書』李德懋

佳節名辰奈爾何　좋은 명절이나 그대를 어찌할거나

零星舊友只悲歌 쓸쓸한 옛 친구들 슬픈 노래뿐이라.
長隨趙李諸君逝 조군 이군을 따라 영영 가버렸으니
地上朋稀地下多 지상에는 친구없고 지하에만 많더라.

〈代人輓〉『靑莊館全書』李德懋

旬月相離遽至斯 헤어진 지 얼마간에 이렇게 되었으니
森森顔髮事堪疑 삼삼한 모습 사실인가 의심한다네.
州人雨泣孤舟訣 사람들 고주(孤舟)와의 작별에 눈물 흘리니
波咽高江櫓響悲 강물도 목이 메고 노젓는 소리 서글퍼라.

〈代人輓友人〉『靑莊館全書』李德懋

多折花枝春送酒 꽃가지 많이 꺾어 술로 봄을 보냈고
幾挑燈火夜彈棋 심지를 돋아가며 밤에 바둑 두었지.
相逢白首重論舊 늙어서 서로 만나 옛 이야기 했지만
此別黃泉未有期 황천으로 이별하니 기약할 길 없구나.

存亡追憶少年時 四十秋來海鶴悲 多折花枝春送酒 幾挑燈火夜彈棋
相逢白首重論舊 此別黃泉未有期 只賴滿庭蘭玉在 金貂無復映龍墀 〈挽宗室德林君〉『企齋集』申光漢

少日交遊多宿草 젊은 날에 교류는 오래 묵은 풀과 같고
暮年懷抱倍傷神 늙은 나이에 마음은 몇 배나 아파지네.
今朝忍淚題君挽 눈물을 참아가며 만사를 지으니
把酒論文跡已陳 술 마시고 글을 논함 예전의 자취로다.

七尺堂堂兩鬢新 翶翔雲路不逡巡 三灘詩筆應無適 一代風流更有人
少日交遊多宿草 暮年懷抱倍傷神 今朝忍淚題君挽 把酒論文跡已陳 〈李參判壽童挽〉『陽谷集』蘇世讓

鵷鷺[57] 班中無此友 백관중에 이러한 벗이 없으나
鶺鴒原上有餘哀 할미새 언덕위에 남은 슬픔 있구나.

南陔香草猶春色　남쪽 언덕에 향풀은 오히려 봄빛인데
回首西山日欲頹　고개를 돌리니 서산에 해가 진다오.

樽酒相逢屢覆杯 溫溫風範幾時陪 方期列棘儀朝著 誰料淸輝落夜臺
鵷鷺班中無此友 鶺鴒原上有餘哀 南陔香草猶春色 回首西山日欲頹〈挽南參判 正卿〉『漁村集』沈彦光

日暮燕山魂杳杳　해는 연산에 저물어 혼은 어둡고
風悲鴨水路依依　바람은 슬피 불고 길은 희미하구나.
西郊歌管分携地　서쪽 교외 노래하다 헤어진 곳에서
陳迹悠悠淚濕衣　묵은 자취 생각나 눈물로 옷을 적시네.

竣事天墀禮不違 輶車遙日薊門歸 平生儒術多經略 末世功名半是非
日暮燕山魂杳杳 風悲鴨水路依依 西郊歌管分携地 陳迹悠悠淚濕衣〈挽李同知誠彦〉『漁村集』沈彦光

杯樽款款煙橫野　술잔을 나누는데 안개가 들을 지나고
談笑依依月上峯　담소는 여전한데 봉우리에 달이 뜬다.
此會杳茫今已矣　이모임 아득하여 지금 마치니
憶君何處更相逢　그대가 생각나도 어디서 다시 만나랴.

十年遊宦困塵籠 三徑歸來鬢半鬆 里閈蕭然諸老盡 江山依舊與君同
杯樽款款煙橫野 談笑依依月上峯 此會杳茫今已矣 憶君何處更相逢〈挽許同知確〉『漁村集』沈彦光

禍福冥冥天莫詰　화복이 아득하나 하늘에 물을 수 없고
幽明慘慘怨空深　유명(幽明)이 걱정되니 원망만이 깊어라.
平生契約終難遂　평생의 계약을 이루기 어려우니
永訣今朝涕滿襟　영결하는 오늘 아침 눈물만이 흐르네.

獨把瑤琴少解音 感君相訪到雲林 慇懃禪榻一宵夢 冷淡黌齋十載心
禍福冥冥天莫詰 幽明慘慘怨空深 平生契約終難遂 永訣今朝涕滿襟
〈挽南進士世豪南爲賊所戕 悶而挽之〉『晦齋集』李彦迪

57) 鵷鷺 : 원추새와 백로. 이 두 새의 의용(儀容)이 한아(閒雅)하여 조정에 늘어선 백관의 질서정연함을 이름.

哭君兄弟最傷悲　곡하는 그대의 형제 가장 슬프겠지만
千里山鄕相識稀　천리의 산천은 서로 알기 어려워라.
我亦齒衰身又病　나 또한 쇠약하고 몸이 병들었으니
寄形斯世幾多時　세상에 형체를 맡길 날 얼마 되려나.

慟哭藏舟夜壑移 災兼禍作困妻兒 長眠泉下渾忘事 騰口人間謾是非
哭君兄弟最傷悲 千里山鄕相識稀 我亦齒衰身又病 寄形斯世幾多時 〈挽詞〉『大谷集』成運

纔分彼此腸堪斷　서로가 헤어짐도 애끊는 듯한데
矧隔幽明痛可禁　유명으로 갈린 아픔 금할 수 있나.
遙想佳城知幾里　묘지가 몇 리일까 짐작해보니
百年無復月中斟　앞으론 달 아래서 술 마시지 못하리.

柴門相對日相尋 只隔門前柳一陰 君昔南中離我恨 我今泉下哭君心
纔分彼此腸堪斷 矧隔幽明痛可禁 遙想佳城知幾里 百年無復月中斟 〈又挽〉『長吟亭遺稿』羅湜

耳裏更無聞直諒　귀로는 다시 바른 말 듣지 못하고
眼中誰復見儀刑　눈으로 누가 다시 그 의용을 보랴?
白頭後死眞無賴　백두(白頭)에 나만 살아 뉘와 함께할까나
哭向南雲不盡情　남운(南雲) 향해 곡을 하나 마음 더욱 아파라.

淸顯班躋位亞卿 名都出典政還淸 書來纔喜重相面 凶報那知便隔生
耳裏更無聞直諒 眼中誰復見儀刑 白頭後死眞無賴 哭向南雲不盡情 〈挽權同知應挺〉『東皐遺稿』李浚慶

風彩凝嚴望若神　풍채가 엄격하여 바라보면 신(神) 같으나
中存莊敬外和仁　속으론 웅대(雄大)했고 밖으론 인화(仁和)했네.
百年事業承洙泗[58]　백년의 사업은 공자의 학풍을 이었고
一代聲名動搢紳　일대의 명성은 관리들을 움직였네.

風彩凝嚴望若神 中存莊敬外和仁 百年事業承洙泗 一代聲名動搢紳

---

58) 洙泗 : 수수(洙水)와 사수(泗水). 공자의 고향. 공자의 학풍.

致世唐虞終邈邈 誨人規範祗循循 士林無祿蓍龜死 殄瘁詩吟淚滿巾 〈挽詞李俊民〉『一齋集』李恒

君乎今日胡爲逝 그대여 오늘 어찌 떠나가는가?
理固茫茫不可知 근거가 아득하여 알 수가 없네.
天若有知天亦忍 하늘이 알았다면 아쉬웠을 것이요
鬼如知也鬼應癡 귀신이 알았다면 우둔했던 것이라.

君乎今日胡爲逝 理固茫茫不可知 天若有知天亦忍 鬼如知也鬼應癡
悶看堂上期頤老 食孰嘗之病孰醫 晝夜遑遑永不得 呼天願死死何遲 〈挽邢公溧〉『葛川集』林薰

守拙田園足養生 고졸(古拙)하게 살아가니 양생(養生)할 수 있었고
林泉風味亦堪榮 자연에서 사는 멋도 또한 즐겁네.
盈庭蘭玉將能業 정원에 가득한 난옥(蘭玉)은 일을 할 만하고
傳世詩書自滿籯 세상에 전한 시서(詩書) 상자에 가득하더라.

守拙田園足養生 林泉風味亦堪榮 盈庭蘭玉將能業 傳世詩書自滿籯
十載讀書雖負望 兩家遺緖可扶傾 如何稟壽慳知命 滿室遺骸棄忽輕 〈挽金公順錫〉『葛川集』林薰

無兒承業魂無托 후사가 없어서 혼을 맡길 수 없으나
有善傳人德有隣 사람에게 선을 전했으니 덕이 남았네.
八十享年還是福 팔십을 살았으니 이것이 복이로다
窮通何足寄悲辛 궁하고 통함을 어찌 괴로움으로 말할 것인가.

早年才學志經綸 蹭蹬乖離竟未伸 畎畝藏身初不意 林泉空老亦非眞
無兒承業魂無托 有善傳人德有隣 八十享年還是福 窮通何足寄悲辛 〈挽李訓導仁裕〉『葛川集』林薰

八十光陰未足仁 팔십년 세월도 만족하진 않지만
山居不愧往來人 산에 살며 왕래하는 이들 반겨주었지.
疏中筆法消肝膽 소(疏)에서의 필법은 간담을 녹였고

經上工程見道眞　경(經)에서는 진정한 도를 보여주었네.

八十光陰未足仁 山居不愧往來人 疏中筆法消肝膽 經上工程見道眞
心結孝思門兩立 鬢輝天渥玉雙新 病眸剩有無從血 空洒淋淋葛水春〈挽詞河覺齋沆〉『葛川集』林薰

聞說南州又失公　남쪽 고을에서 또 공을 잃었다 하니
頭流萬壑一時空　두류산 골짜기가 일시에 공허해지네.
天心不悔斯文禍　하늘은 선비의 재화를 뉘우치지 않지만
士林長悲此道窮　사림(士林)에선 도가 궁함을 슬퍼하리라.

聞說南州又失公 頭流萬壑一時空 天心不悔斯文禍 士林長悲此道窮
山海秪今留夜月 雷龍無復襲春風 身縻千里難奔走 白首緘辭愧素衷〈挽章裵三益〉『南冥集』曺植

傾心遐邇望經綸　원근에서 진심으로 경륜을 앙망했고
況値君王眷注新　군왕을 만나도 새로움을 돌아보았지.
身退共嫌輕去國　모두가 가벼이 떠남을 아쉬워했는데
訃來方信久傷眞　부음(訃音)에 오래도록 아팠음을 알겠네.

傾心遐邇望經綸 況値君王眷注新 身退共嫌輕去國 訃來方信久傷眞
圖成聖學期匡主 跡斂陶山肯混塵 抆淚欲知情幾許 交遊四十四回春〈李退溪挽浣〉『忍齋集』洪暹

榮辱何殊風雨過　영욕(榮辱)은 오가는 풍우(風雨)와 어찌 다르랴
勳名未泯鼎彝新　공명(功名)은 멸하지 않아 정이(鼎彝)에 새롭구나.
奠楹夢罷人安放　전영에서 꿈이 깨니 사람은 평안하고
不復儀形聳搢紳　관리중에 뛰어난 의범 다시 볼 수 없다네.

天爲興王賚碩臣 崇班突兀見長身 休休有量齊先哲 蹇蹇無私見古人
榮辱何殊風雨過 勳名未泯鼎彝新 奠楹夢罷人安放 不復儀形聳搢紳〈金右相挽克成〉『忍齋集』洪暹

緩步雲程期望遠　구름 속을 천천히 걸어 멀리 바라보니
懶開賓閤死生分　저승문이 열리면서 사생이 갈리더라.

醉夢不醒千日酒 浮名已作一朝塵
취한 꿈은 천일주에 깨지 않았고 헛된 이름 하루아침 티끌이로다

- 平崗 李承吉 書

天上風雲斷 山中歲月遷 師資遽淪沒 志士更潸然
천상(天上)에 풍운(風雲)이 끊어졌고 산중에도 세월이 흘러갔었지
스승의 위용이 갑자기 사라졌으니 뜻있는 선비는 다시 눈물 흘리네

- 耕山 韓承奎 書

城西悽斷山陽篴　성곽 서쪽 석양의 처량한 피리소리
淚洒東風不忍聞　동풍에 눈물 흘리며 차마듣지 못하네.

操履端方少似君 幾年交契挹淸芬 靑綾地禁論思彦 白筆才高諫諍文
緩步雲程期望遠 懶開賓閤死生分 城西悽斷山陽篴 淚洒東風不忍聞〈韓士仰挽科〉『忍齋集』洪暹

臨流不覺淚霑巾　물가에 서서 눈물이 흐름을 알지 못하고
惆悵空亭欲斷魂　빈 정자에서 슬퍼하며 넋을 잃었네.
逕草庭花自無主　길가에 풀 정원의 꽃은 주인없지만
一春消息又黃昏　봄소식 전하는데 다시 황혼이로다.

〈挽李上舍〉『河西全集』金麟厚

天喪斯文奪我賢　하늘이 선비 없애려 현인을 빼앗으니
大東吾道竟誰傳　대동에서 우리 도를 누가 전할까?
高山德業留千世　고산 덕업은 천대에 남겠으나
星斗音容隔九泉　별과 같은 목소리 구천에 갈렸더라.

天喪斯文奪我賢 大東吾道竟誰傳 高山德業留千世 星斗音容隔九泉
進退隨宜同廣受 沈潛好學慕曾淵 芝蘭總是騶虞子 餘慶應知瓜瓞綿〈挽縣監林樞〉『龜巖集』李楨

秋深庭草凄凉裏　가을 깊은 정원의 풀은 처량도 한데
月冷窓梧寂寞中　적막한 창앞에 달이 차갑네.
教育鴻恩終未報　가르친 큰 은혜 보답받지 못하고
含哀何日拜玄宮　슬픔을 삼키며 언제나 현궁을 뵈랴.

彼蒼不憖吾先覺 已矣斯文喪海東 朝野共傷摧柱石 儒林咸慟失師宗
秋深庭草凄凉裏 月冷窓梧寂寞中 教育鴻恩終未報 含哀何日拜玄宮〈挽門生鄭思翊〉『龜巖集』李楨

字體淸新法右軍　자체가 청신하여 왕희지를 본받았고
八分飛白更能聞　팔분 비백은 얼마나 소문났을까

荒山何處埋聲價　황산 어느 곳에 그의 명성 묻으랴
早晩鷄茅宿草墳　조석으로 어제 난 풀을 뽑아준다네.

〈鄭靈山挽癸丑〉『游軒集』丁熿

虹貫中天處士星　무지개는 중천의 처사성을 꿰뚫고
孤雲一鶴去冥冥　구름 속에 학 하나 아득하게 날아가네.
百齡人事休煩說　백 세 인간사를 번잡하게 말하지 마라
滿目風塵戰血腥　눈 가득한 풍진에 전쟁의 피비린내.

〈峒隱李公義健挽〉『鶴谷集』洪瑞鳳

最愛壺山一味眞　한결같이 진정으로 호산을 가장 좋아해
世間交態白頭新　세간의 교태에 백두가 새롭다네.
如何長德無遐壽　어떻게 덕은 많은데 단명할 줄이야
誰叫天關訟惡神　누가 하늘에 묻고 악신과 쟁송하려나?

〈宋參議克訒挽〉『鶴谷集』洪瑞鳳

醒醉同來五十春　오십 인생 함께하며 취하고 깨어났지
君家兄弟摠天眞　그대의 형제는 모두가 천진스럽고
酒壚詩社皆零落　주막 시사는 모두가 떠났는데
無賴人間一老身　인간세상 한 늙은이 의지할 곳 없구나.

〈李僉知安訒挽〉『鶴谷集』洪瑞鳳

嶠南人物日凋殘　교남의 인물은 날로 시드는데
此送丹旌出漢關　붉은 영정 전송하며 한관을 나섰다네.
中表情親兼意氣　안팎으로 정과 의기를 겸했으니
雪風吹淚滿衣斑　눈보라에 흐르는 눈물 옷에 얼룩진다.

〈金司藝知復挽〉『鶴谷集』洪瑞鳳

每一相逢意豁然　매번 서로 만나면 뜻이 통했고
時添豪興酒杯牽　때때로 흥이 동하면 술잔을 기울였지.
明徵福善今冥昧　선(善)에 복(福)이 분명하나 지금은 모르겠네.
脩短無因問上天　수명장단을 하늘에 묻지 못하누나.

〈李領府事聖求挽〉『鶴谷集』洪瑞鳳

姻婭非關情昵昵　혼인하진 않았으나 정은 끈끈했고
直緣臭味更須親　취미로 인연하여 더욱 친했었더라.
相逢一笑無他語　만나면 웃을 뿐 다른 말이 없었지만
三十年來此意眞　삼십년 동안 이런 마음 진실했다오.

〈李鳳山挽〉『鶴谷集』洪瑞鳳

三朝翼亮鐵心堅　철석같은 신조로 삼조(三朝)를 보좌했고
富貴功名四十年　사십년 오랜 세월 부귀공명 누렸지.
鳳閣早腰丞相印　봉각(鳳閣)에서 일찍이 승상이 되었으니
鼇山[59] 兼領史臣權 선계에서도 영상의 권좌 겸하리라.

〈奇平章挽詞翰林奏呈〉『東國李相國集』李奎報

姮娥相待廣寒殿　항아는 광한전을 서로 대하고
居士獨歸兜率天　거사는 도솔천으로 홀로 갔으니
他日東山華屋過　다른 날 동산의 화옥(華屋)을 지날 때면
空瞻黃鶴白雲邊　공연히 구름 가에 황학을 바라보리라.

平生德爵已雙全 壽比汾陽更一年 將謂坐忘非示病 豈知尸解卽逃禪

59) 鼇山 : 큰 바다자라가 등에 지고 있다는 해중의 산. 선인(仙人)이 산다고 한다.

姮娥相待廣寒殿 居士獨歸兜率天 他日東山華屋過 空瞻黃鶴白雲邊

〈菊齋權文正公挽詞〉『益齋亂稿』李齊賢

兩人同甲又同心　둘은 동갑이고 또한 마음도 같아서
滄海雖深意更深　바다 비록 깊어도 뜻은 더욱 깊었네.
豈謂春風桃李日　어찌 봄바람에 꽃피는 날 말하랴
未成轟醉忽分衿　취해보지 못했는데 홀연 이별이라니.

〈益城府院君挽章〉『及菴詩集』閔思平

華堂歌吹哀榮足　화당(華堂)에선 애영을 노래하지만
何事人人斷寸腸　어떤 일로 사람마다 애간장을 끊는지.
只有一條堪恨處　다만 한가지 한스러운 것은
九旬慈母在萱堂　구순의 어머니가 훤당에 계심이라.

〈益城府院君挽章〉『及菴詩集』閔思平

佛法東方久顯行　불법이 동방에 오래 행해졌으나
先生奮起接周程　선생이 분연히 일어 주자학을 접하셨네.
喟然引聖排邪說　위연이 성인을 이끌어 사설을 물리쳤고
卓爾知天著踐形　높은 하늘 뜻 알아 천형을 드러냈네.

〈挽辭桐軒尹紹宗〉『淡庵逸集』白文寶

貞肅諸孫幾箇存　정숙한 여러 자손 몇인가
當時風彩照中原　당시 풍채가 중원을 비췄네.
白頭又挽城南路　흰머리 다시 성남로에 이끌리고
曉色蒼涼兩眼昏　맑은 새벽에 두 눈이 어둡구나.

〈趙思謙挽詞〉『牧隱藁』李穡

學士將軍勢絶倫　선비와 무장의 형세가 빼어난데
謝篇韓鉞兩兼身　사조의 글과 한신의 창을 겸했네.
南門丹旐風吹急　남문에 단기 바람에 펄럭이니
又是英才減一人　또 영재 한 분 떠나셨구나.

〈月城君思道挽詞〉『牧隱藁』李穡

壽夭窮通有彼蒼　짧은 수명 다하여 저 하늘에 계시고
由來隴蜀滿中腸　농촉의 유래가 흉중에 가득하다.
年過六十官供葬　육십 넘겨 관청장례 치루니
得似先生也不妨　선생이 싫어하진 않으실 듯.

〈月城君思道挽詞〉『牧隱藁』李穡

木有深根水有源　나무뿌리 깊고 물 근원 있으니
已知潛德樹淸門　이미 깊은 덕 청문 세움 알겠네.
稀年又是幾中壽　고희의 수를 누리셨고
更把功名付外孫　또 외손도 공명을 이루셨지.

〈林四宰岳父挽詞〉『牧隱藁』李穡

結社同游未一年　모임에 같이 어울린 지 일 년도 안 돼
挽歌相送柰何天　만가를 보내니 하늘이여 어찌합니까?
從今每過南山路　지금 남산로를 매번 지나며
廻望朱扉輒悵然　문득 창연히 붉은 문 바라보네.

〈昌山君挽詞成士達〉『圓齋稿』鄭樞

衣冠世冑法中王　대대로 벼슬하니 법중왕이요
物望重爲內願堂　물망을 내원당은 중히 하셨네.

濁世紛紛非所屑　분분한 탁세에 자잘하지 않았는데
未登壽城示無常　장수를 못하셨으니 인생무상이로다.

〈覺雲內願堂挽詞〉『柳巷詩集』韓脩

鑑湖秋水倍澄清　가을물 거울같이 곱절이나 맑고
夜夜湖山月正明　밤마다 호산에 달 밝으니
疑是先生舊顏色　혹시 선생의 옛 안색이 아닐런지
臨流對月獨傷情　물과 달을 대하고 홀로 마음 상하네.

〈挽權寧海〉『三峯集』鄭道傳

落花流水亦堪悲　낙화유수 역시 슬픔을 견디는데
何況浮生事未期　어찌 부생의 일을 기약 못하나?
昔日交游多不幸　지난날 교유에 불행한 일 많았고
傷心又賦哭君詩　상심하며 다시 그대의 만사를 짓노라.

〈宋岡摠郎挽章〉『惕若齋學吟集』金九容

百歲光陰一夢中　백세의 세월은 한 꿈속이고
悲歡榮辱摠成空　비환 영욕도 모두 헛된 이름이라.
兩男祿厚兒孫盛　두 아들 녹봉후하고 아손 성하니
畢竟還應不死同　마침내 도리어 살아있음이라.

〈柳之隰判書挽章〉『惕若齋學吟集』金九容

卜宅驪江二十秋　여주에서 살았던 이십 년 세월
相從只尺棹扁舟　편주로 오가며 지척에서 따랐다네.
金風又欲還歸去　가을바람에 다시금 돌아가려니
怊悵無人共倚樓　함께 했던 누각에 사람이 없네.

〈柳之隰判書挽章〉『惕若齋學吟集』 金九容

中外賢勞入省堂　중외(中外)로 현명하고 힘쓰셨으니
男兒事業可傳芳　남아의 사업에 방명을 전하리라.
風流談笑人皆美　풍류나 담소나 모두 아름답지만
遺恨家無幹蠱郎　집안에 후사 없음 한스럽다네.

〈成宰相挽章元揆〉『惕若齋學吟集』 金九容

書狀江南作從官　강남 종사관으로 사령장 받고
奉天門下覲天顔　천문 아래서 천안을 뵈었지.
往來水陸幾千里　수륙을 왕래하길 몇 천 리던가
每向尊前說險艱　매번 존전을 향해 험난함을 말하셨네.

〈成宰相挽章元揆〉『惕若齋學吟集』 金九容

病中折簡有嘉招　병중에 절간으로 가초가 있었으나
我亦傷風臥寂寥　나 또한 상풍으로 적료이 누웠을 제.
忽聽訃音空洒淚　홀연 부음을 듣고 눈물만 뿌리나니
此生何處見高標　소생이 어느 곳에서 고표를 뵈올는지.

〈成宰相挽章元揆〉『惕若齋學吟集』 金九容

昔日分符理故鄕　지난날 분부받고 고향을 다스리시니
政淸無事富農桑　정사는 맑고 무사하여 농상은 넉넉하네.
只今豈獨多遺愛　지금 일찍이 남기신 사랑 많아
老老恩深未敢忘　노인대접 깊은 은혜 감히 잊지 못한다오.

〈林右使挽章成味〉『惕若齋學吟集』 金九容

積善皆云報不違 적선은 다 갚음을 거스르지 않고
文忠事業世幾希 문충의 사업은 세상에 드문데
胡爲造物無情極 어찌 조물주 무정하다 하여
又使遺孀失所依 미망인으로 하여 기댈 바 잃게 하셨나.

〈河都摠制久挽詞〉『獨谷集』成石璘

三節家聲動北廷 삼절가성은 북정을 울렸어도
豈知身世似雲萍 신세가 어찌 부평초 같을 줄 알리?
東方幸遇求賢日 나라가 요행히 어진 이를 구하나
白帽何曾效管寧 흰 두건 어찌 일찍이 관령을 본받으랴?

〈偰判書眉壽挽詞〉『獨谷集』成石璘

壽考康強樂大平 건강하게 수하며 태평을 즐기시고
眼前兒子早成名 눈앞의 자식들은 일찍부터 이름났네.
高車駟馬終何用 훌륭한 수레는 끝내 어디에 쓰려나
憂患尋常誤一生 우환은 늘상 일생을 그르치누나.

〈孔俯摠制父挽詞〉『獨谷集』成石璘

早年敭歷到天官 어려서 발탁되어 천관에 이르렀는데
今日槐安夢已闌 금일 남가일몽이 이미 깨니
曉出都門霜滿野 도성문 나선 새벽들에 서리 가득한데
怯風吹盡斷雲寒 두려운 바람 그치고 조각구름 차갑구나.

〈全判書挽辭敬先〉『陽村集』權近

獨坐峩峩整豸冠 늠름히 홀로 앉아 치관 바로 하니
當時風烈振朝端 당시 풍열을 조단에 떨쳤네.

可憐舊栢空蕭瑟　가련타 잣나무고목 소슬한데
日暮烏飛天正寒　해질녘 까마귀 날고 하늘은 차다.

〈全判書挽辭敬先〉『陽村集』權近

謹愼持身早有譽　몸가짐 삼가고 일찍 명예 얻으니
功名畢竟揔成虛　공명은 필경 성취함을 드날림이라.
兵曹舊日同僚客　옛 병조의 동료였는데
執紼今朝淚滿裾　상여 잡은 오늘아침 옷깃에 눈물 가득.

〈全判書挽辭敬先〉『陽村集』權近

高步鴻樞鬢未秋　크신 몸 높은 걸음 귀밑머리 검으시고
牧民遺澤在諸州　백성에 남긴 은택 온 고을에 있는데
今朝忽聽玄堂閉　오늘 홀연 부음을 들으니
隣笛聲中恨不休　이웃의 피리소리에 한이 그치질 않네.

〈林令公濕挽詞〉『陽村集』權近

玉壺氷雪暎塵襟　깨끗한 성품으로 속인들 비추시더니
一夕仙遊竟莫尋　하루저녁 선계로 가니 찾을 길 없네.
握手笑談曾幾日　손잡고 담소함이 며칠이나 되던가
側身南望倍傷心　공손히 남쪽 보니 상심하는 마음 갑절이네.

〈卓四宰愼挽〉『春亭集』卞季良

始終常理不須驚　시종의 떳떳한 이치에 놀라지 않나니
深歎莊生見道精　장자에 감탄하며 도의 정묘함 본다네.
臃決公今寧有怪　부스럼 씻은 공이 어찌 괴이하리오
情鍾我輩自呑聲　우리들은 마음으로 아쉬움 삼킨다.

〈卓四宰愼挽〉『春亭集』卞季良

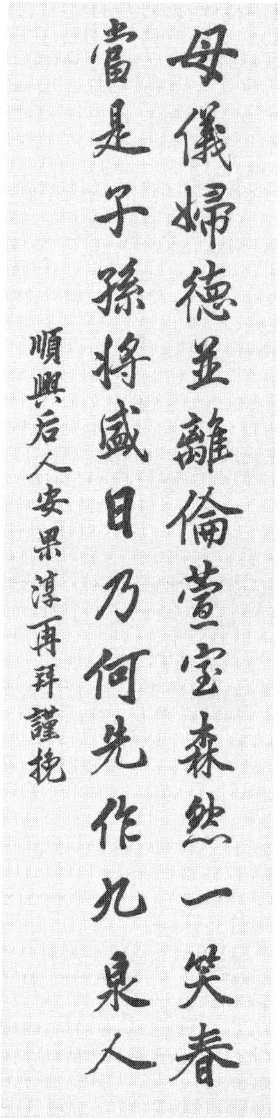

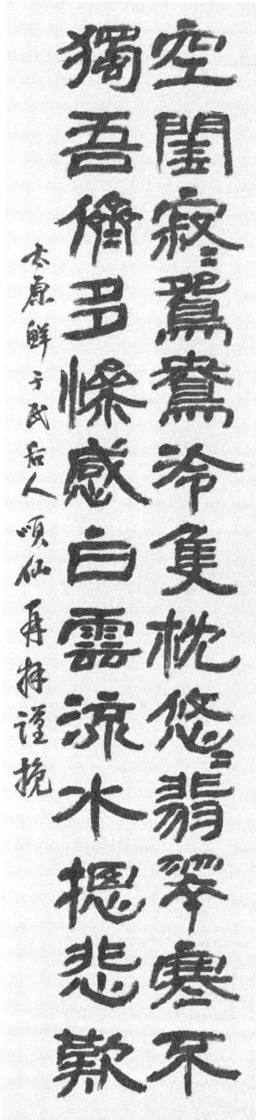

母儀婦德並離倫 萱室森然一笑春 當是子孫將盛日 乃何先作九泉人
모의와 부인 덕으로 아우르시니 모친 방엔 한 가득 웃음꽃이 피었더라
마땅히 자손들 왕성할 텐데 어찌 먼저 저승사람 되시었는가
- 杏村 安果淳 書

空閨寂寂鴛鴦冷 隻枕悠悠翡翠寒 不獨吾儕多慘感 白雲流水摠悲歎
텅 빈 규문 적적하고 원앙금침 차가운데 베개 하나 한가롭고 비취병풍 싸늘하다
우리들만 슬퍼하는 것이 아니라 흰 구름 흐르는 물도 모두가 슬퍼하누나
- 深田 鮮于順仙 書

好人於子有誰加　자식에 잘하길 누가 더 할까
謂享明時福祿多　좋은 시절 복록도 많이 누렸네.
彈指忽然中絶命　짧은 삶 홀연히 떠나시니
嗚呼命也竟如何　아, 명이러니 어찌 하오리.

〈尹代言須挽章〉『春亭集』卞季良

清似氷壺懸素秋　맑기는 빙호같이 소추에 걸려있고
溫如玉瓚映黃流　옥잔같이 온화하여 황혼에 비추시네.
一朝乘化誰能止　하루아침 승화라니 누가 능히 말리며
西望題詩恨未休　서쪽 보며 시를 쓰나 한은 그지없더라.

〈挽朴完山〉『春亭集』卞季良

天佑東方降大才　하늘은 동방 도와 큰 재목 내리시니
斯文山斗望巍巍　유학의 태산북두 높이 우러르네.
勳高麟閣千年畫　높은 공 기린각에 천 년을 모셔지고
名動龍墀三榜魁　대궐에 이름 오르니 삼방의 으뜸이라.

精鍾光嶽出塵標　忠義謨猷佐六朝　落落聲名三榜首　巍巍勳業一時超
鸞臺鳳閣文章老　柏府薇垣氣槩昭　雙璧承家爲國寶　綿綿餘慶衍宗祧
天佑東方降大才　斯文山斗望巍巍　勳高麟閣千年畫　名動龍墀三榜魁
函丈鳶魚言下動　滿城桃李手中開　寂寥池館風流盡　獨立蒼茫不勝哀〈挽詞洪敬孫〉『樗軒集』李石亨

浮生脩短固難期　부생의 수명장단 기약하기 어렵고
翻覆從來天所爲　번복 왕래함은 하늘이 하는 일이라.
寂寞九原無處弔　적막한 구원에 조상할 곳 없으니
城南極目嶺雲飛　성남 아득한 고개엔 구름이 나네.

〈挽權承旨自恭歸葬安東〉『保閑齋集』申叔舟

丹旐漂渺嶺南原　만장은 고개 남쪽 언덕에 가물거리고
薤露哀歌聒耳喧　상엿소리 애달피 귀에 들린다.
一去舊山春欲盡　한번 간 옛 산에 봄은 저물려하고
悲風吹動北堂萱　북당 훤초에 슬픈 바람이 부네.

〈挽權承旨自恭歸葬安東〉『保閑齋集』申叔舟

十載鑾坡逐衆賢　십 년 세월 난파에 여러 어진이들 따르고
當時意氣獨忘年　당시의 의기에 홀로 나이 잊었다.
如今回首俱塵迹　머리를 돌리니 모두 티끌세상인데
但見丹旐拂曉煙　다만 만장이 새벽안개에 펄럭이누나.

〈挽李廣城克堪〉『保閑齋集』申叔舟

鑾坡十載邦餘芳　난파 십 년 세월 나라에 향기남고
歲月悠悠事渺茫　세월은 유유하고 일은 아득하다.
歷歷敬宗遺約在　역력한 공경으로 약속을 남기시니
春風哀思正荒涼　춘풍에 애달픈 생각 황량하기만 하네.

〈挽金提學新民〉『保閑齋集』申叔舟

天生神聖闡雍熙　천생이 신성하여 밝게 화흡하시고
堯舜相傳屬有爲　요순을 전하심에 뜻을 두셨네.
盛德不應隨世沒　성덕에 응함없이 승하하시나
至今三代守成規　지금 삼대 걸쳐서 법규를 지켰다오.

〈英廟遷陵挽詞〉『保閑齋集』申叔舟

浮雲富貴空華宅　부운 같은 부귀 화택은 공허한데
落日功名閉舊園　공명은 낙일같아 옛 정원이 닫혀있네.

早被先容分非淺　일찍 선용을 업어 높으신 분이건만
一聲哀挽不堪聞　한소리 슬픈 만사 감히 듣지 못하겠네.

河淸千載際明君 隆遇當時獨出羣 蕭定律條遵約法 張籌帷幄樹奇勛
黃金白璧恩偏重 鐵劵丹書誓永存 長算奄然歸促道 神香無計返遊魂
浮雲富貴空華宅 落日功名閉舊園 早被先容分非淺 一聲哀挽不堪聞
〈申高靈相國挽詞〉『私淑齋集』姜希孟

同年同祿又同隣　동년 동록에 또 동린인데
道德功名獨絶倫　도덕 공명은 홀로 절륜하다.
二豎共嬰吾幸免　이수 공명을 나 요행히 면했으나
方知壽夭不關人　짧은 수명 사람과 관련 없더라.

同年同祿又同隣 道德功名獨絶倫 二豎共嬰吾幸免 方知壽夭不關人
同年同祿 呂才語 廣城與任參判同甲 又同月 是時同寢疾 李歿任痊
〈廣城君李參判克堪挽章代任參判元濬作〉『佔畢齋集』金宗直

廣陵城外中原路　광릉 성밖 중원로에
江水湛湛上有楓　강물 담담한데 단풍나무 비꼈네.
淚盡眼枯人不見　눈물잦아 마른 눈 사람은 뵈지 않고
空將楚些寄西風　공연히 초사만 서풍에 부친다네.

〈廣城君李參判克堪挽章代任參判元濬作〉『佔畢齋集』金宗直

玉京底滯豈他心　옥경에 머무름이 어찌 딴 마음이리
悵望林間反哺禽　숲 속의 까마귀를 섧게 바라보네.
五馬未嘶桑梓里　오마는 고향마을에서 울지 않고
銘旌空指白楊陰　명기는 공연히 백양나무 숲 가리키네.

〈崔主簿玉閏挽〉『佔畢齋集』金宗直

門地高華又甲科　높고 화려한 집안으로 갑과에 급제하고

晩年勳業誓山河　만년의 훈업을 산하에 알렸네.
押班知印公能事　직무에 충실함은 공이 능한 일인데
竟夭遐齡理則那　마침내 별세하니 이를 어찌하리.

〈晉山君挽詞〉『佔畢齋集』金宗直

逮含昔日勉爲臣　옛적에는 부지런히 신하되길 힘썼고
野外詩筒遞亦頻　재야에선 시 지으려 역말을 오가셨네.
十載至今追薄祿　십년 세월 지금까지 박록에 살았는데
忽看飛旐倍沾巾　갑자기 조기를 보니 눈물이 흐르네.

〈晉山君挽詞〉『佔畢齋集』金宗直

結髮和鳴五十年　짝 맺은 후 오십년간 화목하더니
鳳凰何處去翩翩　한 쌍의 봉황새는 어디로 날아갔나?
月明玄圃應雙翥　곤륜산에 달 밝으면 쌍쌍이 날겠지만
唯有孤雛叫徹天　외로이 남은 새끼 하늘 향해 부르짖네.

〈李都事義錫父母挽詞〉『佔畢齋集』金宗直

千載梁鴻與孟光　천 년 동안 양홍과 맹광은
偕生偕老又偕亡　함께 살고 함께 늙고 함께 가셨건만
如何抛却鳲鳩惠　어찌하여 뻐꾸기의 은혜도 물리치고
不見他時笏滿床　다른 날 상에 가득한 홀도 못 보시는지.

〈李都事義錫父母挽詞〉『佔畢齋集』金宗直

親舊幾多思顧眄　친구들 대부분 옛 일 돌이켜 생각하니
朝廷不獨失忠純　조정에서 홀로 충순(忠純)을 잃지 않았네.
老我金陵歸計熟　늙으면 금능으로 돌아가려 했는데

他時誰伴耦耕民　다음에 뉘와 함께 농사를 지을까?

丹墀獻策共斯人 三十年來跡已陳 親舊幾多思顧眄 朝廷不獨失忠純
獰飆摵摵吹方急 窾木冥冥想有神 老我金陵歸計熟 他時誰伴耦耕民〈挽崔參議漢禎〉『佔畢齋集』金宗直

松桂舊栽無主長　솔과 계수 심으니 주인 없이 자라고
風騷清製有誰編　시부(詩賦)를 지었으나 누가 편찬하랴?
友朋零落怜吾道　벗들이 사라지니 나의 길이 가련하여
禍福參差問彼天　재앙과 복이 다름을 저 하늘에 묻는다.

歸魂應逐鶴蹁躚 止止堂前月幾弦 松桂舊栽無主長 風騷清製有誰編
友朋零落怜吾道 禍福參差問彼天 他日伽倻將卜築 倘容絜酒過新阡〈金善源挽詞〉『佔畢齋集』金宗直

灼灼園中桃與李　동산에 수놓은 울긋불긋 복사꽃
遇秋閑落遇春開　가을에 낙엽져도 봄 되면 다시 피건만
如何世上蜉蝣壽　어찌하여 이 세상 수명은 덧없이 짧은지
一到黃泉不復來　황천에 한 번 가면 돌아오지 못 하네.

〈挽詞〉『梅月堂集』金時習

當時我老君年少　당시에 나는 늙었고 그대는 젊었더니
誰料如今我哭君　그 누가 그대 위해 곡할 줄 알았으리.
花石春風渾似舊　화석정에 봄바람은 옛날과 같은데
夕陽吹笛豈堪聞　석양에 저 피리소리 어찌 참아 들으랴.

〈挽李鴻山宜碩〉『虛白亭文集』洪貴達

碧樹垂陰鋪簟席　푸른 나무 그늘은 대자리를 펼치고
青山倒影入罍尊　푸른 산의 그림자 술잔에 비친다네.
形骸跌宕杯中月　육체는 자유로워 잔속에 달과 같고
世事悲涼地下魂　세상사 처량하게 땅 속의 혼 되었네.

君家門對我家門 杖屨尋常笑語喧 碧樹陲陰鋪簟席 青山倒影入罍尊
形骸跌宕杯中月 世事悲涼地下魂 客散門前鴉噪晩 園林依舊帶春暄

〈沈上將肩挽詞〉『虛白亭文集』洪貴達

世上功名有歸處 세상의 공명(功名)이 돌아갈 곳 정해졌고
人間福慶屬誰門 인간들의 경복(慶福)은 뉘집에 들어갈까?
兩眼已看諸子貴 두 눈으론 자식들의 존귀함을 보았고
一身偏荷九重恩 한 몸에는 구중궁궐의 은혜를 입었다네.

秋水深淸玉潤溫 少年聲價重璵璠 鵷班委質稱佳士 龍榜蜚英作壯元
世上功名有歸處 人間福慶屬誰門 丹心白髮群公表 赤紱朱輪國舅尊
兩眼已看諸子貴 一身偏荷九重恩 存亡有數天難必 疾病無聊地忽飜
痛入宮闈朝雨灑 悲纏城郭晩雲屯 國門西出何時返 殄瘁詩歌欲斷魂

〈居昌府院君挽詞〉『虛白亭文集』洪貴達

流水浮生萬事休 유수같은 부생에 모든 일이 그치니
鳥啼人散憶曾遊 새 울고 사람 흩어지니 옛 추억 생각나네.
年年花草春無數 해마다 꽃과 풀은 무수히 나건만
都是遺孀滿眼愁 과부의 눈에는 시름만이 가득하다.

〈挽人出葬〉『虛白亭文集』洪貴達

共羨軻書三有樂 맹자를 부러워하며 군자삼락 즐겼고
爭吟杜句百無憂 두보시를 읊으니 모든 근심 사라지네.
事親端可若曾子 어버이를 섬기기는 증자와 같고
生子何當如仲謀 자식을 낳음에 어찌 중모와 같으랴.

昔從令胤接交游 揚顯聲名孰與儔 共羨軻書三有樂 爭吟杜句百無憂
事親端可若曾子 生子何當如仲謀 欲識生平榮養處 黃封瀲灩早傳郵

〈金承旨礪石父挽章〉『顔樂堂集』金訢

可憐一入龍蛇夢 가련하다 한 사람이 성현을 꿈꾸더니

巷哭千村草木悲　마을마다 곡을 하고 초목도 슬퍼하네.
天道茫茫未可知　하늘 길 아득하여 알 수도 없는데
生平積善竟何爲　평생토록 적선한들 마침내 무엇하리.

百里分憂荷寵私 黃童白叟仰仁威 可憐一入龍蛇夢 巷哭千村草木悲
天道茫茫未可知 生平積善竟何爲 最憐無限重泉恨 不見當時幹蠱兒
曾接琴堂泥酒觴 樽前笑語尙琅琅 重來已作無情物 執紼今朝倍斷腸

〈挽坡州牧使李掄〉『蓮軒雜稿』李宜茂

到處園林開碧沼　도처의 동산에 푸른 연못 만들었고
平生襟抱隔紅塵　평생 동안 마음속에 속세를 멀리 했네.
悼止不是衰年事　노년의 일 아니라 슬픔마저 멈추는데
爲子今朝一愴神　오늘은 자손 위해 한결같이 비통하네.

榜首登名獨出群 玉堂金馬自由身 相如早有凌雲氣 方朔寧非玩世人
到處園林開碧沼 平生襟抱隔紅塵 悼止不是衰年事 爲子今朝一愴神〈挽章柳洵〉『懶齋集』蔡壽

壯歲功名成白髮　장년에 공명 이뤄 백발이 되었지만
宦途榮辱暮懸車60)　벼슬길 영욕은 늙어서 다하였네.
祇今先輩凋零盡　지금 선배들은 모두가 떠났으니
惆悵無緣挹緖餘　슬퍼서 여력마저 남지 않았다.

翰苑甲枝騰桂籍 妙年詞賦過黃初 曾紆寵眷升鑾殿 屢進忠言動帝居
壯歲功名成白髮 宦途榮辱暮懸車 祇今先輩凋零盡 惆悵無緣挹緖餘〈挽章姜渾〉『懶齋集』蔡壽

兩朝耆老幾人存　두 조정의 원로가 몇이나 남았는가?
今見先生又九原　지금 선생이 또 황천객이 되셨네.
地下忻然逢世廟　저승에서 세종대왕 기꺼이 만나뵈면
一生知遇更何言　일생동안 만남을 무슨 말로 하랴.

〈李判漢城純之挽詞〉『四佳集』徐居正

60) 懸車 : 벼슬을 그만둠.

봉새 가지 오년 만에 황새 마저 떠나
달 밝은 현포에서 쌍쌍이 날기 싫지
태평시대에 떠난 것이 미움에 걸려
새끼 보내 빛난 덕을 보게 하누나

우연재 권영순 재배하고 조문합니다

떠도는 넋을 불러도 돌아오지 않고
한곡조 긴 노래에 한 어렸는 눈물

우연재 권영순 삼가 재배하고 조문합니다

鳳去五年凰又隨 月明玄圃想雙飛 應嫌晟代還高逝 故遣孤雛覽德輝

欲招遊魂不返 淚盡一曲長謠

- 우연재 권영순 書

十載爲官杖屨陪　십 년 동안 벼슬살이하면서 선생 모시고
或從棋酒笑談開　간혹 바둑과 술로 담소하며 종유했는데
邇來哀淚頻霑臆　요즘은 슬픈 눈물이 자주 가슴을 적시는데
病恨無能奠一杯　병으로 한 잔 술도 못 드린 게 한스럽네.

〈李判漢城純之挽詞〉『四佳集』徐居正

淪落窮山舌欲捫　궁산에 떨어진 신세 말이나 삼가려고
呑聲暗哭漢原君　훌쩍훌쩍 남몰래 한원군을 곡하노라.
哀詞不敢分明語　만사에도 분명하게 말하지 못하는 것은
薄俗窺人喜造言　풍속이 남 엿보아 말 만들기 때문이네.

〈漢陰挽詞〉『白沙集』李恒福

曾從樞院覩儀形　일찍이 추밀원서 그대 모습 보았고
況是千金舊所盟　게다가 천금 같은 맹약까지 했었지.
賃屋自多同一里　한 마을에 이웃하여 살았었으니
不堪還聽薤歌聲　상엿소리 다시 듣기 거북하더라.

〈朴宰臣永忠輓詞〉『春亭集』卞季良

好人於子有誰加　그대보다 좋은 호인 어디에 있나
謂享明時福祿多　태평시대 복록을 누릴 줄로 알았지.
彈指忽然中絶命　손꼽아 세어 보니 중년에 절명이라
嗚呼命也竟如何　아아!! 천명인 걸 어찌 하리오.

〈尹代言須輓詞〉『春亭集』卞季良

淸似氷壺懸素秋　청아함은 가을에 걸어 놓은 빙호 같고
溫如玉瓚映黃流　온화함은 옥찬에 빛나는 황류였지.

一朝乘化誰能止　하루아침 승화하니 그 누가 만류하랴
西望題詩恨未休　서쪽 향해 시 쓰면서 한은 그지없어라.

〈朴完山輓詞〉『春亭集』卞季良

一夕迷魂竟莫招　하룻밤 헤맨 혼을 불러오지 못하니
山高海闊路迢迢　산 높고 바다 넓어 길은 아득해라.
故居謾望來歸早　부질없이 옛 집으로 돌아오길 바라지만
曾是無人續楚騷　초사를 이어서 지을 사람 없구나.

〈金繼守輓詞〉『春亭集』卞季良

七十年來自在身　편안히 살아오신 칠십 년 세월
醉鄉中聖任天眞　성인처럼 취한 술에 천진함 보였어라.
世間無限風波裡　속세의 그지없는 풍파속에서
白首全歸有幾人　장수하고 돌아간 이 몇이나 될까?

〈崔丈挽詞〉『谿谷集』張維

生前身後摠堪憐　살아서나 죽어서나 모두 다 가련하다
火宅泉臺較孰賢　이승과 저승 중에 어디가 더 나을까?
臭腐神奇兩無迹　취부며 신기 모두 자취 없이 사라지고
北邙何處是新阡　북망산 어느 곳에 묻히려는지?

〈元司果翼龍挽詞〉『谿谷集』張維

王孫耽酒得天眞　술 좋아한 우리 왕손 천진난만 그대론데
七十九年無事身　칠십구 년 동안 무사한 생애로다.
好是青山黃土裡　얼마나 좋을까 푸른 산 황토 속이
白頭歸臥煖如春　백발로 누웠으니 봄날처럼 포근하리.

〈老宗室挽詞〉『谿谷集』張維

平生不作利名貪　평생 명리를 탐하는 일 아니하시니
七十稀年又享三　칠십을 누리시고 삼년을 더 사셨네.
共說君家餘慶遠　그대와 함께 남은 경사 크다 했는데
傳芳百世有雙男　그 명성은 대대로 두 아들이 전하리.

〈挽李上將〉『月軒集』丁壽崗

萬里靑雲未半程　청운의 만리 길 절반도 못 갔는데
西州遺愛哭蒼生　서주에 남긴 사랑 백성들은 곡을 하네.
可憐三十七年事　가련하다!! 삼십칠 년의 일이여
金榜空留甲第名　금방에 장원 급제 부질없이 남았어라.

〈挽金積城〉『月軒集』丁壽崗

三千路遠鵬飛健　삼천리 머나먼 길 붕새는 잘도 날건마는
七十年催鳥過輕　칠십년 재촉하던 새는 가벼이 스쳐갔네.
身後可憐無一子　가련하다 떠난 뒤에 자식하나 없으니
眼前猶喜有雙甥　눈앞에는 다행히도 두 조카가 있다네.

知是難爲弟與兄 滿門光照紫襴明 三千路遠鵬飛健 七十年催鳥過輕
身後可憐無一子 眼前猶喜有雙甥 挽歌悽斷南州道 水色山容共不平
〈挽李判書健之自健〉『月軒集』丁壽崗

聞訃共傷埋玉樹　부음 듣고 모두들 인재가 묻힌다 상심하고
知音偏恨斷琴絃　친구들 두루 거문고 줄 끊어짐 한탄 하네.
風生意氣歸何處　바람은 의기 싣고 어디로 가며
唾落瓊珠有幾聯　흐르는 침은 구슬 되어 얼마나 연할까?

星沈南極老人躔 始覺英靈下九泉 聞訃共傷埋玉樹 知音偏恨斷琴絃

風生意氣歸何處 唾落瓊珠有幾聯 悵望全城三百里 行輴一別永茫然

〈挽金燕城俊孫〉『月軒集』 丁壽崗

未成偕老遽偕亡 백년해로 못 이루고 갑자기 함께 가시니
忍挽雙輴向北邙 한 쌍의 만장이 북망산으로 향하네.
家傳奕業知餘慶 집안에 큰 업적 전했으니 남은 경사 알겠고
壽乏遐齡問彼蒼 연세 멀었는데 수명 다함은 창공에 물어볼 뿐.

未成偕老遽偕亡 忍挽雙輴向北邙 積善自應蘭對玉 德齊元是孟隨梁
家傳奕業知餘慶 壽乏遐齡問彼蒼 賴有高門于胤在 傾朝祖送更悲傷

〈申應教鏛父母挽詞〉『二樂亭集』 申用漑

匹鳥至情天莫奪 한 쌍의 새 지극한 정은 하늘도 뺏지 못하고
老烏今日事何嗟 늙은 까마귀 오늘은 무슨 일로 슬퍼하나?
無端行路雙橫涕 끝없이 가는 길에 두 줄기 눈물 비끼니
忍見都門兩素車 성문의 두 영가를 차마 못 보겠네.

世德夫人出永嘉 東陽擇配且宜家 兒從胎教才全美 里化仁風俗可誇
匹鳥至情天莫奪 老烏今日事何嗟 無端行路雙橫涕 忍見都門兩素車 〈挽人〉『十清軒集』 金世弼

早作丈人屋上烏 일찍이 장인께선 머리도 검더니만
只今鏡中雙鬢疏 지금은 거울 속에 구레나루 성글구나.
最是此生沈痛處 내 생에 가장 침통한 것은
臥病不得隨輀車 병들어 누워 상여 따라 갈 수 없는 것이네.

早作丈人屋上烏 只今鏡中雙鬢疏 平生恩義均骨肉 三年海外無音書
豈知凶問來相自 對獄洒涕仍霑裾 最是此生沈痛處 臥病不得隨輀車 〈挽妻父母〉『寓菴稿』洪彦忠

生男歡喜宦他鄉 자식 낳아 기뻐 할 때 타향에서 벼슬 하더니
別後挑燈說話長 이별 후 등잔 앞에 이야기가 길었다네.

人事轉頭成大謬　사람 일은 돌아보면 큰 그르침 많다지만
百年甘旨付孤孀　백년가약 달콤한 뜻은 과부가 되었어라.

〈挽再從弟克勤〉『憂亭集』金克成

亭空人去碧山隈　정자는 비었고 사람은 산으로 갔으니
仙袂飄飄不復來　옷깃을 펄럭이며 다시 돌아오지 못하누나.
湖海更無鷗鳥狎　바다에선 갈매기를 가까이 못하고
林巒長與子孫哀　산 속에선 자손의 슬픔 길어진다네.

亭空人去碧山隈 仙袂飄飄不復來 湖海更無鷗鳥狎 林巒長與子孫哀
已聞弱冠能魁甲 應笑稀年始乞骸 勇退又兼仁智樂 公言一快豈徒哉〈挽章金詮〉『懶齋集』蔡壽

早脫名韁物外遊　굴레를 일찍 벗고 물외에 놀며
十年江海狎沙鷗　십 년을 강호에서 갈매기와 친했다네.
閑情每向新篇寫　한가한 정은 매양 새로 시를 쓰고
清節當從古史求　청렴한 절개는 고사에서 구했다오.

早脫名韁物外遊 十年江海狎沙鷗 閑情每向新篇寫 淸節當從古史求
子有功臣餘澤遠 官爲學士寵恩優 我於萬里歸來日 聞訃難禁不整愁〈中樞成承慶挽辭〉『陽村集』權近

龍亡大澤吾安放　큰 못에 용이 없으니 내 어찌 편안할까?
天喪斯文道益艱　하늘이 선비 없애니 도가 더욱 어려우리.
遙想平生門下士　멀리 생각함에 평소의 문생들이
一時相嚮哭青山　일시에 서로 향해 청산에 곡하리라.

新秋啣命從臣班 爲弔靈筵再拜還 不復摳衣承謦咳 猶疑入室侍容顏
龍亡大澤吾安放 天喪斯文道益艱 遙想平生門下士 一時相嚮哭青山〈挽愼獨齋先生〉『靜觀齋集』李端相

靈風肅肅動雲軿　신령한 바람 엄숙하게 꽃상여에 불고
絳節搖搖凌紫冥　붉은 절개 붉은 명정 하늘에 펄럭인다.

忠義高門心未竟 가문의 충의를 뜻대로 다 못 이루고
功名浮世夢初醒 뜬 구름같은 세상 공명 꿈을 깨었네.

靈風肅肅動雲軿 絳節搖搖凌紫冥 忠義高門心未竟 功名浮世夢初醒
庭中空有聞詩鯉 原上誰看急難鴒 惆悵淸芬無覓處 不堪秋色滿林坰 〈韓僉議大淳挽詞〉『東文選』郭珚

北斗泰山那復仰 북두 태산은 어찌 다시 바라보랴
浮雲流水本來空 뜬구름 흐르는 물은 본래 공허하거늘.
悠悠六十年間夢 아득한 육십 년 꿈을 꾸는 사이에
留取聲名簡策中 명성만 역사 속에 남겨있구나.

麟閣曾收第一功 箕裘事業到三公 君臣遭遇無今古 富貴榮華有始終
北斗泰山那復仰 浮雲流水本來空 悠悠六十年間夢 留取聲名簡策中 〈黃領相挽章〉『四佳集』徐居正

戶外言聞屨常滿 문 밖에는 말 들으려 신발 항상 가득했고
源頭水活飮皆充 샘가에서 청수로 다들 배를 채웠더라.
泰山頹矣將焉仰 태산이 무너졌으니 어디를 우러를까
斯世從今醉夢中 이 세상 지금부턴 술에 취한 꿈속이라.

吾道之東自栗翁 先生家學最爲宗 世其父子傳師席 湖以西南振士風
戶外言聞屨常滿 源頭水活飮皆充 泰山頹矣將焉仰 斯世從今醉夢中 〈挽詞〉『愼獨齋全書』曺漢英

3) 56자의 만장

出衆文華自妙年 어릴 적부터 문장이 출중했는데
蜚英一代孰能先 한 시대 드날린 명성 누가 앞설 것인가.
才堪大拜人皆望 큰 벼슬할 재주라 사람들 기대했으나
天嗇脩齡世共憐 수명이 길지 못해 세상 모두 슬퍼하네.
門外鶴飛驚吊客 문 밖에서 학이 날아 조객을 놀래고
墳前鳥集感來賢 무덤 앞에 새가 모여 찾은 이들 감동한다.

白頭未死叩題挽　늙어서 죽지 않고 고개 숙여 만사 쓰니
從此音容隔九泉　이 모습 구천과 떨어졌다네.

〈挽章金彦琚漆溪〉『高峯集』奇大升

堂堂義氣古人前　의기는 고인 앞에서도 당당했고
蓋世清芬四十年　맑은 향기 사십 년간 전해졌다네.
名宦幾時增慷慨　벼슬길 얼마나 한숨 쉬었나?
歸來晩節卽神仙　늘그막 귀향길 바로 신선이더라.
生前松菊餘三逕　살아선 솔 국화 사이로 세 길에 남았고
身後兒孫足一廛　사후에는 아들 손자 밭 하나로 만족하네.
無復此生陪笑語　이승에선 함께하며 담소할 수 없으니.
東風老淚眼雙懸　동풍에 흘러내리는 늙은이 눈물.

〈挽章金漳〉『高峯集』奇大升

玉粹金精稟氣專　맑은 옥 정결한 금 기질은 전일한데
早從庭訓得宗傳　일찍이 정훈(庭訓)을 따라 종전(宗傳)을 얻었네.
功深愼獨心無怍　신독의 공이 깊어 부끄러울 것이 없고
德造誠身道自全　덕이 정성스러우니 도가 온전하였다.
進退秪應關世運　진퇴는 다만 세운에 달렸으니
去來誰復問皇天　오고감을 누가 다시 황천에 물으랴?
山頹樑壞吾安放　산과 들보 무너졌으니 내 어찌 편안하랴?
哭望南靈涕泗漣　남쪽 영령 바라보며 눈물을 흘린다네.

〈挽詞〉『愼獨齋全書』李慶徽

青丘山水孕精英　동방의 산수가 정기를 품었기에
七歲聲名動洛城　칠 세의 성명이 낙성을 움직였네.

筆勢飛騰鸞鶴舞　필력은 비등하여 난학이 춤을 추고
詩篇奇絶鬼神驚　시편도 기발하여 귀신도 놀랐더라.
主文能使風騷變　글을 쓰면 시경과 이소를 변화시켰고
秉政爭稱仕路清　정사를 맡아선 벼슬길이 맑았다네.
德宇已成泉下隔　덕우를 이루고 황천으로 떠났기에
暮雲南嶽亦含情　저문 구름 남산마저 슬퍼하는 듯.

〈挽詞〉『鵝溪遺稿』李尚信

木園 韓星順 作

自分迂闊世難行　우활을 나누다 세상에서 살기 어려워
歸擬林泉畢一生　임천으로 돌아가 일생을 마치려 했네.
滿壁圖書貧亦樂　도서가 벽에 가득하니 가난해도 즐거웠고
盈園花竹隱猶榮　꽃과 대 정원 가득 은둔해도 영화롭다오.
朋來講義閒中業　친구들의 의리얘기 한가한 중에 일이고
酒罷吟詩醉裏情　술마신 뒤 시 읊으니 취중의 정이라.
人道達城多秀士　사람들이 서씨 중에 빼어난 이 많다하니

從今誰復主斯盟　이후로 그 누가 이 문단(文壇)을 주관할지.

〈徐樂齋思遠挽章〉『旅軒集』張顯光

髹髮須髮繞癯顔　파리한 얼굴에 수염은 둘러난 것이
羽客雲車落世間　신선이 구름 타고 세상에 내려왔네.
寡鶴盤廻滄海月　창해의 밝은 달빛에 외로운 학 맴돌고
怒龍掀動白頭山　성난 용은 백두산을 진동하였지.
塵埃合沓襟懷曠　세속과 어울려도 마음은 트였으며
風雨交爭筆力閒　비바람이 몰아쳐도 필력은 여유로웠다오.
大澤雲濤收浩淼　큰 늪의 구름 파도 큰 물을 거두고
廣陵琴絶涕潸潸　광릉금을 끊고서 눈물흘리네.

〈申承旨光河輓詞〉『與猶堂全書』丁若鏞

秋霜溢夜落東星　서리가 가득한 밤 동녘별이 떨어지니
天慟地悲水自鳴　땅도 하늘도 슬퍼하고 물도 목메어 우네.
別淚盡盡蒼海輪　이별의 눈물 다 쏟아 푸른 바다 가득하고.
怨心疊疊泰山輕　원통한 마음 쌓이니 태산도 가벼워라.
堂堂義理生前業　당당한 의리를 생전에 행했으니
烈烈精神死後名　열렬한 정신으로 사후에 이름이 빛나리.
千秋有恨憑誰問　천추의 원한을 누구에게 물으랴.
寂莫荒陵月獨明　적막한 무덤에는 달만 홀로 밝구나.

〈白凡金九輓詞〉蔣介石

昨夜文星隕海陲　어젯밤 문성이 바다 모퉁이로 사라지니
此生無復和君詩　이생에 다시는 그대의 시에 화답 할 수 없으리.
蘭摧蕙槁香猶歇　난초 꺾이고 혜초 마르니 향기가 사라졌고
虎逝龍亡事可知　범이 떠나고 용이 없어지니 일을 알만 하네.

一老奈何天不憖　한 늙은이 어찌하여 하늘이 앗아갔나?
百年心事道堪悲　백 년간 품은 심사 슬퍼하며 말한다네.
白頭門下羊曇哭　백두선생 문하생들 서글프게 곡을 하니
盡在西湖醉後時　모두 다 취한 뒤에 서호에 있을 때라.

〈估畢齋挽詞〉『濡谿集』兪好仁

本深端合見枝繁　뿌리가 깊으면 가지가 무성하듯
積善家聲久自存　적선한 가문 명성 오래도록 유지되지.
勤儉天眞心不妄　근검과 천진으로 마음을 다잡으니
康寧富壽位仍尊　건강과 장수에다 지위도 높았다네.
儒宗重望曾傾國　선비의 표상으로 온 나라가 존경했고
駙馬榮光更照門　부마의 영광으로 가문이 빛났었지.
多少子孫爭撫柩　자손들 대부분이 널 만지며 울었지만
高峯新壟鎖寒雲　높은 산 새 묘소를 구름이 덮었네.

〈靖簡公權僖輓詞〉『春亭集』卞季良

生死何殊臂屈伸　생사가 팔 굽혀 펴는 것과 어찌 다르랴
遽然曉夢化精神　새벽꿈에 갑자기 정신이 변하였네.
樽空美酒有明月　술통에 술은 비고 명월은 남았는데
客散高堂無主人　객 떠난 고당에는 주인마저 없구려.
白壁舊時蒙短褐　귀중했던 어린 시절 짧은 갈포 입었었고
青山是處葬長身　청산의 이곳에선 장신으로 누웠어라.
遙知地下風塵隔　아득한 지하에 세속이 막혔으니
應與劉伶[61]共卜隣　응당 유령과 함께 이웃하여 사시리.

〈挽金居士〉『虛庵遺集』鄭希良

61) 劉伶 : 酒德頌을 지은 진나라 죽림칠현의 한사람.

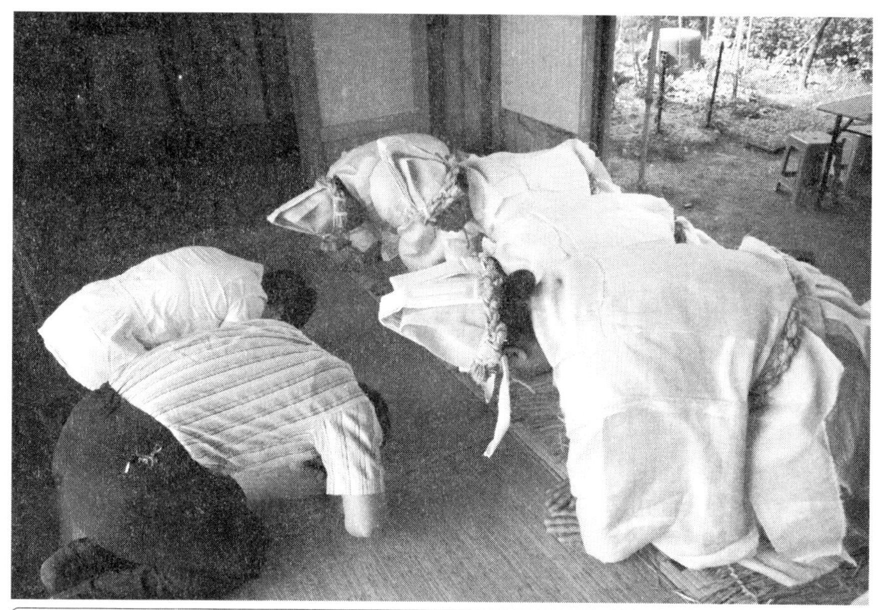

조문하는 모습 - 사진제공 : 설봉 이동우

하관 후 상주들의 하직 인사 - 사진제공 : 설봉 이동우

3. 여인의 만장

1) 10자의 만장

欒欒憐孝子 애달파라, 가련한 효자의 모습
寄挽淚橫斜 만사 올리려니 눈물만 흐르누나.

貞敬恩封重 名家閫範嘉 悲歡萬緣盡 壽考百齡差
雪壟開寒隧 風林咽曉笳 欒欒憐孝子 寄挽淚橫斜 〈南府尹夫人挽〉『谿谷集』張維

國人懷舊德 백성은 옛 덕을 그리워하여
痛哭送鸞軒 통곡하며 상여를 전송하누나.

沙麓曾膺慶 銀潢早毓源 孫爲王后貴 子作上皇尊
白日璇宮鎖 彤床玉璽存 國人懷舊德 痛哭送鸞軒 〈王大后挽詞大上皇母受勑述〉『東國李相國集』李奎報

頗厭人間世 인간 세상이 자못 싫어져서
乘雲上紫微 구름 타고 하늘을 오르셨도다.

頗厭人間世 乘雲上紫微 金縢那復吉 玉冊已揚徽
闃寂欑宮閉 悽悲縞仗圍 愚臣萬行淚 淚盡血霑衣 〈貞熹王后挽詞〉『四佳集』徐居正

逆旅人間世 나그네처럼 지나가는 인간 세상
浮休夢裏身 구름처럼 흐르는 꿈결같은 이 내 몸.

逆旅人間世 浮休夢裏身 郎爲大司諫 身是淑夫人
詩禮傳三子 仁恩洽四隣 晚年宜食報 今日忽歸眞 〈大諫姪妻挽〉『陽谷集』蘇世讓

哭罷使當返 곡하고 돌아오니
百年誰得偕 긴 세월 누구와 짝하리오?

文成配文廟 模楷有謙齋 生女資何淑 歸人德並佳
曉涼生水曲 憂綠遍山厓 哭罷使當返 百年誰得偕 〈閔判書夫人安氏挽詞〉『牧隱藁』李穡

早寡身心苦 일찍 홀로되어 심신 괴로우나
多孫閥閱和 문벌에 많은 자손 열화하다네.

北原元大姓 西海柳名家 早寡身心苦 多孫閥閱和
山横浮曙日 風細散朝霞 回首驪江上 迢迢一路斜〈柳代言夫人元氏挽詞〉『牧隱藁』李穡

塵世佳城隔 진세는 성에 막혀 아름답고
庭蘭淸露霑 정란은 이슬 젖어 맑도다.

暮景時連蹇 況優病更添 但知稽泰筮 何暇讀楞嚴
塵世佳城隔 庭蘭淸露霑 誰題列女傳 婦德正無嫌〈朴密直夫人吳氏挽詞〉『圓齋稿』鄭樞

天衢雲杳杳 하늘 거리엔 구름 아득하고
帳殿月悠悠 궐위엔 달만 유유하구나.

王姬來下國 君子詠睢鳩 熊夢終悲泣 仙游孰挽留
天衢雲杳杳 帳殿月悠悠 無復騶虞化 空看桃李稠〈魯國公主挽詞〉『圓齋稿』鄭樞

一門宗族盛 일문 종족이 성하더니
會葬共悲傷 장사 때 비통함을 같이 한다네.

金氏雖云卒 於中有不亡 宜家留德譽 生子喜文章
丹旐春風動 香閨夜月涼 一門宗族盛 會葬共悲傷〈權密直夫人挽詞〉『圃隱集』鄭夢周

有無能共里 있고 없음을 능히 마을이 함께하고
慈惠最宜家 자혜로움을 집안에 가장 마땅히 했다.

宅近常同井 門高幸附葭 有無能共里 慈惠最宜家
光景隨流水 音容惜落花 百年偕老願 丹旐夕陽斜〈李貴山妻氏金夫人挽辭〉『獨谷集』成石璘

此恨難堪說 이 한을 말로 다 하기 어렵나니
聞之孰不悲 그 말 듣고 누군들 슬지 않으리.

芳年修婦道 能使室家宜 可惜望夫日 俄成奔月期
高堂猶有父 哭泣却無兒 此恨難堪說 聞之孰不悲 〈金中樞妻氏挽辭自註時中樞奉使未還〉『陽村集』權近

遷家敦義敎 집 옮겨가며 의로운 가르침 돈독했고
斷髮結賢知 머리를 자르며 어짐을 일체하였네.

貞嘉配儒雅 琴瑟正相宜 寶樹欽庭秀 芳規仰壺儀
遷家敦義敎 斷髮結賢知 終始哀榮備 都人亦涕洟 〈魚中樞孝瞻母氏挽章〉『保閑齋集』申叔舟

冷露棲萱草 찬이슬 훤초에 내리고
酸風落薤歌 산풍은 상엿소리에 떨어지네.

七帙從來少 三醫事可嗟 欲知閨閫德 須看里閭髽
冷露棲萱草 酸風落薤歌 時人富蘭玉 孰與紫薇多 〈玄舍人母李氏挽章〉『佔畢齋集』金宗直

生榮無復憾 생전 영화 다시 근심할 수는 없지만
駒隙亦堪悲 빠른 세월 또한 심히 슬프네.

生榮無復憾 駒隙亦堪悲 擧案當時範 闔門後世儀
龍津雲影合 萱砌露華萎 落日佳城閉 臨風謾涕洟 〈文僉知修德母氏挽〉『佔畢齋集』金宗直

福履家人頌 복록은 가인이 칭송하고
儀刑戚里欽 의용은 마을이 흠모하네.

東平爲善樂 偕老壽闈深 福履家人頌 儀刑戚里欽
收神仙府遠 飛旐暮阡陰 苽葛情何已 西風淚滿襟 〈孝寧大君夫人鄭氏挽章代作〉『佔畢齋集』金宗直

琴瑟徽音盛 금슬의 좋은 평판 성하고
芝蘭奕葉繁 지란은 누세에 번성하네.

世家生碩媛 早荷九重恩 琴瑟徽音盛 芝蘭奕葉繁
宗姻輝懿範 瓊珮斂芳魂 相挽秋風外 無端拭淚痕 〈孝寧大君夫人鄭氏挽章代作〉『佔畢齋集』金宗直

2) 20자의 만장

傷心偕老願 마음 아파라 백년해로(百年偕老)하려 했는데
不復到白首 다시는 함께 늙지 못하겠구나.
莽蒼金陵阡 금릉의 무덤길에 풀이 우거졌는데
江風吹廣柳 강바람만 광류로 불어온다네.

吾友永嘉子 室中有賢婦 桁多新製衣 甕留不盡酒
傷心偕老願 不復到白首 莽蒼金陵阡 江風吹廣柳 〈權成吉內子挽〉『谿谷集』張維

賢婦忽無祿 어진 부인 홀연히 눈을 감다니
衆雛眞可悲 어린 자식들 가엾어서 어이할꺼나.
存亡兩隔絶 이제는 이승 저승 갈리고 말았으니
南望淚雙垂 남쪽 하늘 바라보며 두 줄기 눈물.

中表似連枝 情深髫齔時 居然成長大 各自有妻兒
賢婦忽無祿 衆雛眞可悲 存亡兩隔絶 南望淚雙垂 〈舅弟朴德一亡內挽〉『谿谷集』張維

骨肉都無藉 의지할 골육 하나 없는데
存亡各異鄕 이승 저승 길 달리했구나.
傷神我弟在 우리 동생 얼마나 상심(傷心)했을까
孤債鬢蒼浪 검디검은 귀밑머리 쓸쓸히 희어가네.

聽說蘭摧日 全家困伯强 呻吟憐稚孺 奔迸惱尊章
骨肉都無藉 存亡各異鄕 傷神我弟在 孤債鬢蒼浪 〈舅弟朴德一亡內挽〉『谿谷集』張維

遠祖周元舊 먼조상이 윗조상과 함께하니
千秋尚令名 천추에 오히려 아름다운 이름이라.
碩媛能世德 빼어난 세덕을 능히 갖췄나니
茂族摠升鄕 문중사람 모두가 고향을 떠났구나.

遠祖周元舊 千秋尙令名 碩媛能世德 茂族揔升鄕
毓慶生英俊 宜家有典刑 孤鸞悲幾日 泉下喜相迎〈挽河著作母金氏〉『漁村集』沈彦光

八紀在久世 팔십년은 오랜 세월이나
孤燈十五年 십오년을 홀로 지냈네.
三從義固大 삼종지도 굳건히 했으니
五福壽爲先 오복중엔 장수가 으뜸일세.

八紀在久世 孤燈十五年 三從義固大 五福壽爲先
蘭玉相輝映 蘋蘩更吉蠲 龍門山下土 舊隴更新阡〈挽李奉事昌茂母氏〉『漁村集』沈彦光

慈顔如春風 인자한 얼굴 봄바람과 같지만
不見桃李實 도리의 열매를 보지 못했네.
賢子孝無窮 어진 아들 효심이 무궁하여
泣盡終天血 하루종일 피눈물을 흘렸더라.

慈顔如春風 不見桃李實 賢子孝無窮 泣盡終天血 固知曾閔心
欲孝有不及 吾生抱永感 此意那忍說 再拜寫薤章 情動空掩泣〈鄭松江母夫人挽章〉『牛溪集』成渾

吾生抱永感 내 인생에 길이 슬픔 있으니
此意那忍說 이 마음 어찌 차마 말할 수 있나?
再拜寫薤章 두 번 절하고 만장을 써 올리니
情動空掩泣 슬픔에 부질없이 눈물 흘리네.

慈顔如春風 不見桃李實 賢子孝無窮 泣盡終天血 固知曾閔心
欲孝有不及 吾生抱永感 此意那忍說 再拜寫薤章 情動空掩泣〈鄭松江母夫人挽章〉『牛溪集』成渾

結解同泡幻 우리네 인생은 물거품 같지만
哀榮盡死生 슬픔과 영광이 사생의 가운데 있네.
將軍多部曲 장군 휘하의 많은 장병들

擁路送丹旌 가시는 길 가득 붉은 만장(輓章)으로 전송하네.

禮得三從備 身膺五福幷 門闌有棨戟 兒子作干城
結解同泡幻 哀榮盡死生 將軍多部曲 擁路送丹旌〈李巡邊先夫人挽詩〉『谿谷集』張維

頹景崦嵫夕 하루해 기울어가는 엄자산 저녁
悲風錦水秋 구슬픈 바람 부는 금강(錦江)의 가을.
升堂知已矣 앞으로 다시는 뵙지 못하겠기에
洒涕向山丘 눈물을 뿌리면서 산언덕 향한다오.

旣盡閨門懿 偏爲造物優 八齡稱大耋 諸子摠名流
頹景崦嵫夕 悲風錦水秋 升堂知已矣 洒涕向山丘〈尹舍人先夫人挽詩〉『谿谷集』張維

崦嵫催急景 엄자산 저문 해는 서둘러 기울고
江漢送靈旗 강물도 만장(挽章) 깃발 전송하누나.
多少升堂客 생전에 찾아 뵙던 많은 조객(弔客)들
爭題相紼詞 서로 다퉈 만사(挽詞)를 지어 올리네.

碩人稱盛族 內翰是佳兒 絳帳留家訓 萱闈奉母儀
崦嵫催急景 江漢送靈旗 多少升堂客 爭題相紼詞〈具內翰鳳瑞先妣挽〉『谿谷集』張維

身後孤孫在 돌아가심에 홀로 남은 외로운 손자
天涯旅櫬歸 하늘 끝 타향에서 상여를 모셔왔네.
故山松檜冷 노송들 차가운 고향 언덕에
魂魄定相依 혼백이 의지하며 안식 취하리.

往迹人皆羨 高年世更稀 雙珠掌裏失 萬事眼中非
身後孤孫在 天涯旅櫬歸 故山松檜冷 魂魄定相依〈朴成川大夫人挽〉『谿谷集』張維

悲歡萬緣盡 웃고 울던 모든 인연 끝나버렸고
壽考百齡差 백세장수 그 기대가 어긋났구나.
雪壠開寒隧 눈 덮인 산언덕 차가운 광중(壙中)

風林咽曉笳　숲속바람 새벽 피리 목이 메이네.

貞敬恩封重 名家閫範嘉 悲歡萬緣盡 壽考百齡差
雪壟開寒隧 風林咽曉笳 欒欒憐孝子 寄挽淚橫斜 〈南府尹夫人挽〉『谿谷集』張維

三遷修母道　삼천의 열정으로 모도(母道)를 닦으셨고
八秩享天年　향년 팔십세로 천명을 누리셨네.
慈儉人皆法　자애와 검소함은 모두가 본받았고
哀榮史可傳　슬픔과 영화는 역사에 전할 만하다.

鸞檢皇恩渥 魚軒象服鮮 三遷修母道 八秩享天年
慈儉人皆法 哀榮史可傳 防山何處在 丹旐去翩翩 〈遼陽縣君三韓國夫人挽章〉『東文選』李仁復

絳帳空留月　비단 장막엔 부질없이 달이 머물고
丹旐遠逐風　붉은 명정은 멀리 바람에 나부끼네.
升堂記疇昔　예전에 내가 당에 오른 일 기억하니
有淚忽霑胸　눈물이 문득 가슴을 적신다오.

奕世家聲著 疏封婦德崇 康寧垂八秩 柔順得三從
絳帳空留月 丹旐遠逐風 升堂記疇昔 有淚忽霑胸 〈芸齋李政堂彦冲夫人挽章〉『東文選』李仁復

月已雲端隱　달은 이미 구름 끝에 숨었으나
舟難壑底藏　배[舟]는 골짜기에 감추기 어려워라.
西門迎送地　서쪽 문 전송하는 곳에
行路涕滂滂　길 가는 모든 사람 눈물 흘리네.

玉牒流光美 璿源發派長 選歸宜世戚 占夢協男祥
月已雲端隱 舟難壑底藏 西門迎送地 行路涕滂滂 〈金童公主挽詞〉『東文選』崔瀣

白日仙蹤杳　대낮에 신선자취 아득하고
斜陽繡閣昏　석양에 수놓은 문이 어두워라.

欲知餘慶遠　남은 복이 원대함을 알려거든
膝下見玄孫　슬하에 현손을 봄이로다.

天賦柔嘉德 維城婦道尊 一家樛木頌 八秩誥花恩
白日仙蹤杳 斜陽繡閣昏 欲知餘慶遠 膝下見玄孫〈孝寧大君夫人鄭氏挽章〉『佔畢齋集』金宗直

忽破三刀夢　홀연히 삼인의 꿈을 깨고 나니
還成百歲悲　다시 백세의 슬픔을 만들었네.
傷心重到地　마음 아파라, 다시 이곳에 와서
那忍拜靈輀　어찌 차마 상여에 절을 할까.

追憶驪江上 移舟惜別離 承歡如侍母 遣問每垂慈
忽破三刀夢 還成百歲悲 傷心重到地 那忍拜靈輀〈原州牧夫人叔母鄭氏挽〉『企齋集』申光漢

丈夫當自立　장부는 마땅히 자립을 했고
女子在從人　여자는 사람을 따라 살았네.
不有柔嘉美　유순하고 아름답지 않다면
難成富貴身　부귀한 몸을 이루지 못했으리.

丈夫當自立 女子在從人 不有柔嘉美 難成富貴身
封爵宜貞敬 呼卿失愛親 無兒初未祓 鄧氏豈非仁〈挽尹判書仁鏡夫人〉『企齋集』申光漢

歲月看應厭　세월은 보면 싫어지고
丘原往可依　자연은 돌아가도 의지할 만하여라.
悠悠抛萬事　유유히 모든 일을 포기하니
行路亦沾衣　행로에 또한 옷을 적시네.

門閥韓侯盛 榮華世所稀 自從身獨處 還送子先歸
歲月看應厭 丘原往可依 悠悠抛萬事 行路亦沾衣〈挽申僉知永洪夫人韓氏〉『企齋集』申光漢

末歲唯身老　말세에 오직 몸이 늙었으나

孤孫只眼前 외로운 손은 다만 눈앞에 있네.
人間八十八 인간세상에서 여든여덟을 살며
憂樂夢兼全 근심과 즐거운 꿈 모두 갖췄지.

淑質生華閥 盈門配所天 親卿爲大諫 胤子是同年
末歲唯身老 孤孫只眼前 人間八十八 憂樂夢兼全 〈挽南大諫夫人〉『企齋集』 申光漢

年老知增苦 늙으니 고통이 많아짐을 알겠고
家貧痛失賢 가난에 현명한 이 잃음을 아파한다네.
多男總儒妙 아들이 많아 선비의 미묘함을 모았으니
猶足慰重泉 오히려 중천을 위로할 수 있겠구나.

與子通家好 深知婦道全 遽聞奔素月 那得問蒼天
年老知增苦 家貧痛失賢 多男總儒妙 猶足慰重泉 〈李參奉濟翁妻挽詞〉『思齋集』 金正國

草露晞難久 풀이슬 마르니 오래기 어렵고
浮雲逝莫追 뜬 구름 흘러가니 쫓기가 어렵다네.
杯棬空口澤 술잔은 부질없이 입술을 적시지만
孝子有餘悲 효자는 슬픔이 지극하구나.

餘烈名門盛 徽音婦德宜 傳家元有則 中饋本無儀
草露晞難久 浮雲逝莫追 杯棬空口澤 孝子有餘悲 〈貞夫人南氏挽〉『冲庵集』 金淨

百年餘契闊 백 년 동안 남은 인연은 넓고
一夢墜虛空 하나의 꿈은 허공으로 떨어졌구나.
何處歸精爽 어느 곳으로 혼백이 돌아갔는가
天津與月宮 하늘가의 월궁이로다.

女圖陳自鑑 閨則戒常隆 翦髮曾留侃 齊眉舊配鴻
百年餘契闊 一夢墜虛空 何處歸精爽 天津與月宮 〈鄭新之妻氏挽〉『冲庵集』 金淨

家業渠方盛 가업은 바야흐로 성한데

餘生我已衰 나의 여생은 이미 쇠미해졌네.
今聞賢內訃 지금 어진이의 부음을 듣고
深爲舊情悲 깊이 옛정을 슬퍼하누나.

昔尹完山日 夫君始見知 爭棋倚罷後 勸酒月明時
家業渠方盛 餘生我已衰 今聞賢內訃 深爲舊情悲 〈鴻山守申彦淑母挽〉『陽谷集』蘇世讓

好卜新阡兆 새로운 길에 조짐이 좋았는데
愁瞻舊隴雲 근심스레 옛 언덕의 구름을 본다.
庭除蘭玉秀 뜰에는 난옥의 빼어남이 사라졌고
餘慶大于門 경사는 문전에 크게 남았네.

賢比三遷教 年幾八秩尊 乘龍一進士 趨鯉兩生員
好卜新阡兆 愁瞻舊隴雲 庭除蘭玉秀 餘慶大于門 〈陳億母挽〉『陽谷集』蘇世讓

積慶仍前世 전세에 경사를 쌓았으니
遺榮裕後昆 남겨진 영화가 후손으로 이어지네.
可憐千字誄 가련하구나, 천자(千字)의 조문이
長照果川村 길게 과천마을에 비추는구나.

絳帳淸風遠 秤鎚古義存 鼎牲頤厚養 萊綵報深恩
積慶仍前世 遺榮裕後昆 可憐千字誄 長照果川村 〈宋留守璉母挽〉『陽谷集』蘇世讓

蝶夢辭人世 호접몽에 인간 세상 이별하고서
蟾宮伴月娥 달나라의 항아와 함께했더라.
秋原霜露降 가을 언덕에 서리가 내려
怵惕履如何 근심스레 밟으니 어찌할까나?

壽祿徵三甲 都緣毓慶多 劑丸初敎子 翦髻復宜家
蝶夢辭人世 蟾宮伴月娥 秋原霜露降 怵惕履如何 〈挽吳僉正準母氏〉『漁村集』沈彦光

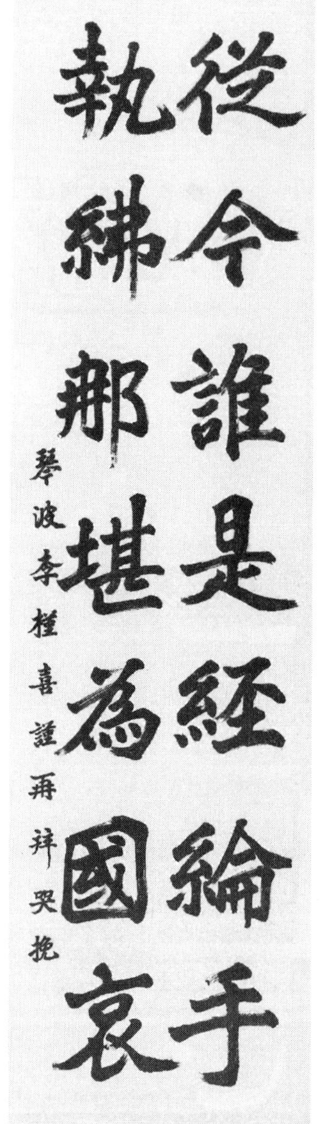

從今誰是經綸手 執紼那堪爲國哀
이제부터 누가 경륜의 고수인가 상엿줄 잡고서 국상을 어찌 견디나

- 琴波 李槿喜 書

一瞥人間夢 千秋地下郞 黔山故松栢 蕭瑟向斜陽
눈 한번 깜빡하는 꿈같은 세상 어느새 천만년 지하객이 되었구나
검단산 늙은 소나무에 기대서서 쓸쓸히 지는 해를 바라본다네

- 研石 徐吉順 書

萱華春忽謝　원추리 꽃피었다 봄에 홀연 시드니
奩澤愴方深　슬픔이 깊어 화장곽에 눈물 떨구네.
未究升堂約　승당(升堂)의 약속을 다하지 못했으니
空沾執紼襟　부질없이 상엿끈 잡고 눈물 흘린다오.

享應諸福備 年已八旬侵 頭角森瓊玉 門闌溢笏簪
萱華春忽謝 奩澤愴方深 未究升堂約 空沾執紼襟 〈蔡監司母氏挽〉『湖陰雜稿』鄭士龍

命世推豪俊　호걸을 추존할 운명이기에
宜家配得賢　화목한 가정 현인의 배필이 되었네.
瑟琴和在室　금슬같은 조화가 집에 있었고
蘭玉子盈前　난옥같은 자손들이 앞에 있었네.

命世推豪俊 宜家配得賢 瑟琴和在室 蘭玉子盈前
奇禍初誰料 餘生久欲捐 終踰八十壽 不昧荷天憐 〈沈希安母夫人挽〉『忍齋集』洪暹

貞淑生華閥　정숙한 분이 문벌가에 태어나
幽閑有令儀　조용하며 아름다운 자태가 있었네.
名聞擇配日　명성은 배필을 맞는 날 소문이 났고
孝著事親時　효성은 부모를 모실 때 드러났었지.

貞淑生華閥 幽閑有令儀 名聞擇配日 孝著事親時
頻見芝蘭秀 還知福履綏 門闌多喜色 迓婦得王姬 〈貞夫人李氏挽〉『忍齋集』洪暹

慶足歡娛日　경사는 기쁘고 즐거운 날에 있고
傷多痛割晨　상처는 아프고 헤어지는 새벽에 많네.
寧料事大謬　설마 크게 그르치려 했겠냐만
繡閤鎖凝塵　규문(閨門)이 먼지속에 잠겨있구나.

族擬周韓尹 賢侔衛碩人 金枝仍玉葉 懿戚即天倫
慶足歡娛日 傷多痛割晨 寧料事大謬 繡閤鎖凝塵 〈貞夫人李氏挽〉『忍齋集』洪暹

婦德無餘欠　부덕에 조그만 흠도 없어서
如賓四十年　손님같이 사십년을 모셔왔었네.
尊卑和梱內　위아래가 집안에서 화합을 했고
兄弟翕堂前　형제들은 집에서 화목했다네.

婦德無餘欠 如賓四十年 尊卑和梱內 兄弟翕堂前
公綽家庭懿 仙源配偶賢 箕疇歉一福 司命失常躔 〈挽錦陽君夫人安氏〉『河西全集』金麟厚

子女成家後　자녀들이 성가(成家)한 후에
兒孫滿眼前　손자들이 눈앞에 가득하였다.
重泉無所恨　황천(黃泉)에 가더라도 한이 없으리
壽福此雙全　수복(壽福)을 이렇게 겸했으니.

桃李初歡久 桑榆暮景遷 未亡非累歲 之死忽當年
子女成家後 兒孫滿眼前 重泉無所恨 壽福此雙全 〈挽李進士坤母氏〉『河西全集』金麟厚

凶訃傳千里　부음이 천리에 전해지고
沈痾誤一身　고질병에 일신(一身)이 그릇되었다 하네.
空山傷瘞璧　공산에 벽옥 묻고 마음이 아파
此日淚霑巾　오늘은 눈물만 흘리는구나.

連袂桓家舊 無分同氣親 春秋子女長 歲月酒漿陳
凶訃傳千里 沈痾誤一身 空山傷瘞璧 此日淚霑巾 〈挽容兄姨〉『河西全集』金麟厚

有德公姑喜　덕이 있어 공은 짐짓 기뻤고
無非酒食宜　주식(酒食)에 마땅하지 않음이 없었으나
長年損沈痼　나이들어 고질병에 몸이 상했기에
脩夜結深悲　긴긴밤에 깊은 시름 잠겼었다네.

有德公姑喜 無非酒食宜 長年損沈痼 脩夜結深悲
慶在傳家子 粧留學母兒 江都去時路 淚濕使君衣 〈挽江華夫人〉『海峰集』洪命元

南極壽星晦　남극의 수성이 어두워지니
北風飛旐翻　북풍에 조기가 펄럭이누나.
延津會有數　연진에서 몇 차례 만났었다고
人世謾誚魂　세상에선 그릇되이 고인을 원망한다.

煇奕家聲大 幽閑婦道尊 三州五鼎養 一子四孫存
南極壽星晦 北風飛旐翻 延津會有數 人世謾誚魂〈挽林咸陽大夫人〉『海峰集』洪命元

墓表幽閑德　묘표에는 한유(閑幽)한 덕이 있고
家傳煇奕聲　집안에선 밥짓고 바둑두는 소리.
泉臺會相樂　황천에서 만나면 서로 즐거우련만
存沒謾關情　그리운 마음만 오락가락하더라.

孝子成親志 經營出至誠 空山四載恨 同穴百年盟
墓表幽閑德 家傳煇奕聲 泉臺會相樂 存沒謾關情〈崔正郎母氏合葬挽〉『海峰集』洪命元

竹軒今絶響　죽헌에 이제 음성 끊기고
金海舊流芳　김해에 옛 명성이 남아있구나.
回首情無極　머리 돌리니 그대 한없이 그리워지나
思亭掛夕陽　정자엔 석양이 걸려있도다.

〈金思亭夫人李氏挽詞〉『牧隱藁』李穡

宜家事哲人　집안을 화목하게 하여 철인을 섬겼고
教子作忠臣　자식을 가르쳐 충신으로 만드셨네.
婦德母儀盡　부덕과 모의를 다하셨으니
清風動搢紳　맑은 기풍으로 관리들을 감동시켰다.

〈興寧府院君母氏挽詞〉『獨谷集』成石璘

稟性貞嘉寂　품성이 곧고 아름다우셨기에

儷尊富貴全　부군의 부귀가 온전하셨다.
誰知忽奔月　누가 알았으랴 홀연히 떠나실 줄
自是爲賓天　이로부터 하늘의 객이 되었네.

〈王惠妃挽章〉『春亭集』卞季良

稟性貞嘉最　품성이 최고로 아름답고 곧으니
儷尊富貴全　지존과 짝이 되어 부귀를 누리었지.
誰知忽奔月　홀연히 달나라로 가실 줄 누가 알리요
自是爲賓天　이로부터 하늘의 객이 되었네.

〈王惠妃輓詞〉『春亭集』卞季良

物外西王母　속세를 떠난 서왕모
雲間婺女星　구름 사이의 무녀성 되었더라.
秖今渾不見　지금은 가려서 보이지 않지만
衰淚自泉零　쇠잔한 눈물 황천에서 떨어지네.

〈李綾城母氏挽〉『訥齋集』朴祥

夕膳寒鱻白　저녁 반찬은 추운 날에 생선이고
晨餐雪筍青　새벽밥엔 눈속의 푸른 죽순이라네.
南陔情未盡　남쪽 층계엔 정이 다하지 않았으니
月轂輾冥冥　둥근달만 아득히 흘러가누나.

〈李綾城母氏挽〉『訥齋集』朴祥

含飴弄孫日　엿을 주며 손자와 놀던 날
綵服舞中庭　색동 옷 입고 뜰에서 춤을 추었네.
望百逢初一　망백이 되고 첫해이니

何知減九齡 구년을 감할 줄 어찌 알았으랴.

〈李綾城母氏挽〉『訥齋集』朴祥

壽福人間少 장수하는 복은 사람에게 드물고
常多母葬兒 어미가 자식을 장사지내는 일 많더라.
三男俱白髮 세 아들이 모두 백발이 되었으니
窀穸不應悲 무덤 속에서도 응당 슬프지 않으리.

〈李綾城母氏挽〉『訥齋集』朴祥

儒林聲譽早 유림에선 일찍이 명성이 있었지만
多士獨超群 많은 선비들 가운데 홀로 뛰어났네.
一夢南柯曉 인생사 하루아침 남가일몽이라지만
傳家子又文 가문에 전하여 자식이 또한 문장가라.

儒林聲譽早 多士獨超群 載筆天香近 能詩句法聞
歷敭周綴著 誠實少華芬 一夢南柯曉 傳家子又文〈柳仁貴僉知挽〉『默齋集』洪彦弼

3) 40자의 만장

令子深投分 아드님과 깊이 마음을 함께 했고
慈闈仰德音 직접 찾아뵙고 덕음(德音)을 들었지
殘年菽水樂 숙수의 즐거움 누리신 만년(晩年)
半世栢丹心 백단의 마음 지키신 반생(半生).
泡影俄相促 사정없이 흐르는 물거품 인생
悲歡杳莫尋 애환의 그 모습 이젠 보지 못하누나
秋風寄哀挽 가을바람에 만사(挽辭) 부치고
萬事一沾襟 모든 일 생각하며 옷깃적시네.

〈金子長母夫人挽〉『谿谷集』張維

平生洪水部　평생동안 홍 수부와는
交誼比金蘭　금란에 비견될 우의가 있고
色養三牲備　기쁜 얼굴로 진수성찬 구비한 효성
人生九袠難　인생 구십은 누리기 어려워라.
春萱忽以瘁　봄날 원추리는 홀연히 시들고
露薤遽成乾　이슬젖은 부춧잎 말라버렸네
素翣沿淸漢　흰 운삽 한강 물 따라가는데
秋原拱木寒　묘소근처 나무들 추위에 떤다.

〈洪勉叔先夫人挽〉『谿谷集』張維

芳年修婦道　꽃다운 나이에 부도를 닦아
能使室家宜　집안을 화목케 할 수 있었네.
可惜望夫日　애석하다. 지아비 바라던 날이
俄成奔月期　갑자기 월궁으로 달려갈 시간인 줄을.
高堂猶有父　높은 당엔 아직 아비가 살아있지만
哭泣却無兒　눈물지을 아이는 도리어 없구나.
此恨難堪說　이 한을 차마 말하기 어렵지만
聞之孰不悲　들으면 누군들 슬프지 않으랴?

〈金中樞妻氏挽辭〉『陽村集』權近

夫婦三年別　부부가 삼년을 이별하니
炎荒萬里回　황량함만 고향으로 돌아오누나.
初乾兩眼淚　두 눈에 눈물 마르기도 전에
遽有一朝災　하루아침에 이 무슨 재앙이런가?
大事終誰免　큰일은 마침내 그 누가 면하며
靑春最可哀　청춘에 이다지도 슬플 수 있나
平生伯鸞志　평생토록 부부의 연 맺으려는데

肝膽想崩摧　간담이 무너지고 꺾여 지누나.

〈挽敬夫妻氏詞〉『寓菴稿』洪彦忠

東平爲善樂　동평은 선을 하기 좋아했는데
偕老壽閨深　해로의 수명이 규문에 깊었도다.
福履家人頌　복록은 가인들이 송축을 하고
儀刑戚里欽　의형은 친척들이 흠모하누나.
收神仙府遠　정신 거두니 신선 마을은 멀고
飛旐暮阡陰　명정 날리니 저문 언덕 어두워라
瓜葛情何已　인척의 정을 어찌 말 수 있으랴
西風淚滿襟　서풍에 흐르는 눈물 옷깃에 가득하네.

〈孝寧大君夫人鄭氏挽章〉『佔畢齋集』金宗直

世家生碩媛　세가에 아름다운 여인 태어나
早荷九重恩　일찍이 구중의 은혜 입었어라.
琴瑟徽音盛　금슬은 아름다운 명성이 드높았고
芝蘭奕葉繁　지란은 대대로 번창하였네.
宗姻輝懿範　종중에선 의범을 빛냈고
鬟珮斂芳魂　쪽머리 패옥엔 꽃다운 넋 거두었네.
相挽秋風外　가을바람에 상엿줄 끌면서
無端拭淚痕　끝없이 흐르는 눈물을 닦는다오.

〈孝寧大君夫人鄭氏挽章〉『佔畢齋集』金宗直

生榮無復憾　살아서의 영화는 더할 게 없으나
駒隙亦堪悲　빠른 세월은 또한 슬프기도 하여라.
擧案當時範　거안(擧案)은 당시의 모범이요
闖門後世儀　위문은 후세의 의표가 되었도다.

人生誰不死　百歲皆同歸　情鍾屬我輩　題挽涕交頤
인생 뉘라서 죽지 않을까 백 세 안에 모두 다 돌아간다오
정이 많아 우리들과 함께 했으니 만사를 지으며 눈물 흘리네

遺令孤皆奉　陰功世莫聞　秋風數行淚　洒向北邙墳
유언은 아들이 받들겠지만 숨은 공은 세상사람 듣지 못했네
가을바람에 두 줄기 눈물을 북망산 무덤 위에다 뿌리노라

\- 陶谷 洪愚基 書

龍津雲影合　용진엔 구름 그림자 드리우고
萱砌露華萎　어머님 방 섬돌엔 이슬 빛이 시들었네.
落日佳城閉　저문 날에 묘지의 문이 닫히니
臨風謾涕洟　바람 앞에 부질없이 눈물흘린다.

〈文僉知修德母氏挽〉『佔畢齋集』金宗直

夫人晚福厚　부인께선 늦복이 많으셨지만
常說少時貧　젊을 때는 가난했다 항상 말했지.
剪髮供來客　머리 잘라 팔아서 손님 맞았고
舂粱悅老親　기장쌀 방아 찧어 노친을 봉양했네.
慈恩誰竟報　인자한 은혜 끝내 누가 갚을까
柔德世希倫　온유한 덕 세상에 짝할 이 없구나.
悽愴東坡驛　서글프다. 동파역에서
楓林雨洗塵　단풍 숲에 내리는 비 먼지를 씻어낸다.

〈外姑李淑夫人輓詞〉『與猶堂全書』丁若鏞

諸胤曾來學　모든 자손 일찍이 와서 배웠는데
風姿已宿成　풍모는 이미 숙성했다네.
豈惟庭訓美　어찌 정훈(庭訓)의 아름다움을 생각할까?
仍識母儀貞　어머니의 행실을 알고 있음이라.
孰謂同酸苦　누가 고통을 함께할까나
居然隔死生　갑자기 사생으로 갈라졌는데
他時床上笏　다른 날 상위의 홀기에는
應作一家榮　마땅히 일가의 영화가 기록되리라.

〈李參奉濟翁妻挽詞〉『思齋集』金正國

奄忽浮生事　갑자기 뜬구름 인사가 되니

傷心復問誰 아픈 마음을 누구에게 다시 물을까?
塵埃餘鏡匣 먼지는 거울갑에 쌓여있고
襁褓有孤兒 포대기에는 어린 아이가 있구나.
夜月東方殞 밤에 뜬 달은 동방으로 떨어지고
朝英未夕萎 아침 꽃 저녁에 시들지 않았는데
無窮宇宙內 무궁한 우주내에서
乘化竟安之 신선이 되어 어디로 가는가?

〈金同知女子挽癸酉〉『冲庵集』金淨

夫人亦吾母 부인이 또한 나의 어머니라
博士是年兄 박사는 형님이었지.
忽聽人傳訃 갑자기 부음을 전해 듣고는
驚呼我失聲 놀라 울면서 나는 말을 잊었네.
終天埋永恨 세상 떠나 통한을 묻었다지만
繼世有長榮 대대로 영화는 계속되리라.
故宅春還到 고택에 봄이 다시 돌아왔으나
依然寸草情 부모향한 자식정은 여전하더라.

〈同年友鄭子仁亡母挽章〉『立巖集』閔齊仁

天賦柔嘉質 하늘이 아름다운 자질을 부여하니
人生福履繁 인생에 복록은 융성하다네.
光陰餘八袠 수명이 팔십이 넘어
金紫見諸孫 고관대작 된 손자들도 보았더라.
落月明丹旐 지는 달빛은 명정에 비추고
屯雲鎖九原 엉은 구름은 구천을 봉했다네.
哀榮誰得比 슬픔과 영광을 누가 견주리오.
幹蠱是元勳 훌륭한 자손이 으뜸가는 공이라.

〈義安大君母輓詞〉『春亭集』卞季良

天賦宜家德　집안을 잘 꾸리는 덕성을 타고나니
人推敎子賢　아들을 잘 가르친다 사람들 추앙했었지.
鼓盆嗟已矣　아쉽게도 부인이 세상을 떠나
奔月竟茫然　달나라로 가셨으니 아득하여라.
會葬章和曲　장화 어귀 모여서 장례를 치르고
趨朝華岳前　화악산 앞에 나가 아침 참배 드리었네.
傷心時北望　상심되어 때때로 북쪽을 바라보니
滿目但雲烟　눈에 가득 구름만 떠나가네.

〈韓議郎承顔母輓詞〉『春亭集』卞季良

配德徽聲遠　멀리까지 퍼진 부인의 덕성
恩封象服[62]宜　상복은 당연한 은사(恩賜)로다.
暮年多苦節　만년까지 이어진 꿋꿋한 절개
榮養有賢兒　현명한 자제들 봉양도 받았다네.
獨閱悲歡盡　슬픔과 기쁨 얼마나 겪었던가.
俄驚夢幻移　이제는 모두가 꿈속의 일이로다.
驪江會劍地　여강가에서 임종처 만나니
飛旐卷寒颸　싸늘한 바람결에 만장이 휘말리네.

〈完陽夫人挽詞〉『谿谷集』張維

平生李觀察　평생토록 우리 이 관찰사와는
交誼比金蘭　금란에 비길 만한 교분이었지.
未展鵬圖遠　붕정만리 원대한 꿈 펴지 못한 채

62) 象服 : 옛날 후비와 귀부인 등이 입던 예복.

空留鸞鏡[63]單　난경만 부질없이 남겼나니
松門[64]春不暖　송문에 봄이 와도 봄 같지 않아
薤葉露仍乾　해로처럼 금새 말라 버렸네.
好是雙龍劍　이제는 정녕 쌍룡검처럼
同歸楚水寒　차가운 초수로 함께 가리라.

〈李觀察汝復妻挽詞〉『谿谷集』張維

碩媛生名族　명가 출신의 빼어난 규수
徽聲協國風　아름다운 명성 국풍에 어울린다.
金枝初配德　이제 막 금지(金枝)의 배필이 되었는데
玉樹竟成空　낭군이 결국엔 쓰러졌다네.
劍化驚波裏　놀란 파도 속으로 쌍검 사라지고
鸞分寶鏡中　거울 속에 봉황새 홀로 남았네.
王孫悼亡恨　짝 잃은 왕손의 애달픔이여
應與古人同　옛사람과 그 심경 같을 것이라.

〈懷恩君夫人挽詞〉『谿谷集』張維

痛哭夫人逝　통곡하네, 부인이 떠나가시니
宜家德譽存　집안에 부덕과 영예를 남겼구나.
已乖偕老約　이미 백년해로 언약은 어기었고
先背所天恩　먼저 천은을 저버렸다네.
獨樹無連理　홀로된 나무는 연리지가 될 수 없고
孤蘭不續根　외로운 난초는 뿌리가 얽히지 못하네.
悠悠世間事　아득한 세간의 일이란
地下結貞魂　지하에서 곧은 영혼 맺으리.

---

63) 鸞鏡 : 아리따운 부인.
64) 松門 : 외롭고 쓸쓸한 閨房.

〈挽朴承旨壕夫人〉『月軒集』 丁壽崗

門地三韓貴　삼한(三韓)에 한씨 가문 존귀했었고
家風一代聞　가풍은 한 세대에 소문이 났네.
事天惟必敬　하늘을 섬김에 오직 공경하였고
生子摠能文　자식들은 모두 문장에 능했더라.
連理枝何折　連理枝는 어이하여 꺾이었으며
雙棲鳥忽分　比翼鳥도 홀연히 나뉘어졌나.
可憐東郭外　가련하다 동쪽 성 밖에
孤塚掩山雲　외로운 무덤을 산 구름이 덮어주네.

〈挽韓牧使夫人〉『月軒集』 丁壽崗

早悟無生妙　무생의 법칙을 일찍 깨달았으니
歸眞脫屣同　죽음이야 헌 신짝 벗음 같고
維摩非是病　유마는 시비가 병통이요
法喜本來空　법희는 본디 공허한 것이네.
萬劫灰猶黑　만겁의 재는 그대로 까맣고
千燈焰尙紅　천등의 불꽃은 아직 밝아라.
人間那久住　인간에 어찌 오래 머물 수 있으랴
兜率有天宮　본디 도솔천에 궁전이 있는 걸.

〈淨業院住持比丘尼挽詞〉『四佳集』 徐居正

4) 14자의 만장

鄕閭有眼皆揮淚　마을에 눈 있는 자 모두 눈물 뿌리니
滴滴潺湲漲九泉　방울방울 흘러 구천이 불어났네.

織屨稱觴效古賢 一生貞潔孰能肩 鄕閭有眼皆揮淚 滴滴潺湲漲九泉
〈元長興母趙夫人挽詞〉『耘谷行錄』元天錫

可憐四十生涯盡 가련하다 사십에 생애 마치니
行路何人不爲悲 길가는 누군들 슬퍼않으리.

勤儉居家婦道宜 慶鍾生女配金枝 可憐四十生涯盡 行路何人不爲悲
〈金宰臣漢老妻氏挽章〉『春亭集』卞季良

門生情義非他比 문생의 정과 의리 남들보다 깊기에
祇綴荒辭贊碩休 공손하게 만사 지어 크나큰 덕 기린다네.

德媲名賢式訓猷 爲仁爲禮肅而柔 三從淑愼人無間 五福均全世罕儔
鄕里爭稱閨範整 佳川遽見壼儀收 門生情義非他比 祇綴荒辭贊碩休〈貞夫人權氏挽〉『鶴峯逸稿』鄭佺

軒星掩彩天無色 별이 빛을 잃으니 하늘도 무색하고
蘭殿銷芳草不春 궁전에 꽃 없으니 초목도 봄이 없네.

曾闢東朝母萬民 別開閑館攝精神 軒星掩彩天無色 蘭殿銷芳草不春
內範已書彤管手 後宮猶認玉衣身 仙遊謁帝應差樂 拭淚哀號世上人
〈王大后挽詞大上皇母受勅述〉『東國李相國集』李奎報

仙遊謁帝應差樂 신선으로 옥황상제 뵈어 즐거우리니
拭淚哀號世上人 통곡하는 세상사람들아 눈물 닦으라.

曾闢東朝母萬民 別開閑館攝精神 軒星掩彩天無色 蘭殿銷芳草不春
內範已書彤管手 後宮猶認玉衣身 仙遊謁帝應差樂 拭淚哀號世上人
〈王大后挽詞大上皇母受勅述〉『東國李相國集』李奎報

惆悵仙蹤何處問 슬프다 신선의 자취 어디에 물어볼까?
黃泉碧落兩茫茫 황천이나 하늘이나 둘 다 아득하구나.

翩翩丹旐立宮墻 臣妾哀號淚滿裳 大姒嗣音家道正 莊姜無子國人傷

龍輴啓路雲煙慘 馬鬣因山樹木蒼 惆悵仙蹤何處問 黃泉碧落兩茫茫〈敬和王后挽詞〉『東文選』金富

惆悵未能偕白髮 백년해로를 하지 못함 슬퍼하여서
乘鸞今復去奔娥 난새 타고 지금 달 속으로 달려가네.

驪江門閥舊傳家 一醮于歸婦則多 惆悵未能偕白髮 乘鸞今復去奔娥〈閔誼妻挽章〉『四佳集』徐居正

共道天姿淑且仁 천품이 정숙하고 인자하다 말하고
閨儀閫則世無倫 규문의 법도가 세상에 둘도 없네.

共道天姿淑且仁 閨儀閫則世無倫 兩家尺五眞相敵 萬石僮千孰謂貧
繡閤簾櫳渾舊夢 名園花卉又新春 雲軿冉冉歸何處 應件瑤池戴勝人
〈晉山君夫人安氏挽章〉『佔畢齋集』金宗直

繡閤簾櫳渾舊夢 화려한 문, 주렴의 창 모두가 옛 꿈이요
名園花卉又新春 명원의 화초들은 새로 봄을 만났구나.

共道天姿淑且仁 閨儀閫則世無倫 兩家尺五眞相敵 萬石僮千孰謂貧
繡閤簾櫳渾舊夢 名園花卉又新春 雲軿冉冉歸何處 應件瑤池戴勝人
〈晉山君夫人安氏挽章〉『佔畢齋集』金宗直

承家有幹生何憾 집안 이을 기둥 있어 삶에 어찌 근심하며
享福無虧死亦榮 복을 누림 온전하니 죽어도 영화롭네.

結髮同堂如手足 光陰十七夢初驚 承家有幹生何憾 享福無虧死亦榮
百歲只令悲晳晳 九原應復念卿卿 驪江日夜東流去 一送靈輀淚幾零〈挽金驪牧夫人〉『企齋集』申光漢

七十流年露易晞 칠십년 세월이 이슬처럼 빨리 말라
浮生一去幾時歸 뜬구름 같은 삶 한 번 가면 언제 오려나.

七十流年露易晞 浮生一去幾時歸 臼中誰解張生夢 堂下空抛老子衣
未把長繩留暮景 難將寸草報春暉 此身亦抱終天感 回首西風涕自揮
〈權副正祺母氏挽詞〉『漁村集』沈彦光

雨僁青春見落花　청춘에 낙화(落花)를 봄에 근심스러워
世間無術住芳華　세간(世間)에 핀 꽃을 머무르게 할 수 없네.

雨僁青春見落花 世間無術住芳華 波寒洛浦抛羅襪 雲過銀河隔錦梭
堂上梧棬餘手澤 夢中蝴蝶了生涯 悠悠三十年前事 付與邙山唱薤歌〈挽李都事妻氏〉『漁村集』沈彦光

憂樂已空陳迹滅　고락은 부질없고 묵은 자취 사라졌으니
雲邊何處逐雙鸞　구름 가 어느 곳에서 난새를 따라가나?

平生禍福最無端 天意難教一樣看 賦德全輸閨閫則 傳家還惜子孫懽
終延上壽恩加厚 早奪良人事不完 憂樂已空陳迹滅 雲邊何處逐雙鸞
〈成判書健夫人挽夫人有壽無後〉『俛仰集』宋純

半世已多徵吉夢　반세동안 이미 길한 꿈 많이 꾸었었는데
中途何遽作哀惸　중도에 어찌 슬픔근심 갑자기 만들었는가?

延安金譜舊簪纓 今復移天得顯榮 半世已多徵吉夢 中途何遽作哀惸
恩霑夜隧年雙九　慶到兒官月缺盈 弱草驚塵誰不痛 歸依還幸是同塋〈貞夫人挽詞〉『退溪集』李滉

萬事人間無不足　세상의 모든 일에 부족함이 없었으니
地仙今去作天仙　지선이 방금 떠나 천선이 되었겠네.

欠却百齡只七算 一非爲少兒郎賢 萬事人間無不足 地仙今去作天仙
〈趙通禮景禛母夫人挽〉『鶴谷集』洪瑞鳳

兩男俱是趨庭鯉　두 아들 다 공자님의 가르침을 받았고
諸女皆爲擧案蛾　여러 딸 모두 공손함을 갖추었네.

當年文敏數經過 折行交情感幾多 故識夫人賢有自 似憐已子意无它
兩男俱是趨庭鯉 諸女皆爲擧案蛾 執紼出城念疇昔 秋風哀淚洒滂沱
〈金文敏公夫人元氏挽章〉『及菴詩集』閔思平

最恨堂前無嗣續　당전에 자손없음이 제일 한스럽고

堪誇門下出公卿 문하에 공경을 냄이 자랑스럽다네.

昔自先生夢兩楹 傷心一十八年更 琴書寂寞塵空滿 亭榭荒涼月獨明
最恨堂前無嗣續 堪誇門下出公卿 夫人此日遺環佩 回首南村涕淚傾
〈座主李文忠夫人金氏挽章南村先生李公遂〉『惕若齋學吟集』金九容

鸞鏡塵生新月墮 난경이 진세에 낳으시니 신월이시고
鳳簫聲斷彩雲空 봉소소리 끊기니 채운만 부질없네.

脩短誰將善惡同 蒼茫天意諒難窮 氣移象魏崇高裏 心正關雎敎化中
鸞鏡塵生新月墮 鳳簫聲斷彩雲空 料應別有銷魂處 未遂千秋奉兩宮
〈慶安宮主挽章〉『獨谷集』成石璘

未有慈親代嚴父 자친이 엄부를 대신할 수 없으나
能令愛子作忠臣 자식들로 하여금 충신이 되게 했네.

我思今與古之人 家訓丁寧乃立身 未有慈親代嚴父 能令愛子作忠臣
官高不懈猶懷橘 恩重難忘豈卜隣 縱是化行同影響 感公高義倍霑巾
〈安城君母氏挽詞〉『獨谷集』成石璘

空閨寂寂鴛鴦冷 텅빈 규문 적적하고 원앙금침 차가운데
隻枕悠悠翡翠寒 쌍침은 유유하고 비취병풍 싸늘하다.

平生淑質稟椒蘭 德冠鄕閭婦德完 四十九年歸去速 百千三昧挽留難
空閨寂寂鴛鴦冷 隻枕悠悠翡翠寒 不獨吾儕多慘慼 白雲流水摠悲歎
〈判書鄭乙產妻辛郡君挽詞〉『耘谷行錄』元天錫

三從善處彝倫變 삼종지도 잘하니 윤리 떳떳하고
一德無違婦道淳 덕은 어김없고 부도는 순후했네.

同年桑谷少相親 不減前賢雷與陳 屢合論文狂散友 幾煩主饋大夫人
三從善處彝倫變 一德無違婦道淳 喜見高門臨玉樹 忽聞奔月倍傷神〈成判書妻氏挽詞〉『復齋集』鄭摠

高門豈獨于公慶 높은 가문 어찌 공 홀로 경사리오
盛德皆稱孟母隣 성한 덕은 모두가 맹모의 이웃이라.

老子崇班聳搢紳 天敎應數出忠臣 高門豈獨于公慶 盛德皆稱孟母隣
通籍諸孫揚宦路 兩髦全節動詩人 定知無憾重泉下 終始哀榮過入旨

〈左相黃公母氏挽詞〉『復齋集』鄭摠

秋風瑟瑟吹丹旐 가을바람 소슬히 단기에 불고
衰草斜陽滿目悲 시든 풀 지는 해 눈 가득한 슬픔이여.

淑愼柔嘉德不虧 宜家主饋百年期 忽催奔月仙遊遠 便見浮雲世事非
冥冥幽堂誰奉祀 蒼茫天道實無知 秋風瑟瑟吹丹旐 衰草斜陽滿目悲〈李司尹妻氏挽〉『復齋集』鄭摠

東野凄風曾淅瀝 동녘에 슬픈 바람 쓸쓸히 불고
北堂斜日有枯萱 북당의 기운 해에 마른 훤초 있더라.

백제문화제에서의 만장재현모습 - 사진제공 : 최근태

宜家宜室稱詩云 維靜維貞配相門 東野凄風曾淅瀝 北堂斜日有枯萱
巾箱寂寞漢山月 節鉞蒼茫竹嶺雲 夫子與吾金石意 毁哀悲謾異諸君

〈挽趙判院末生夫人〉『敬齋集』河演

鳳樹凄涼凰已去 봉수엔 처량하게 봉황떠나고
蟾宮縹緲氣初連 섬궁에 아득히 기운 처음 이어지네.

幽閒貞靜婦儀全 宜室宜家主饋賢 鳳樹凄涼凰已去 蟾宮縹緲氣初連
一生逝事消殘雪 四子哀呼迸九泉 淡月疏星城路下 悲歌薤露向新阡

〈挽李承旨堅基夫人〉『敬齋集』河演

蒼茫舊樹寒煙鎖 창망히 묵은 나무 찬 안개 둘렀고
慘澹新阡落月斜 참담한 새 길에 기운달 비꼈구나.

奩箱節行自貞嘉 來配高門積善家 一子反哺誠未盡 九原還魄恨如何
蒼茫舊樹寒煙鎖 慘澹新阡落月斜 以我族親哀更苦 悠悠薤露望雲霞〈挽尹僉知敞夫人〉『敬齋集』河演

平生節操自貞嘉 평생 절조는 절로 곧고 아름다웠고
來配高門積善家 훌륭한 가문 적선가와 짝지었네.

平生節操自貞嘉 來配高門積善家 孝子反哺誠未盡 孟姬生別恨如何
悠悠冷夢碧欄月 寂寂芳魂瑞郡花 路塞杳然難執紼 謾添悲悼望雲霞

〈挽成判院事達生夫人〉『敬齋集』河演

人間富貴三韓極 인간세상 부귀는 삼한에 지극하고
世上春秋八秩隣 세상에서 팔십 장수하셨네.

太宗當日選名門 手詔溫諄定吉晨 百兩入朝爲國婦 萬鍾食祿配王親
人間富貴三韓極 世上春秋八秩隣 不向月宮遊廣漢 應同王母上蒼旻

〈孝寧大君夫人挽詞〉『拭疣集』金守溫

南山慘淡秋風晩 남산에 참담하게 가을바람 불고
北闕凄涼曉月天 북궐에 처량히도 새벽달 떴네.

銅闈淑德獨能全 又誕元孫慶益緜 沴氣潛隨佳氣入 歡聲暗與哭聲連
南山慘淡秋風晩 北闕凄涼曉月天 一國人民誰不慟 宮臣哀淚倍潺潺

〈文宗王妃挽章〉『太虛亭集』崔恒

富貴光華當代少 부귀 광화가 당대에는 적었어도
哀榮終始後人傳 애영(哀榮)의 시종(始終)을 후인에 전한다네.

封大夫人福履繁 壺儀慈範更雙全 三公作配三遷教 五子聯芳五榜賢
富貴光華當代少 哀榮終始後人傳 流芳袞袞應無艾 扶柩兒孫又滿前

〈李議政仁孫妻氏挽詞〉『四佳集』徐居正

積德已深須食報 깊이 덕을 쌓아 녹으로 보답되니
也知餘慶定綿綿 여경의 면면함을 알겠도다.

青春擇配始移天 擧案齊眉夙著賢 偕老誓言空委地 未亡悲淚幾多年
一生贏得萱堂養 三品還看彩服聯 積德已深須食報 也知餘慶定綿綿 〈朴士華母氏挽詞〉『三灘集』李承召

琴瑟幾年家道睦 금슬 좋게 가도 화목함이 몇 년이던가?
鳲鳩一德母慈隆 뻐꾸기의 덕처럼 어미사랑 크도다.

申申令問合華宗 圖史蘋蘩更肅雍 琴瑟幾年家道睦 鳲鳩一德母慈隆
菱花塵黯但奩具 翁仲雲深空斧封 雙璧吾曾投契分 含酸相挽豈雷同

〈李提學氷母挽章代作〉『佔畢齋集』金宗直

他時賓友如相訪 다른 날 벗들이 서로 찾으면
爲記三遷孟母廬 세 번 이사한 맹모의 집이라 기록하겠네.

誰見和熊勸學初 兒郎袞袞入中書 他時賓友如相訪 爲記三遷孟母廬

〈玄舍人母李氏挽章〉『佔畢齋集』金宗直

浮世九旬爲聖善 구십 년 부세(浮世)에 선행 쌓았고
崇班二子擅光榮 두 아들 뛰어나 광영을 홀로 했네.

手抛奩具閱堯蓂 富貴居然過一生 浮世九旬爲聖善 崇班二子擅光榮
兒孫擁路轜車逗 風雪渾山梓樹鳴 誰向佳城偏慘戚 水流花謝本無情

〈金三宰漑母氏挽〉『佔畢齋集』金宗直

風望早因慈訓得 풍채덕망 일찍이 자훈(慈訓)에서 얻었으니
生榮況與死哀全 생전 영화가 사후 슬픔에 온전할 수 있나.

嗣音不獨家人饋 教子爭希孟母遷 風望早因慈訓得 生榮況與死哀全
萱闈謾yyy蚊飛枕 萬里新開鶴弔阡 我與三郎交莫逆 西風相挽意茫然

〈成判書任母安氏挽章〉『佔畢齋集』金宗直

欲知伉儷情深處 내외의 정 깊은 곳 알려했기에
臘盡吟魂不在梅 섣달가고 매화를 읊으나 매화가 없네.

詩禮興寧有自來 夫人士行女中魁 台階蕩蕩犀方暈 震木蒼蒼桂又開
鸞誥幾曾隨雨露 魚軒今已委塵埃 欲知伉儷情深處 臘盡吟魂不在梅

〈晉山君夫人安氏挽章〉『佔畢齋集』金宗直

靈輀忽指新開壟 영구는 홀연히 새 무덤을 가리키고
落照空曛舊倚門 석양빛은 옛 문에 땅거미지네.

春風榮悴見庭萱 華屋丘山不忍言 君子有膺鮐背頌 夫人幾衍誥花恩
靈輀忽指新開壟 落照空曛舊倚門 應有張林紀遺德 河東名閥母儀尊

〈鄭文成公獜趾妻氏挽章〉『佔畢齋集』金宗直

可憐君子恩先畢 가련하다 군자의 은총 먼저 입었고
還喜螽斯福更延 기뻐라 금슬 좋아 자식 복 이어졌네.

榮養高堂八十年 一門風化自熙然 可憐君子恩先畢 還喜螽斯福更延
手澤尙存衣線上 家坊猶在學宮邊 兩男才氣難兄弟 應把靑氈世世傳

〈挽朴安山母夫人〉『月軒集』丁壽崗

乘化眞遊尋上界 승화한 후 천상경계 찾아 놀았고

傳家奕業大于門 큰 업적을 전하여 가문이 융성했네.

壽過稀年由積善 愛留三異解推恩 多男共覩輝庭玉 遺慶終應至後昆
乘化眞遊尋上界 傳家奕業大于門 哀榮到此全終始 薤唱聲悲徹厚坤 〈趙銅虎挽詞〉『二樂亭集』申用漑

身隨造化名猶在 몸은 떠났지만 명예는 남아있고
夢落邯鄲迹已陳 한단지몽 빠졌지만 옛 흔적이라.

簪纓奕世映朱輪 刮去驕豪意更淳 宅裏園林同外境 公餘巾屨作閑人
身隨造化名猶在 夢落邯鄲迹已陳 此日親朋傷伯道 曉風薤露哭靈輴
〈成知事世明挽詞〉『二樂亭集』申用漑

每把漁綸遊水國 매양 낚시하며 수국에서 놀았으나
何知塵夢落邯鄲 한단지몽에 빠졌음을 어찌 알았으랴.

家世蟬聯長綺紈 襟期脫略絶波瀾 早年金玉輝腰項 末路鵾鵬戢羽翰
每把漁綸遊水國 何知塵夢落邯鄲 光陰耳順眞駒隙 惆悵西風薤露寒
〈盧同知公裕挽詞〉『二樂亭集』申用漑

濟時事業名留策 시대를 구제한 사업 명성이 남아있고
傾世文章筆有花 세상을 놀랜 문장 붓끝에서 꽃 피웠네.

氣局弘厖柱國家 心源淳古絶紛華 濟時事業名留策 傾世文章筆有花
門慶共知天福善 龜齡不減壽飡霞 充閭幹蠱相承繼 終始哀榮萬口嗟
〈文城府院君柳洵挽詞〉『二樂亭集』申用漑

福澤千年應不沫 복택은 천년 가도 거품 아니요
哀榮一世亦無虧 애영은 일세에 그릇될 수 없다네.

自是昂昂獨鶴姿 高懷不許俗人知 名場幾縮工倕手 寶樹堪誇謝氏兒
福澤千年應不沫 哀榮一世亦無虧 平生金石元方友 職禁還違負紼馳
〈李修撰希曾挽〉『十清軒集』金世弼

生前富貴鬼神忌 살아생전 부귀공명 귀신이 꺼려하고

身後功名簡冊香　몸소 남긴 공과 명예 책속에 향기롭네.

吉昌勳業冠東方 糠粃猶能紀太常 賓客一時皆可數 風流當日更誰長
生前富貴鬼神忌 身後功名簡冊香 嗟我敢論君子德 一言聊復寫哀章〈挽人〉『寓菴稿』洪彦忠

故園邈在天南極　옛 동산은 아득히 하늘 끝에 있지만
魂魄遙應到膝邊　혼백은 멀어도 무릎앞에 이르리.

辛苦辭親戍北門 蹉跎一病竟無痊 故園邈在天南極 魂魄遙應到膝邊
〈挽再從弟克勤〉『憂亭集』金克成

身獨未亡魂已斷　몸은 아직 남았지만 혼은 이미 끊어졌고
骨終難朽穴同藏　뼈는 썩기 어려워 땅속에 묻힌다네.

戊午燕山風雨狂 士林相泣半投荒 關西鵬舍人先逝 嶺外牛車淚幾滂
身獨未亡魂已斷 骨終難朽穴同藏 異時太史編遺傳 翁媼聯書萬古香〈表直學憑母氏挽〉『訥齋集』朴祥

5) 28자의 만장

貞姿五十四年春　곧은 자태 오십사년 세월이
一夕粧閨忽掩塵　하루저녁 규문에 티끌이 가리웠네.
滿路送行誰不慟　길 가득한 송객 누가 애통하지 않으리
曾從令子忝交親　일찍이 아드님 쫓아 교분 맺었다오.

〈許遲母氏挽章〉『春亭集』卞季良

治民二邑有徽音　두 고을 다스릴 제 칭송이 있었고
晩景桑林雨露深　만경 뽕밭에 우로가 깊었다네.
莫謂九原埋片玉　구원에 조각옥을 묻었다 이르지 마오.
乘龍幹蠱摠璆琳　용을 탄 듯한 일처리 모두 보옥이라네.

〈挽李大司成吉培夫人〉『敬齋集』河演

玉樹瑤枝爭挺秀　뛰어난 인재들 다투어 빼어나고
金章犀帶擁繽紛　문장과 벼슬이 무성하도다.
玄雲滿眼行隨紼　눈에 가득한 현운 상여따라 가는데
白雪飄顚坐鼓盆　상처한 슬픔인 듯 백설만 흩날리네.

淑德端宜媲大君 光膺五福罕曾聞 恩疏紫極輝三世 慶冠朱闈享八旬
玉樹瑤枝爭挺秀 金章犀帶擁繽紛 玄雲滿眼行隨紼 白雪飄顚坐鼓盆
富貴一朝山寂寂 哀榮千載水沄沄 縱然奪月徽音在 炳煥麗牲付外孫

〈孝寧大君夫人挽章〉『太虛亭集』崔恒

治平從古自宜家　예로부터 평안하니 집안이 화목하고
聖德儀刑內助多　성덕을 본받아 많은 내조하셨네.
遺澤在人深且厚　백성에 남긴 은혜 깊고도 두터워라
萬民奔走淚滂沱　만민이 허둥대며 눈물 펑펑 흘리네.

〈昭憲王后遷陵挽詞〉『保閑齋集』申叔舟

新隧佳城春爛熳　새로 만든 묘지에 봄은 한창인데
舊陵殘月曉蒼涼　구릉에 잔월은 새벽에 창량하더라.
老臣世受恩榮重　노신(老臣)은 세상에서 깊은 은혜 받았으니
悲慕終天抱恨長　하늘 끝까지 비통하여 한이 되누나.

〈昭憲王后遷陵挽詞〉『保閑齋集』申叔舟

一爲幹蠱一門楣　대를 이어 번성하는 한 가문은
身後流芳已可知　사후의 영명도 이미 알만하고,
物理死生元有數　물리사생은 원래 수가 있다 해도
移天其奈鼓盆悲　하늘로 가시니 고분의 슬픔 어쩌나.

〈閔誼妻挽章〉『四佳集』徐居正

青山埋玉嗟何及　청산에 옥 묻으니 어찌 이리 되었나
白首齊眉事已非　백수제미 일은 이미 그릇되었구나.
我與主翁相識久　나와 주옹은 안지 오래되니
楚些題罷淚交揮　만사를 쓰고서 번갈아 눈물 뿌리네.

〈閔誼妻挽章〉『四佳集』徐居正

二男一女纔離葹　이남 일녀가 부모품을 떠났는데
長夜幽泉已隕珠　긴 밤 유천(幽天)에 구슬이 떨어졌네.
伉儷之情有誰識　내외의 정을 뉘라서 알리
佳城鬱鬱烏嗚呼　묘지가 모인 곳에 새들만 슬피운다.

〈成參議假婦朴氏挽詞〉『佔畢齋集』金宗直

颺風丹旐月斜明　펄럭이는 조기에 밝은 달빛 비꼈는데
時聽遙遙哭出城　저 멀리 통곡소리 성 밖으로 들려오네.
寄與路人須細看　길가는 나그네와 자세히 살펴보니
此中行李半公卿　여기가 바로 광산군의 상가로다.

〈光山君大夫人挽〉『虛白先生續集』洪貴達

早歸令胤宜家室　일찍이 아드님은 가솔을 이끌었고
親見賢孫列廟堂　사당에 나열한 현손을 보았다네.
舊宅尚存喬木里　옛 집은 아직 교목리에 있는데
新阡忽卜萬松岡　어느새 만송강에 새 무덤 정했구나.

門閥簪纓奕葉長 貞嘉淑德擅東方 早歸令胤宜家室 親見賢孫列廟堂
舊宅尚存喬木里 新阡忽卜萬松岡 此日哀榮誰與比 攀呼蘭玉百天行〈許三宰祖母挽章〉『顔樂堂集』金訢

一爲幹蠱一門楣　하나는 간고가 되고 하나는 문미 되니

身後流芳已可知 사후의 명성은 이미 알 수 있었네.
物理死生元有數 나고 죽는 것이야 원래 운명이지만
移天其奈鼓盆悲 세상뜨는 고분지통은 어찌할건가?

〈閔誼妻挽章〉『四佳集』徐居正

侍中孫配侍中家 시중의 손녀로 시중 집에 왔으니
世上榮聲豈有過 세상의 영예로움 어찌 지나치리오.
只得明珠留一顆 다만 아들 하나 남겨 놓고서
却忙奔月伴姮娥 바쁘게 달로 가서 항아와 짝하려나?

〈趙政丞浚夫人挽辭〉『陽村集』權近

勤儉居家婦道宜 근검으로 살림 꾸려 부도(婦道)를 수행했고
慶鍾生女配金枝 경사로 딸을 낳아 금지와 짝 지웠지.
可憐四十生涯盡 가련하게 사십에 생애를 끝마치니
行路何人不爲悲 행인치고 그 누가 슬퍼하지 않을손가?

〈金宰臣漢老妻輓詞〉『春亭集』卞季良

曾嗟何怙淚長流 엄친상 때 한없이 눈물을 흘렸는데
屈指星霜十二周 손꼽아 세어보니 십이주년 되었구려.
踽踽賴蒙猶子視 외로운 이 몸을 아들처럼 여겼는데
忍聞哀挽向山邱 산중 향한 상엿소리 차마 못듣겠네.

〈金令公承霔母輓詞〉『春亭集』卞季良

鳳去五年凰又隨 봉 떠난 지 오년 만에 황새도 따라가니
月明玄圃想雙飛 달 밝은 현포에서 쌍쌍이 날겠지.
應嫌晟代還高逝 태평 시대 떠난 것이 마음에 걸리어

故遣孤雛覽德輝　새끼 보내 빛난 덕을 보게 한다네.

〈柳謙母輓詞〉『春亭集』卞季良

所天勳業開門慶　하늘이 내린 훈업 가문의 경사 열었고
傾世光榮照戶楣　세상에 빼어난 광영은 처마에 비치네.
未過中年黐守寡　중년도 안 되어서 홀로 수절 했고
遂成危疾竟難醫　위험한 병을 얻어 치료하기 어려웠네.

柔順無違自結褵 宜家逮下合閨儀 所天勳業開門慶 傾世光榮照戶楣
未過中年黐守寡 遂成危疾竟難醫 傷心福壽稀兼有 幹蠱還憑側出兒

〈平城府院君朴元宗夫人挽詞〉『二樂亭集』申用漑

榮華未卒禍相仍　영화가 끝나기 전 재앙이 이어지니
平海前冬雪幾層　평해(平海)의 지난 겨울 쌓인 눈 몇 층인가?
生別至情鍾母子　생이별의 지극한 정 모자에게 모이니
亂心驚緖嚮衰燈　산란하고 놀란 심정 등잔불에 부서지네.

〈李咸昌夫人安氏挽〉『訥齋集』朴祥

吾門流慶本綿綿　우리 가문 경사가 면면히 흘러서
五福端能享獨全　오복을 끝까지 홀로 온전히 누렸다오.
眼底芬華無限事　눈앞의 향기로운 꽃들은 무한한 일이요
堂前萱葉着霜先　집 앞의 망우초는 서리 앞에 엉켰네.

吾門流慶本綿綿 五福端能享獨全 八袠光陰夫婦壽 一庭蘭玉子孫賢
椒闈亞貴金枝衍 麟閣高勳雁翅聯 眼底芬華無限事 堂前萱葉着霜先

〈洪知事任夫人挽〉『慕齋集』金安國

泉路昏昏迷厚夜　황천길 어둑어둑 밤에는 혼미함을 더하고
佳城鬱鬱保長年　무덤은 답답하나 오랜 세월 보장하네.
陽陰有劍今重合　음과 양은 끊어졌다 이제 다시 합하리니

垂裕雲仍吉慶傳　자손들에게는 길한 경사 전하리.

敬順無違婦德全 多男壽考福祥綿 白眉幹蠱千人仰 黃髮尋仙萬事捐
泉路昏昏迷厚夜 佳城鬱鬱保長年 陽陰有劍今重合 垂裕雲仍吉慶傳
〈安府使彭壽母氏挽詞〉『二樂亭集』申用漑

幽閑懿範全三德　유한한 규범 삼종(三從)의 도 지켰고
貞淑嘉儀式四隣　정숙하고 아름다워 사방이웃 본받았네.
蘭玉盈庭受厚福　자손 모두 빼어나서 후한 복록 향유했고
鄕閭化善服深仁　마을사람 교화되고 그 어짊에 감복했네.

詩禮名門夙作配 宜家宜室位夫人 幽閑懿範全三德 貞淑嘉儀式四隣
蘭玉盈庭受厚福 鄕閭化善服深仁 星文一夕淪南極 遙慰欒欒孝思純
〈鶴峰先生夫人挽〉『鶴峯逸稿』吳汝穩

三從淑愼人無間　흠이 없을 정도로 삼종도리 지켰고
五福均全世罕儔　세상에 드문 만큼 오복을 누렸네.
鄕里爭稱閨範整　향리에선 앞다투어 규중범절 지키는데
佳川遽見壼儀收　가천에서 갑자기 부인모습 거둬갔구나.

德媲名賢式訓猷 爲仁爲禮肅而柔 三從淑愼人無間 五福均全世罕儔
鄕里爭稱閨範整 佳川遽見壼儀收 門生情義非他比 祇綴荒辭贊碩休〈貞夫人權氏挽〉『鶴峯逸稿』鄭佺

青山埋玉嗟何及　청산에 묻힌 옥 슬퍼한들 어찌하리오.
白首齊眉事已非　백발에 상 높이 들 일도 그르쳤다네.
我與主翁相識久　나는 주인옹과 오래전에 알았기에
楚些題罷淚交揮　초사를 쓰고 나니 눈물이 흐르누나.

〈閔誼妻挽章〉『四佳集』徐居正

富貴光華當代少　부귀영화는 당대에 드물지만
哀榮終始後人傳　애영(哀榮)의 시종(始終)은 후인에게 전해지네.

流芳裒裒應無艾　훌륭한 명성은 응당 끝이 없을 것이고
扶柩兒孫又滿前　널 붙잡은 아손들이 또 앞에 가득하구나.

封大夫人福履繁 壼儀慈範更雙全 三公作配三遷教 五子聯芳五榜賢
富貴光華當代少 哀榮終始後人傳 流芳裒裒應無艾 扶柩兒孫又滿前
〈李議政仁孫妻氏挽詞〉『四佳集』徐居正

良人逝去未經年　지아비 세상 뜬 지 한 해도 안됐으니
哭徹穹蒼淚滴泉　곡성은 하늘에 닿고 눈물은 황천을 적신다네.
已向地中相見了　이미 저승에서 서로 만나보겠지만
哀哀兒子竟誰憐　슬퍼하는 아이들은 그 누가 돌보려나.

〈挽金氏夫人〉『三峰集』鄭道傳

二男一女纔離抱　이남 일녀가 이제 겨우 품안을 떠났는데
長夜幽泉已隕珠　깊은 무덤으로 가인(佳人)을 묻었다네.
伉儷之情有誰識　부부간의 정을 누가 알 수 있으랴
佳城鬱鬱鳥嗚呼　초목 무성한 무덤가에 새마저 슬피 운다.

〈成參議俶婦朴氏挽詞〉『佔畢齋集』金宗直

諸孫滿眼玄曾盛　눈에 가득 자손들 번성했고
門閥由來善慶長　선행이 오래되어 문벌이 되었다네.
五福最難先得壽　오복에서 장수하기 가장 어렵기에
一生唯恨早稱亡　일생에 오직 요절함을 한하였네.

諸孫滿眼玄曾盛 門閥由來善慶長 五福最難先得壽 一生唯恨早稱亡
東征有賦人方羨 北背無萱事可傷 誓到爾居雙劍合 故山松梓更蒼蒼
〈原州牧大夫人挽〉『企齋集』申光漢

命兼福祿人難奪　명운에 복록은 사람이 빼앗기 어렵고

위 그림은 약포(藥圃) 정탁(鄭琢)의 죽음을 애도하며 당시 대신들이 지었던 만사이다. 이 만장집의 원본은 세로 25cm 폭 760cm의 두루마리로 되어 있다. 정탁은 임진왜란 당시 목숨을 걸고 직언을 하였고 <신구답(伸救剳)>이라는 상소문을 올려 모함을 받아 죽음 직전에 놓여있던 충무공 이순신의 목숨을 구해낸 적이 있으며, 곽재우 김덕령 등과 같은 인물을 천거했던 사람이다. 당시 선조는 정탁의 죽음을 애도하며 삼일간 조회를 보지 않았다고 한다. 자료제공 : 최효삼

禮極哀榮世共尊　예의와 애영(哀榮)은 세인(世人) 모두 존경했네.
七十七年偕老後　칠십칠년을 해로한 후에
融融應亦會重原　화락하게 마땅히 중원에서 만나세나.

穠桃當日聘嬋媛 積慶庭闈思所存 中饋始宜齊案婦 相門終見點頭孫
命兼福祿人難奪 禮極哀榮世共尊 七十七年偕老後 融融應亦會重原

〈挽領府事鄭公光弼夫人〉『企齋集』申光漢

六十光陰石火忙　육십년 세월이 전광석화같이 흘러
可遺惟有婦儀長　오직 부인의 행실만을 남겨놓았네.

貞承夫子存心印　정조는 부자를 계승했으니
敦勵諸兒免面墻　돈독한 아이들 어려움이 없겠구나.

六十光陰石火忙 可遺惟有婦儀長 貞承夫子存心印 敦勵諸兒免面墻
莊叟扣盆從古恨 皐生抱樹至今傷 病身於二皆濡指 題罷薤詩怨彼蒼
〈李喜益母氏挽乙卯〉『游軒集』丁熿

一誠篤矣無虧日　늘 정성을 다해 그릇된 날 없었으니
百祿申之有自天　온갖 복을 하늘에서 내려 주셨네.
會見孫男勤問學　자손들 모두가 학문에 정진했으니
將期餘慶耀新阡　장차 여경이 있어 묘로를 빛내리라.

夫人八十有三年 得失榮枯各半焉 妻道未終鸞鏡裏 母儀猶享彩衣邊
一誠篤矣無虧日 百祿申之有自天 會見孫男勤問學 將期餘慶耀新阡〈孫忱祖母氏挽丁巳〉『游軒集』丁熿

七十猶稀加十五　칠십도 드문데 여든 다섯 살았고
夫榮已極又榮兒　남편영화 지극하며 아이도 영화라네.
德齊天上三台峻　덕은 천상의 삼준처럼 높았고
身享人間五福綏　몸은 인간 오복을 편안하게 누렸다네.

七十猶稀加十五 夫榮已極又榮兒 德齊天上三台峻 身享人間五福綏
蘭玉滿庭誰某辨 貂金盈室弟兄宜 春風丹旐衿陽路 會是延津劍化時〈姜政丞夫人挽詞〉『海峰集』洪命元

人間兄弟子相弔　인간 형제들 외롭게 서로 조문하니
泉下依從誰復知　황천에 누구를 알아 의지하고 따를까?
去去丹旐漢南路　한남의 길에는 붉은 깃발 지나가니
湖雲嶺日有餘悲　호수의 구름 산위에 해마저 슬프게 하네.

王郎佳婦兩家宜 天固與之何奪之 百歲四分太倏忽 一男三女尚嬌癡
人間兄弟子相弔 泉下依從誰復知 去去丹旐漢南路 湖雲嶺日有餘悲
〈挽權佐郎倜妻李氏〉『海峰集』洪命元

少年里巷喜過從　어릴 적 마을에서 즐겨 따랐는데
山北山南路欲窮　산남 산북으로 길은 다하려하네
夜飮不知香篆盡　밤늦도록 마시며 향불은 다했는데
閨門寂寂月明中　규문은 명월 속에 적적하구나.

〈朴密直夫人挽詞名形〉『牧隱藁』李穡

平日分離只謫行　평상시 헤어짐은 귀양뿐인데
相扶到老是眞情　서로 도우며 늙으니 참된 정 아닐런지.
歸來歲月今無幾　돌아간 세월 지금 얼마 없는데
忍聽秋風落葉聲　홀로 작고했다는 소리듣네.

〈朴密直夫人挽詞名形〉『牧隱藁』李穡

月在靑天來幾時　청천에 달 있은 지 그 얼마인가
姮娥風露杳難追　항아(姮娥)는 풍로에 아득하여 쫓기 어렵고
應憐蹤跡尋無處　종적 찾지만 찾지 못함 애석하여
留得人間桂一枝　세상에 계수나무 한 가지로 머무셨다오.

〈朴密直夫人挽詞名形〉『牧隱藁』李穡

夫人德合見玄孫　부인의 덕이 현손에 나타났으나
四十年前已九原　사십년 전에 이미 저승으로 떠나셨네.
里巷家家共嗟悼　마을 집집마다 함께 애도했고
況予受業益齋門　가업을 내려 받아 집안이 번창했네.

〈宋判事妻李氏挽詞〉『柳巷詩集』韓脩

五紀人間又五年　오십오년을 사시고
雙珠眼見桂枝連　많은 자손을 보셨는데

莫嗟今日仙軿遠　오늘 신선세계 멀리 감을 탄식마오.
餘慶應將萬葉傳　경사로움은 응당 자손에 전해지리라.

〈尹紹宗待制母崔氏挽詞〉『柳巷詩集』韓脩

君子芳年隔九原　군자가 방년에 저승에 가시니
心傷草露托祇園　초로에 상한 마음 지원에 의탁하네.
眼看將相當門戶　눈은 장상의 문호를 바라보는데
更有登科內外孫　등과한 내외손이 많더라.

〈卒柳代言妻元氏挽詞〉『柳巷詩集』韓脩

良人逝去未經年　좋으신 분이 가시고 일 년도 못되어
哭徹穹蒼淚滴泉　곡소리 하늘에 닿고 눈물이 흐른다네.
已向地中相見了　이미 세상에서 볼 수 없으니
哀哀兒子竟誰憐　애달픈 어린 것 끝내 누가 아끼려나.

〈挽金氏夫人〉『三峯集』鄭道傳

君子百年偕老期　군자와 백년해로 기약하더니
那知今日奄如斯　오늘 문득 이 같을 줄 어찌 알았으리.
陶齋幾度同觴詠　도재와 몇 번 음상을 같이 하였던가
却憶夫人主饋時　부인께서 차려주신 때를 생각할 뿐.

〈李陶隱妻氏挽詞〉『圃隱集』鄭夢周

飄然奔月閟輝光　표연히 내닫는 달이 빛을 숨기고
唯有哀孤使主傷　오직 애고성이 사람을 아프게 한다.
雖道郎君精藥術　비록 낭군에게 처방전을 말했지만
囊中未得返魂香　낭중에 반혼향을 얻지 못하노니.

〈權密直夫人挽詞〉『圃隱集』鄭夢周

生長衣冠積善家 적선지가에서 벼슬이 나오고
持身淑愼且柔嘉 몸가짐이 신중했고 유순하였네.
母儀婦德皆堪則 모의(母儀)와 부덕(婦德) 모두 갖추었으니
流慶東方最可誇 경사가 동방에서 제일이로다.

〈金四宰漢老妻氏挽詞〉『獨谷集』成石璘

孝子養親終九旬 효자로 구십까지 부모를 봉양했고
慈親敎子作名臣 어머니가 자식 가르쳐 충신을 만드셨다.
母儀婦德敦流俗 모의와 부인 덕에 풍속이 돈독했고
高節淸風動搢紳 높은 절개 맑은 풍속 관료들 감동하네.

〈蓬原君鄭良生夫人挽詞〉『獨谷集』成石璘

母儀婦德並離倫 모의(母儀)와 부덕(婦德) 모두 아우르시니
萱室森然一笑春 모친 방엔 한 가득 웃음꽃이라.
當是子孫將盛日 마땅히 자손들 왕성할텐데
乃何先作九泉人 어찌 먼저 저승사람 되시었는가?

〈元長興母趙夫人挽詞〉『耘谷行錄』元天錫

子爲忠孝女爲賢 아들은 충효하고 딸은 어지니
賴是三遷訓誡專 삼천지교 훈계에 전일했기 때문이리
綵服化爲縗絰服 채색옷이 바뀌어 상복이 되니
見聞遐邇競呼天 원근 사람 다투어 하늘을 원망하네.

〈元長興母趙夫人挽詞〉『耘谷行錄』元天錫

交橫紼翣動悲風 서로 빗긴 상엿줄에 비풍(悲風)이 일고
一夢浮生萬事空 한바탕 꿈 덧없는 생 만사가 부질없네.

薤露歌殘車馬散 쇠잔한 상여노래 거마는 흩어지고
高墳應獨月明中 높다란 무덤만 명월속에 덩그렇다.

〈元長興母趙夫人挽詞〉『耘谷行錄』元天錫

懿節康寧八十春 절의에 강령하게 팔십세 누리고
三韓萬石大夫人 삼한에서 만석꾼 대부인이라.
欲知平日柔貞德 평소 부드러운 정덕을 알려하셨고
名相高風冠搢紳 명상 고풍이 관료들의 위에 있네.

〈成政丞母氏挽章〉『松堂集』趙浚

貞敬銘旌照世光 정경을 기에 새겨 세상을 비추고
忽看春色曉蒼蒼 홀연 새벽같이 창창한 봄빛을 보네.
一門餘慶何煩說 일문의 경사로움 어찌 말로하리
開國元勳兩政堂 개국공신이신 정당문학 두 분이라.

〈鄭政堂擢母氏挽章〉『松堂集』趙浚

婦人教子至三遷 부인의 자식 가르침은 삼천지교요
昆季才名捴是賢 형제는 재주 있고 모두 어질다네.
忽聽姮娥奔月去 홀연 항아 있는 달로 가셨다니
此生遺恨正綿綿 시생의 한은 아득하기만 하외다.

〈卞開城妻氏挽詞〉『陽村集』權近

侍中孫配侍中家 시중손과 짝한 시중의 집안이니
世上榮聲豈有過 세상의 영성이 어찌 지나치리.
只得明珠留一顆 단지 명주를 얻어도 한 알에 불과하니
却忙奔月伴姮娥 황망히 달로 가 항아와 짝하시네.

〈趙政丞浚夫人挽辭〉『陽村集』權近

東望良人海接天　동쪽 어진 분 바라보니
魚沈雁斷幾經年　침어낙안 그 몇 해던고?
邇來得償平生志　두루 평생의 뜻 이루시고
有底銘旌去瞥然　명문 새긴 깃발만 아물아물 멀어지네.

〈永興君夫人李氏挽章〉『復齋集』鄭摠

人生終始五旬餘　인생 오십여 년이지만
天賦貞嘉一世譽　하늘 주신 곧은 미덕 일세에 기린다오.
幹蠱縱然無義嗣　모든 일 잘 했으나 후손 없으니
典喪還自有簽書　관청에서 상을 맡아 치르는구나.

〈李宰臣玖妻氏挽章〉『春亭集』卞季良

母儀婦道與年高　모의(母儀)와 부덕(婦德) 지켜 장수하시다
奔月飄然向紫霄　표연히 달을 따라 자소(紫霄)로 떠나셨네.
聞訃病生能不慟　병들어 부음듣고 통곡도 못하나니
曾從令子忝同僚　아드님의 친우였고 동료였는데.

〈姜參議淮仲母氏挽章〉『春亭集』卞季良

6) 56자의 만장

封大夫人福履繁　대부인에 봉해지고 복록은 많은데
壼儀慈範更雙全　현모양처 두 행실이 온전했구나.
三公作配三遷教　삼공의 배필되어 삼천지교 행하니
五子聯芳五榜賢　다섯 아들 줄줄이 과방에 뛰어났네.
富貴光華當代少　부귀영화는 당대에 보기 드물었고
哀榮終始後人傳　애영의 시종은 후인에게 전해지리.
流芳衮衮應無艾　훌륭한 명성은 응당 끝없으련만

扶柩兒孫又滿前　널 잡은 자손들이 또 앞에 가득하네.

〈李議政仁孫妻氏挽詞〉『四佳集』徐居正

居家勤儉以存心　집에서는 근검을 생각했었고
生育勳賢世共欽　공신을 길러 내니 세상이 존경했네.
八秩享年身尚健　팔순에도 여전히 건강하다가
一朝奔月跡難尋　하루아침에 돌아가 사라졌구나.
落花舊宅青春暮　옛 집에 꽃 지자 청춘도 저물었고
喬木佳城白日沈　묘소의 교목 너머 태양이 진다.
大事致誠無可憾　큰일에 정성들여 여한이 없으니
典喪眞箇直千金　상례 맡은 임무는 천금처럼 소중하네.

〈安城君母輓詞〉『春亭集』卞季良

年踰八秩且寧康　팔순이 넘어도 여전히 건강하고
天賦貞嘉婦道臧　천성이 정숙하여 부도를 갖췄더라.
三子鼎居皆致孝　솥발 같은 세 아들 모두가 효도하고
諸孫竹立競磨光　대 같은 손자들은 앞 다투어 공부했네.
落花流水無消息　유수(流水)에 꽃 떨어져 소식이 끊어지고
斜日孤烟轉渺茫　노을 낀 석양은 갈수록 아득해라.
牽世未能陪執紼　세상사에 얽매여 상여 배웅 못한지라
側身東望爲悲傷　몸 기울여 동쪽 보고 슬퍼한다오.

〈鄭判書矩母輓詞〉『春亭集』卞季良

4. 기타의 만장

1) 육언의 만장

眼見諸孫如竹　모든 자손 대숲처럼 많은데
嗚呼生也有涯　오호라 삶에는 끝이 있구나.

上黨先生繼室 南陽外戚名家 眼見諸孫如竹 嗚呼生也有涯 〈西原君洪夫人挽詞〉『牧隱藁』李穡

丹旐素車何處　붉은 기 흰 수레 어딜 가는가
席門窮巷蕭蕭　거적문에 궁벽한 거리 쓸쓸하여라.
欲招遊魂不返　떠도는 넋을 불러도 돌아오지 않고
淚盡一曲長謠　한없는 눈물에 한 곡조 긴 노래.

貧是黔婁原憲 詩如賈島孟郊 丹旐素車何處 席門窮巷蕭蕭
欲招遊魂不返 淚盡一曲長謠 〈挽任參奉鈇〉『象村稿』申欽

天末秋風又動　하늘끝에 가을바람이 불어오니
草間朝露俄晞　풀사이 아침이슬 갑자기 마를 제.
薤曲依依何處　상엿소리 여전히 어디에서 들려오나
山光滴翠霑衣　산빛은 푸른빛으로 옷을 적신다.

〈西原君洪夫人挽詞〉『牧隱藁』李穡

2) 세종대왕65)의 만장 6수

夏祚謳歌協　하의 복은 구가가 되었고
堯咨曆數歸　요의 물음은 역수가 되었네.

65) 世宗, 충녕대군(1397-1450)으로 이름은 도. 자는 원정(元正). 태종의 셋째 아들이며, 어머니는 원경왕후(元敬王后) 민씨이다. 비(妃)는 청천부원군(青川府院君) 심온(沈溫)의 딸 소헌왕후(昭憲王后)이다.

乾龍初在位 건룡이 처음 자리에 있으니
離照正重輝 밝게 살핌이 정히 거듭 빛났다네.
運接千齡泰 국운은 천 년의 태평으로 이어졌고
功推百代巍 공은 백대의 으뜸으로 추앙되었지.
何知聞末命 어찌 알았으랴 문득 부음을 듣고
哀慕涕交揮 슬피 사모하여 눈물을 뿌릴 줄을.

精一天人學 천인의 학문에 정통하였고
相傳古聖心 옛 성인의 마음을 서로 전했네.
求賢屢前席 어진 이 구하여 자주 자리를 함께 했고
納諫自虛襟 간언 받아들이며 스스로 맘을 비웠네.
敬老皆因孝 노인 공경함은 다 효를 인하였고
明刑只在欽 형법 밝힘에 공경뿐이었으니
三韓千萬世 삼한 땅 천만세에 이르도록
流澤入人深 은택이 사람들에게 깊이 새겨지리.

恭儉居無逸 공손하고 검소함으로 편안함 없었으니
憂勤有始終 시종여일 근심하고 부지런하셨네.
苾芬嚴祀事 향기로운 제수로 엄숙히 제사하고
稼穡卽田功 농사일을 친히 하기도 하였네.
夏貢規模大 하우씨의 공물은 규모가 대단했고
虞韶制作同 우순의 소와는 제작이 같았으니
煌煌太史筆 찬란한 역사의 기록물들이
都在典謨中 모두 전책에 들어있다네.

一代人文煥 한 시대에 인문은 찬란했고
千年雅頌明 천 년의 아송이 밝았다네.

交鄰敦信義 국가간 교류는 신의를 돈독히 했고
事大盡忠誠 대국을 섬김엔 충성을 다했다네.
地理周疆復 지리는 주 나라 강토를 회복했고
璣衡舜曆成 기형은 순의 책력을 이루었으니
徒崇十字號 한갓 10자의 시호를 올린 것으로
盛德竟難名 성덕을 마침내 이름할 수 없네.

親睦仁恩大 친목엔 인자한 은혜가 컸고
齊藆聖孝巍 재기한 데서 성효는 높았었구나.
宗支百世盛 종족의 지손은 백세에 융성하고
花萼一樓輝 화악이란 한 누각 빛났도다.
至治臨三紀 지극한 정치 삼십 년을 넘어서는
仙游厭萬機 만기를 싫어하여 신선이 되시니
傷心瞻玉座 옥좌를 바라보며 아파한다네
無復望天威 다시는 천위를 뵐 수 없으니.

貽謀傳嗣聖 좋은 계책을 다음 왕에게 전하시고
憑几絶微言 궤에 기대어 정미한 말씀 끊으셨네.
未卜金縢吉 금등의 길한 점을 쳐보지도 못했는데
俄崇玉策尊 갑자기 옥책의 존호를 올리누나.
風悲仙馭動 출발하는 상여에 바람은 처량하고
月冷縞儀奔 백관의 상복 위에 달빛은 차가워라.
侍從經帷久 오랫동안 모시고 따랐었는데
無由報聖恩 성은에 보답할 길이 없도다.

〈世宗大王挽章〉『四佳集』徐居正

홍릉(洪陵)의 석물(石物)
조선의 제26대 국왕(國王)이자 대한제국(大韓帝國)의 초대 황제(皇帝)이기도 했던 고종(1852-1919, 재위 44년)과 황후(皇后) 명성황후 민씨(明成皇后閔氏 : 1851-1895)의 홍릉(洪陵)은 같은 능역(陵域)에 있는 고종의 아들 순종(純宗)과 황후(皇后), 계후(繼后)를 모신 유릉(裕陵)과 함께 새로운 양식의 능 제도로 이루어져 있다. 종래의 능원 앞의 정자각(丁字閣)을 대신해서 정면 5칸, 측면 4칸의 침전(寢殿)을 세웠고 봉분(封墳) 주위에 있던 석인(石人)과 석수(石獸)들이 아래로 내려와 침전 앞에 놓이게 되었다. 거대한 크기의 석인(石人)이 좌우로 도열해 있는데, 문인석(文人石)이 금관(金冠)을 쓰고 있는 모습이 특이하고, 대체로 조선왕릉 석인(石人)의 전통적인 방법으로 만들었다. 그 아래 양쪽의 석수(石獸)들 역시 종래의 석인(石人) 뒤에 석마(石馬)만 세웠던 것과 달리 좌우의 문무인석과 같은 열로 홍살문(紅--門)까지 기린, 코끼리, 해태, 사자, 낙타, 말의 순서로 세워놓았다.

3) 세조대왕[66]의 만장

大德端宜大命膺 큰 덕에 바른 분이 대명을 안고
一朝龍向九霄騰 하루아침에 용이 구천으로 솟구쳤다.
風飛電掣乾坤整 바람 불고 번개 쳐서 건곤이 정돈되고
海晏波恬宇宙澄 파도가 편안하고 우주가 맑아지니
赫赫隆功終古罕 혁혁하신 높은 공 예로부터 드물고
巍巍盛德始今稱 높디높은 성덕을 이제야 칭송하네.
粃糠湯武業彌大 탕왕 무왕이 작을 만큼 업적이 크셨고
陶鑄羲軒治允升 복희 헌원을 양성하여 크게 다스리시니
敬益日躋寧少暇 공경이 해처럼 높아지니 어찌 한가했으랴
聖眞天縱又多能 성인은 탁월하고 재능도 많으셨네.

66) 世祖 : 수양대군(1417-1468)으로, 이름은 유(瑈), 자는 수지(粹之). 세종의 둘째 아들이고, 문종의 아우로, 어머니는 소헌왕후(昭憲王后) 심씨이다. 비는 윤번(尹璠)의 딸 정희왕후(貞熹王后)이다.

圖恢景運規摹遠 큰 운을 넓히심에 규모가 원대했고
駕馭群雄氣概弘 뭇 영웅들 통솔하는 큰 기개가 있었더라.
武緯文經增繪藻 문무를 겸비하여 문채를 더하시고
宵衣旰食尙淵氷 나라 일에 열중하여 연빙을 승상했네.
詢黃髮每凝旒黈 황발에게 자문하여 면류관을 기울이시고
推赤心常禮股肱 적심(赤心)을 받들어 고굉들을 예우하셨네.
貽燕憲章昭大典 헌장(憲章)을 열어서 대전(大典)을 밝히셨고
繇鴻慶瑞叶明徵 상서가 크게 이어져 징험이 맞았더라.
自唐絅漢九功敍 한(漢) · 당(唐)을 근본으로 삼아 구공(九功)을 펴고
出聖入神三敎興 성(聖) · 신(神)에 출입하사 삼교(三敎)를 일으켰네.
乙夜將分友黃卷 을야가 지나도록 책을 벗하시고
鳳綸頻下子黎蒸 봉륜이 자주 내려 백성들을 사랑했네.
陽穌競翥棲梧鷟 따뜻한 날에 오동의 봉이 다투어 날고
霜烈那容止棘蠅 매운 서리에 파리 어이 모였으리.
獝狘竝完懷惠澤 오랑캐들 귀순하여 혜택을 구가하고
梯航爭走讋威稜 타국에서 공물 바쳐 위엄을 두려워하네.
衢樽綺陌歌時泰 거리 사람 술을 들며 태평을 노래하고
擊壤編閭樂歲登 마을에선 땅을 치며 풍년을 즐기도다.
代歷百千遭可得 백천 대를 지난들 이런 성세 또 만날까
化超三五見何曾 三皇 五帝 초월하니 이런 일 보았나.
壽藏魯士蘄天錫 장수한 노(魯)의 선비 하늘에 바랬고
戩穀周人祝日昇 상서로운 주(周)의 백성 해뜨기를 축원했네.
準擬萬年朝玉座 만년토록 옥좌에서 조회할 줄 알았는데
何期二紀卜金縢 어찌하여 20년에 금등을 점치다니
九齡共怨文還靳 9년에도 문왕이 오지 않음을 원망했고
百歲猶嫌舜遽崩 순이 백 세에 붕어해도 오히려 슬퍼했네.
兆庶如喪哀曷極 만민들 부모 잃은 듯 설움이 지극했고
六宮安仰訴誰憑 육궁은 어디를 우러르고 누구에게 의지하리.

神胡不祐悲胡及　신명이 돕지 않으니 슬퍼한들 어이하리
數孰能窮問孰應　운수도 알 수 없으니 물어본들 누가 알랴?
萬世尊崇推世祖　만세토록 존경하려 세조로 추존하고
三光炳耀焜光陵　삼광이 환히 비칠 광릉에 모시오니
鰌潮消長元相變　밀물이 드나드니 원래 서로 변하는 것
兎魄盈虧亦靡恒　달이 차고 기우나니 항상한 것 없도다.
洊震承祧賴天迪　우레가 이르러 조묘를 계승하고 천도에 의지하니
重離繼照仰時乘　헤어지나 이어 비추니 따를 때가 되었구나.
丕圖更覺熾而熾　큰 구도 다시 치성하고 또 치성하는데
懿武從知繩又繩　아름답고 굳센 마음 밧줄처럼 이어지리.
碧落詎攀仙馭逈　하늘에 어찌 오를까 선어(仙馭)가 멀어졌는데
丹丘空想羽人仍　선향(仙鄕)에서 부질없이 신선을 생각하네.
草茅幸與山河誓　천한 사람 요행히도 산하의 맹서에 참여하여
樗櫟偏深雨露承　쓸모가 없으나 깊이 은혜 받았더라.
祗把槧鉛微報效　문필로 성은을 미진하게 갚았는데
謬參鈞軸忝甄陞　정승의 자리에 외람되이 올랐었네.
違顔咫尺音猶僾　용안은 여의었으나 옥음이 쟁쟁하고
回首尋常慕倍增　고개를 돌리니 그리움은 배가 되네.
魂斷橋山雲縹緲　애끊는 교산에는 구름만 아득하고
夢迷崚岫雪崚嶒　꿈 헤매는 종수에는 눈이 쌓였다.
豈緣病眼長流涕　어찌 눈 병났다 길이 눈물을 흘리랴
自是摧肝獨不勝　간담이 다 무너져 이기지를 못하는데.

〈光陵挽章〉『太虛亭集』崔恒

4) 정희왕후[67]의 만장 5수

坤順配乾元 곤순이 건원에 짝이 되어
椒闈御至尊 황후의 방에서 지존을 모셨다네.
堂堂女堯舜 당당함은 여자중에 요순이요
繼繼文子孫 계통을 이어서 자손을 빛냈다오.
一代宮儀盛 한 시대에 궁중 위엄은 성대했고
兩朝母範存 두 조정에 어머니 의범 남겼더라.
願膺長樂慶 바라건대 장락궁의 경복을 받아
壽考福彌繁 장수하시고 복이 더욱 많아지소서.

稱制臨朝日 섭정하여 조정에 임어하던 날엔
憂勤旰昃勞 근심하며 부지런히 정사를 살폈으니
德侔漢鄧馬 덕은 한나라 마등와 같았고
功盛宋曹高 공은 송나라 조고처럼 성대했다네.
聖后慈仁極 왕후께선 인자함이 극에 이르고
神孫大孝昭 신손께선 큰 효성이 밝게 빛났는데
如何乖玉體 어이해 옥체가 건강을 잃어
丹扆軫心焦 성상의 마음을 애태우게 했나.

日者湯泉幸 며칠 전에 온천을 찾았었는데
天乎大數催 저 하늘이 수명을 재촉하였네.
六宮淚如雨 육궁에선 눈물을 비 오듯 흘리고
萬姓哭成雷 백성의 통곡 소리는 천둥과 같네.
不見鑾輿返 난여로 돌아오심은 보지 못하고
空瞻羽葆來 우보가 오는 것만 부질없이 보았다네.

---

67) 貞熹王后 : 정희왕후(1418-1483)의 본관은 파평(坡平), 수양대군(首陽大君)과 가례(嘉禮)를 올리고 낙랑부대부인(樂浪府大夫人)에 봉해졌다. 덕종(德宗) · 예종(睿宗) · 의숙공주(懿淑公主) 등 2남 1녀를 낳았다.

都人皆擗踊 도성 사람이 다 가슴치며 통곡하매
天地亦悲哀 하늘과 땅마저도 슬퍼하누나.

頗厭人間世 인간 세상이 자못 싫어져서
乘雲上紫微 구름 타고 하늘을 오르셨구나.
金縢那復吉 금등의 일이 어찌 다시 길할까
玉冊已揚徽 옥책에 이미 휘호를 내렸다네.
闃寂欑宮閉 찬궁은 굳게 닫혀 고요하고
悽悲縞仗圍 소복 의장만 에워싸 비통하구나.
愚臣萬行淚 어리석은 신은 눈물만을 흘릴 뿐
淚盡血霑衣 눈물이 마르니 피가 옷을 적시네.

光陵宅兆勝 광릉이란 자리는 좋은 땅인데
今日寢園同 오늘 능원을 함께했으니
天上星文協 천상의 성문과 조화를 이뤘고
人間地氣鍾 인간의 땅기운이 한데 모였네.
幽明元不異 저승과 이승이 원래 다르지 않아
感應黙相通 감응이 무언중에 서로 통하니
咫尺玄宮近 현궁이 지척에 가까워
乾坤配始終 천지와 영원히 짝할 것이라.

〈貞熹王后挽詞〉『四佳集』徐居正

5) 고봉68)선생의 만장

先生家世挺儒賢 선생 가문 대를 이어 유현(儒賢)이 나와
濂洛淵源父子傳 염락(濂洛)의 연원을 부자간에 전수했네.

68) 奇大升 : 기대승(1527-1572)의 본관은 행주, 자는 명언(明彦), 호는 고봉(高峯)·존재(存齋).

天界英才承訓早 하늘이 낸 영재 일찍부터 교훈 받아

學由涵養著功專 학업은 함양으로 인해 공을 드러냈다네.

行敦孝友鄉隣化 효성과 우애가 돈독하여 이웃이 본받았고

才抱經綸道德全 재주에 경륜을 가미했으며 도덕까지 온전했다.

百鍊眞精金不變 백번을 단련한 정금 변하지 않았고

一般清意月無邊 맑은 뜻은 중천의 달과 같았더라.

倘來外物身何與 갑자기 외물이 와도 몸이 어찌 간여하랴

老去光標志益堅 늙어서도 빛나는 모습 뜻이 더욱 견고했네.

粤自先朝知遇最 선왕조로부터 가장 인정받았고

又逢嘉會渥恩徧 또 좋은 기회 만나 은총을 입었더라.

彙征當日群賢進 당일 수많은 현인들이 나아갈 때

大老同寅衆望懸 대로와 함께하며 중인들 희망 걸었네.

政秉東銓推藻鑑 정치는 인자하고 거울처럼 맑아서

班高八座近台躔 팔좌에 이르러 태전에 가까웠네.

經帷動引唐虞際 경연에선 언제나 당우 시절 말하시어

治化方看漢宋前 정치가 한송(漢宋)을 앞지름을 보았다네.

世共仰之仍作範 모두가 우러러 모범으로 삼았지만

道難行矣竟歸田 도가 행해지지 않아 전원으로 돌아갔으니

行藏有義皆天也 나가고 숨음에 모두가 하늘의 뜻

消長關時自古然 때에 따라 소장함은 예로부터 그러했네.

門巷寂廖顔氏宅 문 앞이 적적함은 안자의 집과 같고

煙霞蕭灑武夷天 연하가 자욱한 것 무이산의 천하같다.

宸心非不思賢切 임금도 간절히 현자를 좋아했지만

素履何曾與世遷 내 본분을 어찌하여 세상 따라 옮기는가?

楹夢忽驚中夜罷 한밤중 돌아가실 꿈에 깜짝놀랐네

飇輪遽作上清仙 수레 타고 하늘나라 신선이 되셨지요.

斯文不幸將隳地 선비는 불행히도 땅에 떨어졌고

遺篋空餘舊絶篇 남겨진 상자만 부질없이 남겨졌네.

已矣山林亡準的　끝났도다. 산림에서는 표준을 잃었으니
嗚呼國步尚迍邅　오호라, 국운이 머뭇거리네.
精思力踐平生事　생각하고 실천함은 평생의 일인데
存順歸全八十年　팔십여 년을 사시다가 온전하게 돌아가셨네.
仍念師門曾敬止　일찍이 사문에서 배우던 일 생각나고
幸從郎署更周旋　다행히 또 낭서에서 모시기도 했었는데
迷方末學將安放　길을 잃은 말학이 이제 뉘를 의지하리
立雪初心只自憐　힘껏 배우려던 초심 가련하구나.
江漢秋風空灑淚　강한의 가을바람에 눈물을 뿌리면서
漬綿無路哭靈筵　제물 들고 영연에서 곡할 길이 없답니다.

〈挽詞〉『高峰集』洪命夏

6) 문효세자[69]의 만장

憶曾邦有慶　일찍이 나라에 있었던 경사를 생각하며
珍重信蒼蒼　진중하게 푸른 하늘 믿었더라.
綿籙方伊始　연면한 복록 바야흐로 시작되었고
純禧政未央　순수한 복은 끝나지 않으리라 했는데
兩朝符聖誕　양조에서 성탄이 부합하였고
九月荐休祥　구월에 아름다운 상서 거듭했었네.
天意如斯摯　하늘 뜻 이같이 진지했는데
云胡又降喪　어이 또 참상(慘喪)을 내린단 말인가?
甲辰秋仲朔　갑진년 팔월 초하룻날
英考昔光臨　영조(英祖)께서 예전에 즉위하셨는데
宣冊同年月　동년 동월에 세자가 책봉했으니
循環一古今　하나의 고금[甲子]을 순환했더라.

69) 문효세자(文孝世子, 1782-1786)는 정조가 의빈성씨에게서 얻은 아들. 휘는 향(享), 시호는 문효(文孝).

是時呈異瑞　이때 기이한 상서 나타났으니
俄頃輟淫霖　잠깐 사이 오랜 장마가 그쳤다네.
倚伏悲歡劇　화복이 순환하여 슬픔과 기쁨 극심하니
皇穹未易諶　하늘도 진실을 바꿀 수가 없었네.
肅朝開筵日　조정에서 잔치 열던 날
三回聖意欣　성상께서 세 차례나 기뻐하셨네.
睿姿文也謂　슬기로운 모습에 문이라 이르고
至性孝乎云　지극한 성품에 효라 일컬었네.
蒙養天成夙　수양은 천품으로 숙성하였고
身教日就勤　공부도 일취월장 부지런하였더라.
徽稱寧溢美　칭호가 어찌 지나친 예찬일까
錄示自吾君　우리 임금께서 손수 지어주셨네.
賀禮行將擧　하례를 거행하려 한 것은
翌瘳毖睿躬　다음날 병이 낫고 슬기로움을 행했음이라.
德音覃域內　덕음은 온 나라에 퍼졌고
吉語居天中　길어는 단오(端午) 때에 미쳤었네.
匕鬯俄虛位　후계의 자리 갑자기 비었으니
刀圭竟罔功　약석(藥石)도 마침내 효험 없었네.
宸心雖抑譬　임금은 슬픔을 억제하실 수 있겠으나
何以慰慈宮　자전(慈殿)을 어이 위로할손가.
端凝天日表　단정한 용모 왕의 기상이었는데
緬想涙盈眸　옛날을 생각하니 눈물이 고이누나.
少海波還減　소해에 물결 도리어 줄어들었고
重暉彩忽收　중휘(重暉)는 홀연히 광채를 거두었네.
令譽揚五載　거룩한 명예 오년 동안 드날렸고
遺恨亘千秋　남긴 한은 천추에 사무쳤네.
孺子成班哭　유자들 줄을 지어 통곡했으니
嗚呼古有不　아! 옛날에도 이런 일 있었던가?

不獨民無祿　백성들 복록 없을 뿐만 아니요
溘然卽小臣　죽고 싶은 건 바로 소신이라오.
春坊初直日　춘방(春坊)에 처음 숙직하던 날이
震邸始封辰　세자께서 비로소 책봉 받은 날이었네.
衣尺瞻岐嶷　몸매는 숙성하게 보였는데
書筵被揀掄　서연에 외람되이 발탁되었네.
宮銜從此減　궁중의 직함 이로부터 줄어지리니
萬事祈悲辛　만사가 슬프고 아프기만 하다네.

〈文孝世子輓章〉『青莊館全書』李德懋

도판용 만장의 전시 모습

만장협서에 대하여

다음은 만장을 쓴 사람이 자신의 예의를 표하는 哀辭句의 표현이다. 이것은 정해지거나 규격화된, 그래서 법이나 관습으로 굳어진 것은 없고 우리의 잔존하는 양속 중에서 취한 것이다. 만장의 방서〔협서〕에는 여타의 서예작품과는 다르게 간지나 절기를 쓰지 않는 것이 일반적인 관례로 통상 자신의 관향과 망자와의 관계를 쓰는 것이 일반적이다. 예를 들면 '晉州后人 蘇秉敦 再拜謹挽'<'재배근만' 아래 설명 참조 >이라고 썼다면, 이때에 '后人'의 '后' 는 '後'가 아닌 '后' 로 써야 한다. 모두 '뒤 후'라는 의미이지만, 后는 씨족의 계보를 의미하기에 고래로 '后人'으로 적어 왔다. 또한 손아랫사람에게는 만장을 하지 않는 것이 일반적 관례이기도 하다. 그밖에 망자와 친구간에는 '현암 소병돈 곡배'라고도 하고, 情弟○○○, 族孫○○○, 族弟○○○, 門生○○○, 門下生○○○, 侍生○○○, 知名弟○○○, 地上弟○○○, 同門○○○, 同門弟○○○ 등이 있다.

다음은 만장 쓰는 사람의 이름 뒤에 붙이는 겸칭이다. 참고로 挽은 輓과 같이 쓰인다.

* 謹再拜哭挽 : 만장의 최고 극존칭.
* 再拜哭挽 : 지극히 존경하는 관계. 스승, 사부, 친족대인 등.
* 再拜謹挽 : 존경심 지극하나 '재배곡만' 보다는 덜 한 처지.
* 痛哭再拜謹挽 : 극존칭.
* 慟哭拜挽 : '재배곡만'의 관계로 근접해서 모셨을 때. <慟 = 痛>.
* 慟哭再拜挽 : 통곡후 재배하고 조문이니 '통곡배만' 보다 위의 사람.
* 痛哭謹輓 : '재배근만'과 같음.
* 拜挽 : 절하고 조문함 이니 마땅히 절을 해야 할 처지. 친구보다 높은 사람.
* 痛哭挽 : 통곡하고 조문함. 선배나 동료의 친한 관계.
* 再拜挽 : 재배하고 조문함. 경의를 표할만한 분.
* 哭拜輓 : 곡하고 재배한 후 조문함. '재배만' 보다 친한 관계.
* 哭挽 : 친구를 기준하여 그 보다 높음.
* 謹挽 : 보통의 친구. 여기서 친구란 망자와의 관계를 말한다.
* 謹哭 : 삼가 영전에 곡할 사이. 근친 이외, 바깥사돈.

* 挽哭 : 평교사이.
* 哭 : 망자에게 만장할 만한 사이.
* 拜 : 만장 서사자보다 망자가 신분 지위 높으나 특별관계 없을 때.
* 挽 : 특별하진 않으나 만장을 쓸 때.
* 追挽 : 장사 뒤 추후에 보내는 만장.
* 痛哭追輓 : 상기 '통곡'의 추후 만장.
* 謹拜哭追輓 : 상기 '근배곡만'의 추후 만장 .
* 追哭 : '곡' 참조.
* 追拜 : '배' 참조.

만장휘호장면

觀世音淨聖 於苦惱死厄 能爲作依怙 具一切功德
慈眼視衆生 福聚海無量 是故應頂禮 – 觀世音句
관세음보살의 정성(淨聖)은 고뇌와 죽는 액운에 능히 의지할 수가 있으며 일체의 공덕을 갖추시고 자비로운 눈으로 중생들을 보며 복더미 바다같이 한량없나니 그러므로 머리 조아려 예배하시오

– 陶谷 洪愚基 書

Ⅲ. 불가의 다비식

1. 추도의식

2. 천도문과 만장

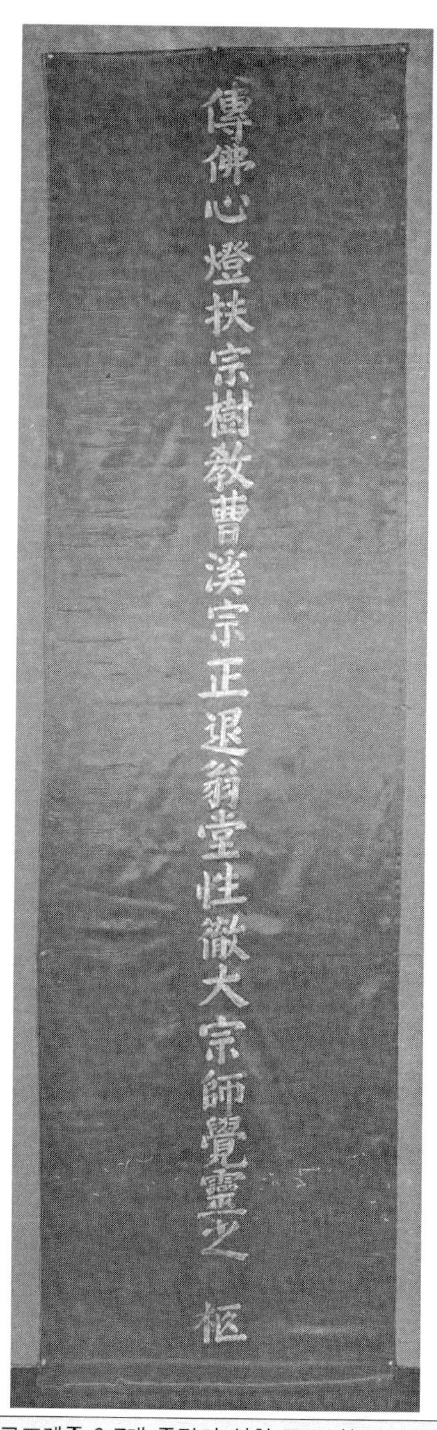

대한불교조계종 6-7대 종정인 성철 큰스님(1911-1993) 명정
- 국립민속박물관 소장

1. 추도의식

불교에서는 장례식을 다비식(茶毘式)이라 한다. 불교의 의례 규범인 석문의범(釋門儀範)에 상례에 대한 부분이 있으나 상세하지 않으며 다만 추도 의식의 순서만 있어 그에 따라 영결의식을 거행한다. 임종에서 입관에 이르는 절차는 일반에서 하는 장례식과 거의 비슷하다. 다비란 불에 태운다는 뜻으로 화장을 일컫는 말이다.

〈추도의식 절차〉

① 개식 : 호상이 한다.

② 삼귀의례(三歸依禮) : 주례 스님이 불보(佛寶), 법보(法寶), 승보(僧寶) 삼보에 돌아가 의지한다는 예로 불교 의식에는 항상 있다.

③ 약력보고 : 고인과 친했던 사람이 고인을 추모하는 뜻에서 한다.

④ 착어(着語) : 주례 스님이 부처님의 가르침을 인용하여 고인의 영혼을 안정시키는 말이다.

⑤ 창혼(唱魂) : 극락세계에 들어가 고이 잠들라는 뜻으로, 요령(搖鈴)을 치며 스님이 의식을 거행한다.

⑥ 헌화 : 친지나 친척이 영전에 꽃을 바친다.

⑦ 독경 : 주례 스님과 참례자 모두가 고인의 영혼을 안정시키고, 생존시의 모든 인연을 잊고 부처님 세계에 고이 잠들라는 뜻의 염불이다.

⑧ 추도사 : 일반 장례 행사에서 하는 조사(弔辭)와 같다.

⑨ 소향(燒香) : 일동이 함께 향을 피우며 고인을 추모하고 애도한다.

⑩ 사홍서원(四弘誓願) : 주례 스님이 하는 것으로 내용은 다음과 같다.

-. 중생무변서원도(衆生無邊誓願度) : 중생은 끝이 없으니 제도(濟度)하기를 맹세하고 원하며,

-. 번뇌무진서원단(煩惱無盡誓願斷) : 인간의 번뇌는 다함이 없으니 번뇌를 끊기를 맹세하고 원하며,

-. 법문무량서원학(法門無量誓願學) : 불교의 세계는 한량이 없으니 배우기를 맹세하고

원하고,

-. 불도무상서원성(佛道無上誓願成) : 불도보다 더 훌륭한 것이 없으니 불도를 이루기를 맹세코 원한다.

⑪ 폐식 : 폐식을 선언한다.

이러한 순서로 영결식을 거행한 후 장지로 향하는데, 불교에서는 화장(火葬)을 한다. 화장할 때 시신은 분구(焚口)에 넣고 끝날 때까지 염불을 그치지 않으며, 다 타면 흰 창호지에 유골을 받아서 상제에게 주어 쇄골(碎骨)한 다음 법주가 있는 절에 봉안하고 제사를 지낸다. 봉안한 절에서 49제와 백일제를 지내고 3년 제사를 모신다. 3년 제사가 끝나면 봉안도의 사진을 떼어 가는데 이것은 일반에서 궤연을 철거하는 것과 같다.

현문 혜암선사(玄門惠菴禪師, 1886-1985) 수덕사 초대방장스님 구행광경
- 사진제공 : 안면도 송림사

2. 천도문과 만장

1) 薦度文句[1)]

我昔所造諸惡業	내가 전에 지은 모든 악업은
皆由無始貪瞋痴	모두가 욕심 성냄 어리석음에서 비롯되어
從身口意之所生	신구의(身口意) 삼업을 따라 지은 것이니
一切我今皆懺悔	일체를 내가 지금 다 참회합니다.
罪無自性從心起	죄는 자성이 없으나 마음 따라 일어나니
心若滅時罪亦亡	마음이 멸하면 죄 또한 없어지며
罪亡心滅兩俱空	죄도 없고 마음도 멸해 모두가 텅 비면
是卽名謂眞懺悔	이것이 곧 참다운 참회라 한다.

生從何處來	생은 어디에서 오고
死向何處去	죽으면 어디로 가는가?
生也一片浮雲起	생은 한조각 뜬구름이 일어남이요
死也一片浮雲滅	죽음은 한조각 뜬구름이 사라짐이라.
浮雲自體本無實	부운 자체가 본래 실이 없으니
生死去來亦如然	생사거래가 또한 이와 같다네.
獨有一物常獨露	유독 한 물건이 있어 항상 홀로 드러났으나
湛然不隨於生死	아주 맑아서 생사를 따르지 않네.

若人欲識佛境界	사람이 부처님의 경계를 알고자 하면
當淨其意如虛空	마땅히 그 마음을 허공처럼 맑게 하고서
遠離妄想及諸趣	망상과 모든 악업(惡業) 멀리 여의면
令心所向皆無碍	마음이 향하는 곳 모두 걸림 없으리.

1) 『茶毘・薦度作法』, 情宇書籍, 2005. 에서 발췌하여 번역하였음.

현문혜암선사(玄門惠菴禪師, 1886-1985) 영결식장면
- 사진제공 : 안면도 송림사

四大各離如夢中 사대가 흩어짐은 꿈속 같고
六塵心識本來空 육진과 심식은 본래 공허하다.
欲識佛祖回光處 불(佛) 조사(祖師)가 회광하는 곳 알려하는데
日落西山月出東 해는 서산에 지고 달은 동쪽에서 뜬다오.

生時的的不隨生 생시에는 분명하게 생을 따르지 않고
死去堂堂不隨死 죽어서는 당당하게 죽음을 따르지 않네.
生死去來無干涉 나고 죽고 가고 오는 것을 간섭하지 않지만
正體堂堂在目前 정체(正體)는 당당하게 눈앞에 있다.

生死成壞等空華 생사(生死)나 성괴(成壞)는 공중의 꽃이요
寃親宿業今何在 원친(寃親)과 숙업(宿業)은 어디에 있나?
今旣不在覓無蹤 지금 이미 없으니 찾아도 자취가 없고
坦然無礙若虛空 평탄하여 걸림이 없으니 허공과 같네.

來時是何物 올 때는 무슨 물건이고
去時是何物 갈 때는 무슨 물건인고
來時去時 올 때나 갈 때나
本無一物 본래 하나의 물건도 없다네.
欲識明明眞住處 분명하게 진정으로 머무는 곳을 알고자 하니
靑天白雲萬里通 푸른 하늘에 흰 구름 만리에 통했구나.

見聞如幻翳 보고 들음은 허깨비 같고
三界若空華 삼계는 공중에 꽃이로구나.
聞復翳根除 들으니 다시 암흑의 뿌리가 제거되고
塵消覺圓淨 티끌이 소멸하니 원각이 맑아지네.
淨極光通達 맑음이 지극하니 광명이 통달하고
寂照含虛空 적조(寂照)는 허공을 머금었구나.
却來觀世間 와서 세간을 보니
猶如夢中事 모두가 꿈속의 일과 같구나.

靈光獨露 신령스런 광채가 홀로 드러나
逈脫根塵 세속의 뿌리를 멀리 여의니
體露眞常 몸에서 진상(眞常)이 드러나고
不拘文字 문자에도 구속되지 않는구나.
眞性無染 진성은 물들지 않고
本自圓成 본래 스스로 원만하게 이루어졌으니
但離妄緣 다만 망령된 인연을 여윈다면

卽如如佛　곧 부처와 같아질 것이라.

靈明性覺妙難思　신령하고 밝은 성각(性覺) 생각하기 어렵고
月墮秋潭桂影寒　달은 가을 못에 떨어지고 기둥의 그림자 찬데
金鐸數聲開覺路　요령과 목탁소리에 깨달음의 길이 열리오니
暫辭眞界下香壇　잠시 진계를 떠나 향단에 내리소서.

靈鷲拈花示上機　영산에서 꽃을 들음은 상근기(上根機)에게 보임이라
肯同浮木接盲龜　눈먼 거북 뜬 나무를 만난 것과 같으리오.
飮光不是微微笑　가섭존자 빙그레 미소 짓지 않았다면
無限淸風付與誰　한없는 맑은 바람 누구에게 주었으랴.

諸法從本來　모든 법은 본래부터
常自寂滅相　항상 스스로 적멸한 모양이라.
佛子行道已　불자들 도를 행하여
來世得作佛　내세에는 부처를 이루리라.

西來祖意最堂堂　달마조사 전하신 법 가장 당당하시니
自淨其心性本鄕　스스로 청정한 그 마음 본래의 고향이라.
妙體湛然無處所　묘체란 맑아서 처소가 없고
山河大地現眞光　산하대지가 진묘한 광채를 드러내네.

法身遍滿百億界　법신이 백억계에 두루 충만하시고
普放金色照人天　널리 금색을 발하여 인천(人天)을 비추네.
應物現形潭底月　사물따라 모습을 드러내니 못 속의 달이라
體圓正座寶蓮臺　본체는 원만하여 보련대에 앉아 있네.

生本無生　생은 본래 생이 없고
滅本無滅　멸은 본래 멸이 없다.
生滅本虛　생멸이 본래 공허하나
實相常住　실상은 항상 머문다네.

因緣聚散　인연이 모이고 흩어짐은
今古如然　예나 지금이나 같구나.
虛徹廣大靈通　공허하게 통했고 광대하고 영통하여
往來自在無碍　왕래가 자유롭고 걸림이 없네.

實相離名　실상은 이름을 떠나고
法身無跡　법신은 자취가 없어
從緣隱現　인연을 따라 숨었다 드러나니
若鏡像之有無　거울에 상이 있고 없는 것과 같구나.
隨業昇沈　업을 따라 부침을 하니
如井輪之高下　우물의 줄이 오르내림과 같더라.
妙變莫測　묘하게 변화하여 헤아릴 수 없으니
幻來何難　허깨비 같은데 무엇이 어려우랴.

諸靈限盡致身亡　모든 신령 다하여 몸이 없으니
石火光陰夢一場　전광석화 같은 세월 일장춘몽이로다.
三魂渺渺歸何處　삼혼은 아득하여 어디로 돌아오나
七魄茫茫去遠鄉　칠백은 아득하게 먼 곳으로 떠나가네.

一從違背本心王　한결같이 본심을 저버리고서
幾入三途歷四生　몇 번이나 삼도에 빠져 사생을 거쳤는가
今日滌除煩惱染　오늘은 더럽혀진 번뇌를 씻어내고서

隨緣依舊自還鄕　인연따라 여전히 고향으로 돌아오네.

法性圓融無二相　법성은 원융하고 다른 상이 없어서
諸法不動本來寂　제법은 변하지 않고 본래부터 고요하네.
無名無相絶一切　이름도 없고 상도 없어 일체를 끊으니
證智所知非餘境　지혜를 증득하면 다른 경계 아니라네.
眞性甚深極微妙　진성은 매우 깊고 미묘해서
不守自性隨緣成　자성을 지키지 않으며 인연따라 일어난다.
一中一切多中一　하나에는 일체가 들고 일체에도 하나가 들며
一卽一切多卽一　하나는 일체에 즉입하고 일체도 하나에 즉입한다.
一微塵中含十方　하나의 티끌속에 시방세계 들어있고
一切塵中亦如是　일체의 티끌속에도 또한 그러하다.
無量遠劫卽一念　무량원겁도 일념에 즉입하고
一念卽是無量劫　일념도 무량겁에 즉입하며
九世十世互相卽　구세십세가 서로 즉입하나
仍不雜亂隔別成　산란하지도 않으며 따로따로 이룬다네.
初發心時便正覺　초발심에 문득 정각을 이루어
生死涅槃常共和　생사열반이 함께하네.
理事冥然無分別　이치와 사실이 섞이어 분별이 없는
十佛普賢大人境　십불 보현의 대인경이라.
能仁海印三昧中　부처님 해인삼매 가운데
繁出如意不思議　자주 여의하게 나타나니 헤아릴 수 없어라.
雨寶益生滿虛空　보배를 비내려 중생을 이익케 함이 허공에 가득하고
衆生隨器得利益　중생들은 깜량대로 이익을 얻네.
是故行者還本際　그러므로 수행자는 근본으로 돌이킬 때
叵息妄想必不得　망상을 그치지 않으면 반드시 얻지 못하네.
無緣善巧捉如意　인연없는 교묘함으로 여의함을 잡아서
歸家隨分得資糧　돌아가 분수따라 自量을 얻느니

以陀羅尼無盡寶　다라니는 무궁무진한 보배라
莊嚴法界實寶殿　법계를 장엄하여 참으로 보전이 되게하네.
窮坐實際中道床　실제 중도의 상에 앉은 것은
舊來不動名爲佛　예로부터 변하지 않으니 부처라 한다.

현문혜암선사(玄門惠菴禪師, 1886-1985) 다비식 후 습골장면
- 사진제공 : 안면도 송림사

佛身普遍十方中　불신은 시방중에 가득하고
三世如來一切同　삼세 여래는 일체가 같아라.
廣大願雲恒不盡　광대한 원운은 항상 다하지 않는데
汪洋覺海玅難窮　깨달음의 바다는 현묘하여 다함이 없도다.

靈源湛寂　신령스러운 근원은 맑고도 고요하여
無古無今　예도 없고 지금도 없으며
妙體圓明　묘체는 원융하고 밝으니
何生何死　무엇을 생이라 하고 무엇을 사라 하는가?

生也一片浮雲起 死也一片浮雲滅 浮雲自體本無實 生死去來亦如然
생은 한조각 뜬구름이 일어남이요 죽음은 한조각 뜬구름이 사라짐이라
부운 자체가 본래 실이 없으니 생사거래가 또한 이와 같다네

- 荷山 徐弘植 書

諸法從本來 常自寂滅相 佛子行道已 來世得作佛
모든 법은 본래부터 항상 스스로 적멸상이라
불자들 도를 행하여 내세에는 부처를 이루리라

- 蓮堂 朴永玉 書

便是 釋迦世尊　바로 석가세존이
摩竭掩關之時節　마갈다국에서 관을 닫았을 시절이 있었으며
達摩大師　달마대사는
少林面壁之家風　소림사에서 면벽한 가풍이 있었네.
所以 泥蓮河側　이런 까닭으로 니련선하 옆에서
槨示雙趺　관밖으로 두발을 보이셨고
總嶺途中　총령을 넘어가는 도중에
手携隻履　짚신 한짝만 들고 가셨더라.
諸佛子　모든 불자들이여
還會得　다시 생각해보면
湛寂圓明底　맑고 고요하고 원융하고 밝은 근원을 얻을 것이라.
一句麼　제 일구가 무엇인가?
俯仰隱玄玄　부앙(俯仰)을 하며 은은하고 현현하며
視聽明歷歷　보고 들음이 밝고 역력하구나.
若也會得　만약에 또한
頓證法身　문득 법신을 증득하면
永滅飢虛　영원히 배고픔이 없을 것이라.
其或未然　혹 그렇지 못하면
承佛神力　부처님의 위신력과
仗法加持　법의 가피력에 의지하여
赴此香壇　이 향단을 달려와
受我妙供　나의 묘한 공양 받으시고
證悟無生　무생을 깨달으소서.

慈光照處蓮花出　자애로운 빛 비추는 곳 연화가 피고
慧眼觀時地獄空　혜안으로 볼 때엔 지옥조차 공허하네.
又況大悲神呪力　또한 자비롭고 신통한 주문의 힘은

衆生成佛刹那中　중생들을 찰나간에 성불케하네.

修仁蘊德龍神喜　인을 닦고 덕쌓으니 용신이 기뻐하고
念佛看經業障消　염불하고 경을 보니 업장이 소멸되네.
如是聖賢來接引　이처럼 성현들이 와서 친히 맞으니
庭前高步上金橋[2)] 뜰앞에서 성큼뛰어 금교(金橋)에 오르누나.

百草林中一味新　백초의 숲속에서 일미가 새로우니
趙州常勸幾千人　조주는 늘 몇 천인에게 권했는가?
烹將石鼎江心水　돌솥에 강심수를 끓여
願使亡靈歇苦輪　망령(亡靈)의 고통을 쉬게 하소서.
願使孤魂歇苦輪　고혼(孤魂)의 고통을 쉬게 하소서.
願使諸靈歇苦輪　모든 영혼의 고통을 쉬게 하소서.

凡所有相　무릇 상이 있는 것은
皆是虛妄　모두가 허망하다.
若見諸相非相　모든 상이나 상이 없는 것을 본다면
卽見如來　곧 여래를 보게 된다.

諸行無常　제행무상이
是生滅法　생멸하는 법이라.
生滅滅已　생멸이 멸하고 나면
寂滅爲樂　적멸이 즐겁게 된다.

青山疊疊彌陀窟　청산은 첩첩한 아미타의 굴이요
蒼海茫茫寂滅宮　창해는 망망한 적멸궁이라.

2) 金橋 : 깨달음의 다리.

物物拈來無罣碍 사물이 만나서 걸림이 없으니
幾看松亭鶴頭紅 몇 번이나 송정(松亭)의 붉은 학두(鶴頭) 보았는가?

極樂堂前滿月容 극락당전에 달빛이 가득한데
玉毫金色照虛空 옥호의 금색은 허공을 비추누나.
若人一念稱名號 사람이 일념으로 이름을 일컬으면
頃刻圓成無量功 경각에 무량공덕을 이룰 것이라.

三界猶如汲井輪 삼계는 물을 긷는 줄과도 같고
百千萬劫歷微塵 백천만겁을 지나며 미진을 거쳤다네.
此身不向今生度 이 몸이 금생에 제도되지 못한다면
更待何生度此身 어느 생에 이 몸을 제도하려나.

報化非眞了妄緣 보신과 화신은 마침내 허망한 인연이요
法身淸淨廣無邊 법신은 청정하여 광대무변하여라.
千江有水千江月 천 강에 물이 있으니 천 강에 달이요
萬里無雲萬里天 만 리에 구름이 없으니 만 리가 하늘이라.

山堂靜夜坐無言 산당의 고요한 밤 말없이 앉았으니
寂寂寥寥本自然 고요하고 적적한 본래의 자연이라.
何事西風動林野 무슨 일로 서풍은 숲과 들에 불어오나
一聲寒雁唳長天 기러기 울음소리 장천을 벗어나네.

千尺絲綸直下垂 천 길의 낚시줄 곧게 드리우니
一波纔動萬波隨 파도가 일렁이자 온갖 물결 따라 이네.
夜靜水寒魚不食 밤은 고요하고 물은 차서 고기 물지 않는지라
滿船空載月明歸 부질없이 배에 가득 달빛 싣고 돌아오네.

圓覺山中生一樹 원각산 속에는 나무 하나 자랐는데
開花天地未分前 천지가 분리되기 전에 꽃을 피웠다지.
非青非白亦非黑 푸르지도 희지도 검지도 않고
不在春風不在天 봄바람에 있지도 않고 하늘에 있지도 않았다네.

願我臨欲命終時 원하옵건대 제가 목숨을 마칠 적에
盡除一切諸障碍 온갖 장애가 소멸되어
面見彼佛阿彌陀 저 아미타부처님을 뵈옵고
卽得往生安樂刹 곧 바로 극락왕생하게 하소서.

生前有形質 생전에는 형질이 있으나
死後無從跡 사후에는 자취도 없나니
請入法王宮 청컨대 법왕궁에 들어
安心坐道場 마음 편안히 도량에 앉으소서.

奉送孤魂洎有情 외로운 혼과 일체유정을 보내드립니다.
地獄餓鬼及傍生 지옥 아귀에 있는 중생들이시여.
我於他日建道場 내가 다른 날 도량을 세우면
不違本誓還來赴 본래의 서원을 어기지 말고 다시 돌아오시라.

移行千里滿虛空 가득한 허공을 천리만큼 옮기고
歸途情忘到淨邦 귀로에 정을 잊어 정토에 이르렀네.
三業投誠三寶禮 삼업을 던져 정성스레 삼보에 예배하니
聖凡同會法王宮 성인 범부 모두가 법왕궁에 모였더라.

火蕩風搖天地壞 불태우고 바람불어 천지를 무너뜨리고.
寥寥長在白雲間 고요하고 당당히 흰구름 사이에 있네.
一聲揮破金城壁 한소리에 금성의 벽을 부수고

但向佛前七寶山　오직 부처님 앞 칠보산으로 향하도다.

願我盡生無別念　나는 이 생 다하도록 다른 생각없이
阿彌陀佛獨相隨　오로지 아미타불 따르리다.
心心常係玉毫光　마음마다 항상 옥호광명에 두며
念念不離金色相　생각마다 금색상호 잊지를 않으리라.
我執念珠法界觀　내가 염주를 들고 법계를 관찰하매
虛空爲繩無不貫　허공을 끈 삼아 꿰이지 않음이 없다.
平等舍那無何處　평등한 노사나불 어느 곳에 없으리
觀求西方阿彌陀　서방의 아미타불을 관하여 구하네.
南無西方大教主　서방정토의 대교주이신
無量壽如來佛　무량수 여래불에 귀의합니다.
南無阿彌陀佛　아미타불에 귀의합니다.

願我臨欲命終時　원컨대, 목숨을 마칠 때에
盡除一切諸障碍　온갖 장애가 소멸되어
面見彼佛阿彌陀　아미타불을 뵈옵고
卽得往生安樂刹　곧 바로 극락세계에 태어나게 하소서.
願以此功德　원컨대 이 공덕
普及於一切　널리 일체에 미쳐
我等與衆生　우리와 중생들
當生極樂國　마땅히 극락국에 태어나
同見無量壽　다 함께 무량수불 친견하고
皆共成佛道　함께 불도 이루어지이다.

大悲爲本陰陽之界　대 자비는 본래 음양 세계를 위한 것이니
現無邊身廣濟群迷　가없는 몸을 나투시어 중생들을 널리 구제하시네.

世尊收化而白佛言 세존께서 거두어 교화하시니 부처님께 말씀드립니다.
末世衆生我乃盡度 말세의 중생은 내가 다 남김없이 제도하고
居歡喜國南方化主 남방화주를 환희국에 살게 함은
大願本尊地藏菩薩 지장보살의 크신 원이로다.

개심사 종각

2) 佛家의 輓章

善惡過虎佛　선악(善惡)이 호랑이 부처보다 더했으니
是鏡虛禪師　경허선사 이분이라
遷化向甚麽處去　천화하여 어느 곳으로 가셨는가?
酒醉花面臥　술에 취하여 꽃잎에 누우셨는가?

〈聞鏡虛法師遷化吟〉 滿空禪師

舊來是非如如客　예로부터 시비(是非)가 여여하신 객
難德山止劫外歌　난덕산에서 겁외의 노래를 그치셨네.
驢馬燒盡是暮日　나귀같은 육신을 태워버린 저녁에
不食杜鵑恨小鼎　먹지 못한 두견은 솥 적다고 우는구나.

〈於咸鏡道甲山郡 熊耳面 難德山下 先法師茶毘時吟〉 滿空禪師

十方薄伽梵　시방세계 여래세존
一路涅槃門　한 길 열반문
今日惺月堂　오늘 성월당은
亦然耶不然耶　또한 그러한가 그렇지 않은가
三毒來三毒去　삼독이 오고 삼독이 간다.

〈輓惺月堂〉 滿空禪師

清淨如糞枕雲堂　청정이 똥과 같은 침운당에서
奔忙恰似酒店奴　분주하게 사니 주막집 종놈 같지만
老漢自有魁術業　노한에겐 특별한 술업이 있구나
一步人天便盲眼　人天을 걸으면 문득 장님이 된다네.

〈枕雲堂輓頌〉 滿空禪師

현문 혜암(玄門 惠菴, 1886~1985) 큰스님 만장
- 사진제공 : 안면도 송림사

현문 혜암(玄門 惠菴, 1886~1985) 큰스님 다비장면
- 사진제공 : 안면도 송림사

雲起曾無起　구름이 생겼으나 일찍이 생겨남이 없고
滅時亦無滅　멸할 때에도 또한 멸한 것이 없도다.
無滅無起處　멸함도 없고 생겨난 곳도 없으니
雲岩劫外春　운암은 겁외의 봄이로구나.

〈雲岩師輓頌〉滿空禪師

無始一妙兒　시작도 않은 하나의 묘아(妙兒)
來時難可測　올 때를 예상하기 어렵더라.
去時亦如然　갈 때 또한 그러하리니
妙箇是甚麼　미묘한 것이 무엇이던가?

〈爲昔湖靈駕〉滿空禪師

正業歸眞佛　정업으로 부처님께 귀의했고
生來振宗風　나서는 종풍(宗風)을 떨치었나니
脫緣何處去　인연 벗고 어디로 갔는가?
山岡日頭紅　산마루엔 저녁 해가 붉구나.

〈田岡禪師輓〉『祖師禪에로의 길』

生來正業歸眞佛　나면서 정업으로 부처님께 귀의하여
賴力修行近禪定　힘입어 수행하며 선정을 가까이 하였다네.
徹底萬生慈悲力　일체중생에 철저한 자비의 힘은
隨聖隨凡作主人　성인 따라 범부 따라 주인되었네.

〈靑潭禪師輓〉『祖師禪에로의 길』

生來死去無蹤跡　나서 오고 죽어감에 자취 없으니
不知何處是本人　어느 곳이 본인인지 알지 못하네.

一念未形前薦得　한 생각 일어나기 전을 떠올려보면
奇言妙句盡爲塵　기이한 말 묘한 글귀 모두다 티끌이라.

〈講師性能스님輓〉『祖師禪에로의 길』

生來一塵清風起　태어남은 한 티끌 맑은 바람에 일어남이요
滅去澄潭月影沈　죽어감은 맑은 못에 달그림자 잠김이라.
收拾煙霞歸去後　연하를 거두어 돌아간 뒤에
十方虛空悉皆明　시방허공이 모두 다 밝았더라.

〈呑虛스님輓〉『祖師禪에로의 길』

脫緣身外無餘物　인연의 몸을 벗으니 남은 물건이 없어
流水城底自說禪　흐르는 물은 성밑에서 선을 설하네.
收拾煙霞歸去後　연하를 거두어 돌아간 뒤에
諸鳥山花一香春　모든 새와 꽃도 하나의 향긋한 봄이로구나.

〈春城禪師輓〉『祖師禪에로의 길』

生時一陣清風起　날 때는 한 가닥 맑은 바람 일어나고
滅時澄潭月影沈　멸할 때는 맑은 못에 달그림자 잠겼더라.
(曉峰何處去　효봉은 어디로 갔는가
燒香禮拜云)　향 사르고 예배하며 말씀하시되
一片香煙隨手起　한조각 향연기가 손을 따라 일어나니
個中消息幾人知　이 속에 소식을 몇명이나 아는가?

〈曉峰禪師輓〉『祖師禪에로의 길』

生來一塵清風起　생이란 한 티끌 맑은 바람에 일어남이요
滅去澄潭月影沈　죽음은 맑은 못에 달그림자 잠김이라.

收拾煙霞歸去後　연하를 거두어 돌아간 뒤에
一片香煙滿虛空　한 조각 향 연기 허공에 가득하다.

〈香谷禪師輓〉『祖師禪에로의 길』

鏡峰스님鏡峰스님鏡峰스님　경봉스님 경봉스님 경봉스님
會魔 良久后喚沙彌云焚香　아십니까? 사미를 불러서 향을 사르게 하니
一片香煙隨手起　한줄기 향연기가 손을 따라 일어나니
個中消息幾人知　이 가운데 소식을 몇 명이나 아는지.
生來一塵淸風起　태어남은 티끌이 청풍 따라 일어남이요
滅去寥無一塵形　멸함은 한 티끌 고요하게 사라짐이라.
收拾煙霞歸去後　연하를 거두어 돌아간 뒤에
靑天明月照鏡峰　푸른 하늘 밝은 달은 경봉을 비추누나.

〈鏡峰禪師輓〉『祖師禪에로의 길』

脫緣身外無餘物　인연을 벗으니 남은 물건 없는데
大輪和尙何處去　대륜화상은 어느 곳으로 갔는가?
靑天浮一輪明月　푸른 하늘에 밝은 달이 떠올라
宇宙空間照一身　우주 공간에 한 몸을 비추었도다.

〈大輪和尙輓〉『祖師禪에로의 길』

離別死生難　이별하고 죽고 사는 것이 어려우니
何時共佛禮　어느 때 함께 부처님께 예배하나
一箇無孔笛　구멍이 없는 한 개의 피리는
枕聲臥三世　소리를 베고 삼세에 누웠도다.

〈有潭스님輓〉『祖師禪에로의 길』

未滿六十夢中客　육십을 다 못 채운 꿈속의 나그네여
脫緣身外何處去　인연의 몸 벗어놓고 어디로 갔는가?
萬目靑山亦有恨　눈 가득한 푸른 산도 한이 있는지
處處血淚染紅枝　곳곳에 피눈물로 붉은 가지 물들였네.

〈德門比丘尼輓〉『祖師禪에로의 길』

人生如幻又如夢　인생이란 환상이나 꿈과 같은데
何物於中還作主　그 속에 무슨 물건이 다시 주인 되려나
收拾荷葉歸去後　꽃과 잎을 거두어 돌아간 뒤에
劫外靈實振香風　겁밖의 신령스런 열매가 향풍을 떨치누나.

〈一葉比丘尼輓〉『祖師禪에로의 길』

未滿九十夢中客　구십을 다 못 채운 꿈 속 나그네가
脫緣身外無餘塵　인연의 몸 벗으니 남은 티끌도 없네.
靑天明月浮一輪　청천에 밝은 달 둥실 떠오르니
宇宙空間照一身　우주 공간에 한 몸을 비추누나.

〈見性庵 法喜比丘尼輓〉『祖師禪에로의 길』

生來正業歸眞佛　나서부터 정업으로 부처님께 귀의하여
欄干頭上打閑瓶　난간 위에서 한가로운 기와장 두드렸네.
有時喜哭大衆笑　때로 울리고 웃기며 대중을 즐겁게 하더니
脫緣身外餘鐵棒　인연의 몸 벗은 뒤에 쇠몽둥이 남았구나.

〈玄昊스님輓〉『祖師禪에로의 길』

六十五年夢中客　육십 오 년 동안 꿈속의 나그네가

脫緣身外與誰隣　인연 몸 벗은 뒤에 누구와 이웃하나
若人問我夢中事　만일 누가 나에게 꿈속 일을 물으면
茫茫天涯獨去身　아득한 하늘 끝에 홀로 가는 몸이라 하리.

〈鳳岩스님輓〉『祖師禪에로의 길』

脫緣身外無餘物　인연 몸 벗은 뒤에 남은 물건 없고
無空天涯獨去身　무공(無空)의 천애에 홀로 가는 몸이로다.
莫論脫緣與天涯　탈연(脫緣)과 천애(天涯)를 논하지 말라
六窓都是夢中人　여섯 창에 모두 다 꿈속에 사람이네.

〈見性庵善福比丘尼輓〉『祖師禪에로의 길』

未滿七十夢中客　칠십을 다 못 채운 꿈속 나그네가
脫緣身外無餘塵　인연의 몸 벗은 뒤에 티끌 하나도 없도다.
收拾煙霞歸去後　연하를 거두어 돌아간 뒤에
空山猶有月孤輪　빈산에 오히려 외로이 달이 떴구나.

〈白蓮庵明昊比丘尼輓〉『祖師禪에로의 길』

葉落冬容潔　잎이 떨어져 겨울모습이 조촐한데
清山對面眞　맑은 산 참모습을 마주했도다.
華峰何處去　화봉은 어디로 떠나갔는고?
六峰明月身　여섯 봉우리에 달이 떴구나

〈柳葉스님輓〉『祖師禪에로의 길』

體遍河沙澄妙身　항하사에 두루하여 묘신을 맑게 하니
應緣能屈又能伸　인연따라 굽히고 늘리고를 하였다네.
面門出入無蹤跡　문을 출입하나 종적(蹤迹)도 없나니

隨聖隨凡作主人　성인따라 범인따라 주인이 되는구나.

〈性悟比丘尼輓〉『祖師禪에로의 길』

生死去來無蹤跡　생사거래에 종적이 없으니
姜氏孺人何處去　유인 강씨는 어디로 갔는가?
四大收拾歸去後　사대를 거두어 돌아간 후에
空山五月落梅花　빈산 오월에 매화가 떨어진다.

〈姜氏孺人輓〉『祖師禪에로의 길』

人生如幻又如夢　인생이 허깨비요 꿈과 같으나
生來正業歸眞佛　나서는 바른 업으로 진불에 귀의했네.
收拾煙霞歸去後　연하를 거두어 되돌아 간 뒤에는
雲捲靑天秋月明　구름 걷힌 푸른 하늘 가을달이 밝았도다.

〈惺堂居士靈前에〉『祖師禪에로의 길』

公歸此日似空城　공이 돌아가신 이날은 빈 성 같은데
分別幽明幾許程　유명을 분별하면 몇 리쯤 되나?
聞道精勤唯一念　듣자하니 일념으로 정근하면서
西方淨土願平生　극락정토를 평생토록 소원하였다지.

〈輓三陽洞全處士〉『雲水散稿』

公歸此日勤南陽　공이 떠나신 이날 태양도 부지런하네.
世事如今夢一場　세상사가 지금처럼 일장춘몽이로다.
應有天鄕難決處　천국에도 난처한 사건 있을 것이라
不然何喚萬人長　그렇잖은데 어찌하여 만인의 장(長)을 부르는가.

〈大邱市長 石雲靈駕 發靷式場 說〉『雲水散稿』

法音種種撼人天　법음은 갖가지로 인천(人天)을 흔들었는데
豈意今朝此報傳　어찌 오늘 아침 이런 소식 전해지나.
爲濟東方千萬世　동방의 천만세를 구제하기 위함이니
斯行寧可病香先　이런 이별 어찌하여 아파해야 하는가?

〈聞法寶院 祖室 田岡大和尙 入寂〉『雲水散稿』

輿行此日萬人城　상여 나가는 오늘 만인이 성을 이루었고
慘憺山容總我情　참담한 산빛들이 모두 나의 뜻이라.
一囑玄尼還會麽　부촉함을 비구니여 알고 있는가
隨分隨處事終成　수분수처 일대사 일을 마쳤네.

〈嘆道玄比丘尼殉教敎團葬式場辭〉『雲水散稿』

丹旌飄拂擧城哀　명정 나부끼니 온 성중 슬퍼해
沈默群山亦感懷　침묵한 산들 또한 감회에 젖은 듯.
永訣薤歌含淚曲　영결하는 소리 눈물겨운 곡조
白雲一片過天涯　흰 구름 한 조각 하늘가로 흐른다.

〈輓故忠武居士〉『雲水散稿』

沈體療養思微微　처진 몸 요양중에 생각이 미미해
彼德崇山恨不飛　저 덕숭산에 날아가지 못하니 한일세.
追憶親臨分手日　몸소 와 위문하던 날을 추억하니
回惟病臥在京時　서울에서 몸져누웠을 때였는데
以今出駕仙鄕路　이제는 가마타고 선향으로 떠났으니
從此無由鶴首期　이로부터 학수고대 할 수도 없네.
嗟我人生榮辱界　슬프다 우리 인생 영욕의 세계는
一場春夢有何之　일장춘몽이니 어디로 가는가?

〈嘆同庚大義堂先逝〉『雲水散稿』

痛惜斯人不惑年　슬프다 이 사람 불혹의 나이라
餘生尙遠忽昇天　여생이 요원한데 홀연히 승천했네.
幾多淨化同嘗苦　얼마나 많이 정화했고 함께 고통 느꼈었나
此日分明現眼前　이러한 날은 분명 눈앞에 나타나리.

〈佛敎新聞閱覽中見法宗首座入寂嘆詞〉『雲水散稿』

幾多乎去來兮　오고 감이 얼마나 많았는가
公貴乎此日兮　공은 이날을 귀중하게 생각하여
迥脫乎根塵兮　오늘 속진을 멀리 벗어 던졌구나.
山容肅海光耀　산모양은 엄숙하고 바다빛은 빛나더라.

〈輓孔文奎居士逝去〉『雲水散稿』

奉幡遙向金堂拜　번을 받들고 멀리 금당향해 절하니
此日雙林舊紀迴　이날 쌍림의 옛 기억 돌아오네.
高下群山皆入定　높고 낮은 군산은 다 선정에 들었는데
白雲一點過天涯　흰구름 한 점이 천애를 지나간다.

〈謹輓宗正石友堂大宗師〉『雲水散稿』

此報難分眞與夢　이 부고 정말인가 꿈속인가 몰라도
悠悠病枕滴緇痕　유유히 병든 베개에 눈물흐른다.
南州一片歸雲白　남녘 고을 돌아가는 구름은 흰데
追憶金山昔日恩　금산 전일의 은혜를 추억한다네.

〈謹輓東山宗正猊下〉『雲水散稿』

道話禪窓如昨日　선창에서 도화(道話) 나눔 어제 같은데
誰知此報忽然飛　홀연히 이 비보 날아올 줄 알았으리.

修理寺 - 月容 裵柱華作

聊望伽倻千里遠 가야산 천리 먼 곳 바라보니
貞貞鶴表想依稀 정정하신 학의 모습 생각은 여전하네.

〈謹輓海印寺祖室錦峰禪師〉『雲水散稿』

永訣此行何處向 영결하는 이 행차 어디로 향하는가
公歸一日似空州 공의 돌아간 하루는 빈 고을 같아
丹旌飄拂雲鄉遠 붉은 명정 펄럭이나 구름고을은 멀고
薤發群山黙黙愁 상엿소리에 산들은 슬퍼 잠잠하구나.

〈輓禾北尹處士〉『雲水散稿』

青天霹靂訃音傳 청천벽력같이 부음을 전해 들으며.
追憶金剛勝會年 금강산의 아름다운 만남을 추억한다네.

嘗謂愚香先入火　일찍이 내가 먼저 간다했는데
那期此寶忽登仙　어찌 보산선사 등선할 줄 생각했으랴?
群山默默沈慷慨　산들은 묵묵히 슬픔에 잠겨있고
孤枕悠悠思杳然　외로운 침실에서 생각이 아득하네.
我亦非多形宇日　이 몸 역시 살 날이 많지 않으니
隨緣更遇覺皇前　인연따라 각황전에서 다시 만나세.

〈謹輓寶山禪師〉『雲水散稿』

半千歷史我王朝　반천년 역사인 우리왕조가
感慨無量告幕乎　감개무량으로 종막을 고하나이다.
聖后平生精進力　황후께서 평생토록 정진하셨으니
蓮臺九品任逍遙　연대의 구품에서 소요하시리.

〈謹輓純貞孝皇后海平尹氏大智月靈駕護喪中題幡〉『雲水散稿』

千聖未曾說　모든 성인도 말하지 못하였고
和尚亦不得　화상도 어쩌지 못하였네.
胡糖踏近州　엿판을 짊어지고 고을을 떠돌면서
長歌送春秋　긴 노래 부르면서 세월을 보내네.

〈曉峰大宗師輓詞〉『曉峰法語集』鄭田岡

禪旨西天爲骨髓　선지(禪旨)는 서천의 골수가 되고
教談東土化笙簧　가르친 말씀은 동토의 피리가 되었다네.
摧邪顯正歸黃道　파사현정하여 황도로 돌아가니
五葉一花啓萬邦　오엽일화가 만방에 피어난다.

〈曉峰大宗師輓詞〉『曉峰法語集』孫慶山

白月秋光冷　밝은 달에 가을빛이 차갑고
桂香萬里行　계수의 향기는 만리에 퍼지누나.

〈曉峰大宗師輓詞〉『曉峰法語集』崔月山

曉峰大宗師　효봉대종사시여
大地虛空裂　대지와 허공이 무너지고
泥牛水上行　진흙소가 물위를 지나간다네.

〈曉峰大宗師輓詞〉『曉峰法語集』春城

生來一塵淸風起　태어남은 먼지가 바람에 일어나는 것이고
滅去淨潭月影沈　죽음은 맑은 못에 달그림자 잠김이라
曉峰和尙何處在　효봉화상이여 어디에 계십니까?
(燒香禮拜云)　향사르고 절을 한 뒤에
一片香煙隨手起　한조각 향연기가 손을 따라 일어나니
箇中消息幾人知　이 가운데 소식을 몇이나 알겠는가?

〈曉峰大宗師輓詞〉『曉峰法語集』崔惠菴

斫却月中桂　달 속의 계수나무 찍어내니
淸光轉更靈　맑은 빛이 더욱 신령스럽다.
狐狸俱屛跡　여우의 자취가 다 사라지니
獅子奮金毛　사자가 금빛털을 떨치는구나.

〈曉峰大宗師輓詞〉『曉峰法語集』石虎

來與白雲來　올 때는 흰 구름을 따라오고
去隨明月去　갈 적에는 밝은 달을 따라가니
去來一主人　오고 가는 한 주인이

畢竟在何處　필경 어디에 있을까?

〈曉峰大宗師輓詞〉『曉峰法語集』昔珠

見身無實是佛身　몸이 실체가 없음을 아는 것이 불신이요
了心幻如是佛心　마음이 허깨비임을 아는 것이 불심이네.
了得身心本性空　몸과 마음의 본성이 공한 줄 깨달으면
斯人與佛何殊別　이 사람 부처와 무엇이 다르리오.

〈曉峰大宗師輓詞〉『曉峰法語集』尹月下

黃菊丹楓九月天　국화피고 단풍드는 구월
一朝快得涅槃緣　하루아침에 서둘러 열반하시니
娑婆衆生共含淚　사바세계 중생들 눈물 흘리고
山川草木盡悽然　산천의 초목들도 모두 슬퍼라.
泰山崇德千秋範　태산처럼 높은 덕은 천추의 모범
日月精神萬古傳　일월같은 정신은 만고에 전하리.
去來消息誰能識　오고가는 소식을 누가 알리요
大地虛空未分前　대지와 허공이 나눠지기 전인 것을.

〈曉峰大宗師輓詞〉『曉峰法語集』大義

東方昨夜彗星沈　어젯밤 동쪽에 혜성이 잠기더니
忽承宗師示寂音　종사께서 입적하셨다는 부음을 들었지.
萬疊青山是活眼　만첩청산은 살아있는 눈이요
九天明月證禪心　구천 명월은 선심을 증득했네.
曹溪正脈究源底　조계의 바른 법맥 근원을 밝혀내고
闍崛清風徹骨深　기사굴산 맑은 바람 골수에 사무쳤다.
一自教團淨化後　한때 불교종단을 정화하신 후

挺身致命到雙林　목숨 다하시고 쌍림에 이르셨네.

〈曉峰大宗師輓詞〉『曉峰法語集』李鍾益

倚天長劍丈夫行　장검을 높이 들고 장부가 가니
各逞威風眼靈光　위풍이 각각 왕성하고 눈빛이 신령하다.
棒下有人知痛否　몽둥이 아래에서 누가 아픔 느끼는가?
一拳拳倒泰山岡　한주먹에 태산을 때려 엎었네.

〈曉峰大宗師輓詞〉『曉峰法語集』趙明基

鐵壁銀山鳥道絶　철벽은산에 새의 길도 끊기었고
天青月白曉峰寒　푸른 하늘 밝은 달에 효봉이 차갑구나.
燕巢鹿破抱卵夢　제비집에서 사슴이 알을 품는 꿈을 깨고서
南面尋常北斗看　남쪽으로 늘 북두를 바라보았네.

〈曉峰大宗師輓詞〉『曉峰法語集』柳葉

嗚呼　오호라
大宗正大禪師 遷化　대종정대선사 천화하십이여!
世緣何其短耶　세상인연이 어찌 그리 짧습니까?
燒香禮淚立　향 사르며 절하고 눈물짓고 섰으니
秋山亦有恨　가을 산마저도 또한 한이 서린 듯
血淚染楓枝　피눈물이 단풍나무 가지를 물들이누나.

〈曉峰大宗師輓詞〉『曉峰法語集』王明昊

青天浮雲無踪跡　푸른 하늘 뜬 구름 자취가 없고
蒼海流水無增減　푸른 바다 흐르는 물 증감이 없네.
老師示寂歸何處　노스님 입적하여 어디로 가셨는가?

山河大地是全身　산하대지가 온몸이신데.

〈老스님入寂所感〉『曉峰法語集』 玄虎

曉日昇天法界明　동녘 하늘 먼동 트자 법계가 밝아지고
寶月登峰萬人眼　솟아오른 보월은 만인의 눈이라.
華溪幽谷火煙裏　화계의 깊은 골 화연속에서
露出面目放寒風　면목을 드러내는 차가운 바람.

〈老스님茶毘所感〉『曉峰法語集』 玄虎

九月藥山日上東　구월달 약산에 아침해 돋고
玲瓏秋色景無窮　영롱한 가을경치 무궁했는데
驀地晴雷驚午夢　갑자기 청천벽력 낮잠을 깨니
天邊一岫落雲中　하늘가에 산 하나 구름속에 떨어졌네.

〈曉峰大禪師涅槃〉『曉峰法語集』 石鼎

一物本來空　본래 한 물건도 없는데
眞身何處容　사리가 어디 있으랴.
元無明暗地　원래 밝고 어둔 곳 없고
春到花方紅　봄이 오면 꽃이 붉게 피누나.

〈曉峰禪師 舍利出現〉『曉峰法語集』 石鼎

絶言絶慮無影處　말과 생각 끊어지고 그림자도 없는 곳에
慈容示現妙法生　자비한 모습 나투시어 묘법을 보였다.
老師面目何處尋　노스님 본래면목 어디서 찾나
山山水水本自成　산은 산 물은 물 스스로 이뤄졌네.

〈지금도 無라 無라 하십니까〉『曉峰法語集』

七十一年一場夢 칠십일년 일장춘몽에 젖어 있다가
臨終如今放四大 임종하여 지금처럼 사대를 놓았으니
棄却後向甚麼處 버리고 나서 어디로 향하는가
無向無去亦無住 향할 것도 갈 것도 머물 것도 없도다.
然雖如是 그렇기는 하나
欲知禪師眞面目 선사의 참된 면목을 알려고 하니
靑山不動水長流 청산은 움직이지 않고 물은 길이 흐르더라.

〈日陀大宗師永訣法語〉『日陀大宗師法語錄』慧菴

生生不生兮 나고 나도 나지 않음이여
呑却日月 해와 달을 삼키고
死死不死兮 죽고 죽어도 죽지 않음이여
闊步宇宙 우주에 활보하네.
一喝一聲天門開 喝을 하는 소리에 하늘 문이 열리니
日月星宿輝古今 해와 달과 별들이 고금에 빛나도다.

〈日陀大宗師永訣法語〉『日陀大宗師法語錄』慧菴

一天白日露眞心 하늘에 밝은 해 진심을 드러내니
萬里淸風彈古琴 만리에 맑은 바람 고금(古琴)을 타네.
生死涅槃曾是夢 생사와 열반이 일찍이 꿈이러니
山高海闊不相侵 산은 높고 바다 넓어도 침해하지 않더라.

〈日陀大宗師臨終偈〉『日陀大宗師法語錄』

七十七年前 칠십칠 년 전이나
七十七年後 칠십칠 년 후나
本來無生死 본래 생사가 없으니

沙佛如電拂　　항하사같은 부처님은 번갯불 같네.
裟婆恣遊戱　　사바세계에 마음대로 노니시어
不曾受一塵　　한 티끌도 받지 아니하시고
久住龍華寺　　오래 용화사에 머무시어
陶鑄仙陀婆　　수좌를 다루어 기르셨다네.
茲永訣禪師　　이렇게 선사를 영결하옵나니
向甚麼處去　　어느 곳으로 가시는고
西海波波上　　서해에는 파랑이 일고
田岡眉目露　　전강스님 미목이 드러났도다.
畢竟落在什麼處 필경 낙처는 어느 곳인가
乾坤岌嶒　　하늘과 땅은 소슬히 우뚝한데
四海晏清　　사해는 맑고 편안하도다.
喝　　할

〈田岡大宗師尊靈前〉『西翁禪師法語集』西翁

春城老師行履處　춘성스승 지나신 곳
三世佛祖不得窺　삼세의 불조도 엿볼 수 없도다.
七顚八倒此世中　이 세상에서 칠전팔도하시고
遷化向什麼處去　천화하여 어디로 가셨는가?
漢城街頭現全身　서울 거리에 전신을 나투셨네.
咄　　허!

〈春城大宗師尊靈前〉『西翁禪師法語集』西翁

七十七年行大義　七十七年동안 대의를 행하니
宗門中爲第一人　종문중에 제일인이 되도다.
此日突然恁麼去　이날에 돌연 이렇게 가시니

實相離名 法身無跡 從緣隱現 若鏡像之有無
隨業昇沈 如井輪之高下 妙變莫測 幻來何難
실상은 이름을 떠나고 법신은 자취가 없어
인연을 따라 숨었다 드러나니 거울에 상이 있고 없는 것과 같구나
업을 따라 부침을 하니 우물의 줄이 오르내림과 같네
묘하게 변화하여 헤아릴 수 없으니 허깨비 같은 곳에 무슨 어려움이 있으랴
– 陶谷 洪愚基 書

阿誰見得不酸辛	누군들 비통해하지 않으리요.
雖然如是 須知大義禪師	비록 이러하나 대의선사는
未曾生 未曾死	일찍이 태어나지도 죽지도 아니하고
未曾去 未曾來	일찍이 가고 오지도 아니함을 알지니라.
正與麼時如何	바로 그러한 때에 어찌하는가?
彌陀非外得	아미타불은 밖에서 얻는 것이 아니고
徧界是西方	서방 극락정도뿐이로다.
喝	할

〈大義禪師尊靈前〉『西翁禪師法語集』西翁

或隱深山或現市	혹은 깊은 산중에 숨고 혹은 시중에 나타났네
今也不顯亦不隱	지금 또한 나타나지도 않고 숨지도 아니한다.
天上天下沒蹤跡	천상천하에 자취를 감췄으니
六月火雲飛白雪	유월 화운에 백설이 날리누나.
別別	각별히 말하노니
三角頂上浪滔天	삼각산 정수리에서 파도가 출렁이고
漢江側逆五字嘴	한강은 오자의 부리로 거슬러 흐르도다.
喝	할

〈映岩和尙尊靈前〉『西翁禪師法語集』西翁

一向爲生不知己	한결같이 중생 위해 자기를 돌보지 않다가
天上天下沒蹤跡	천상천하에 자취를 감췄다네.
非隱非顯是甚麼	숨지도 않고 나투지도 않는 것이 무엇인고.
隱顯自在示大隱	숨고 나툼이 자유로워 대은을 보였네.
還會麼	또한 아느냐
參天雙鷂飛無蹤	하늘 솟구치는 두 마리의 새매는 종적이 없도다.

〈大隱大和尙 尊靈前〉『西翁禪師法語集』西翁

普照佛日白晝暗 두루 비추던 해가 백주에 깜깜해지더니
曹溪山月夜半明 조계산 달이 한밤중에 밝더라.
碧海深底紅塵揚 푸른 바다 깊은 밑에 티끌이 일어나고
九山絶頂波濤湧 구산의 절정에 파도가 솟구친다.

〈九山大宗師尊靈前〉『西翁禪師法語集』西翁

恁麼來也恁麼去 이렇게 왔다가 이렇게 가니
殺活自在佛不辨 살고 죽음이 자재하여 부처도 알 수 없네.
淸風匝地有何極 맑은 바람이 온 땅 쓸어 다함이 없으니
年年九月菊花新 해마다 구월 달에 국화가 새롭도다.

〈月山大宗師尊靈前〉『西翁禪師法語集』西翁

嗚呼哀哉痛哉 오호라 슬프고 원통하도다
乾坤黑闇 하늘과 땅이 어둡고
日月無光 해와 달이 빛이 없네.
偉哉 위대하도다!
爲國獻身之犧牲精神 나라를 위한 희생정신
以此恩惠國家安定 이러한 은혜로 국가가 안정되고
天下泰平 천하가 태평하네.
畢竟落在甚麼處 필경 낙처가 어디인가
北岳倒卓半空中 북악은 허공중에 높이 섰고
漢江悠悠萬古流 한강은 유유히 만고에 흐르도다.
喝 할

〈陸英修女史永訣薦度法語〉『西翁禪師法語集』西翁

華藏巨壁 화장찰해의 큰 옥돌이요

方山朗月　방산의 밝은 달이라.
羲皇點頭　복희씨 고개 끄덕이고
老君避席　노자는 자리 피하노라.
胸懷洞然兮　가슴속 활짝 열림이여
滄海波高　푸른 바다에 파도 높고
神機莫測兮　신기로운 기틀 헤아리기 어려워라.
晴空雷急　맑은 하늘에 벼락치누나.
辨說滔滔兮　도도한 법문이여
木人驚走　목인이 놀라 달아나고
筆鋒錚錚兮　필봉이 쟁쟁함이여
百花爛漫　온갖 꽃이 난만하여라.
咦　허
五臺幽谷黃鸝囀　오대산 깊은 골에 꾀꼬리 울음 우니
奇巖怪石相共和　기암괴석 모두 함께 노래하노라.

〈弔詞〉『方山臺法語-呑虛大宗師法 語集』性徹

呑虛宗師呑虛去　탄허종사가 허공을 삼키고 가니
五臺山空水流去　오대산은 텅비고 물은 흘러가네.
春峰山色文殊眼　봄 봉우리 산 빛은 문수보살의 눈이요
東海波聲觀音耳　동해의 파도소리는 관음보살의 귀로다.

〈弔詞〉『方山臺法語』月山

香生空谷　빈 골짜기에 향기 나니
蕙在深林　혜란이 숲에 있고
虛空一喝　허공이 할을 하니
大海無音　큰 바다가 고요하네.
水流花開　물 흐르고 꽃이 피니

天地爲心　천지의 마음이요.
空耶有耶　비었거나 있거나
日出東岑　해는 동산에 오르도다.

〈香谷蕙林禪師 眞影讚〉『香谷禪師法語』石鼎

無非夢中　꿈속이 아님이 없는 것처럼
幻去幻來　허깨비처럼 갔다왔다 하나니
月轉空中　달이 허공을 회전하는 것과 같도다.
病老不去奈何　병들고 늙었으니 가지 않고 어이하리.
花香一點　꽃과 향을
奉獻靈前　영전에 봉헌한다.

〈香谷和尙 靈前〉『香谷禪師法語』馬碧超

早入空門悟無生　일찍 공문(空門)에 들어가 무생(無生)을 깨닫고
快用棒喝天人驚　명쾌히 봉과 할을 쓰니 천인(天人)이 놀랐네.
倒騎鐵牛入海後　무쇠 소를 거꾸로 타고 바다로 들어간 뒤
無邊虛空月孤明　가없는 허공에는 달만 홀로 밝도다.

〈謹弔 香谷大禪師 涅槃〉『香谷禪師法語』石鼎

拂跡成痕　자취 털어내나 흔적이 남고
欲隱彌露　숨고자하나 더욱 드러난다.
瑟瑟松風　솔바람은 솔솔 불고
蕭蕭雨檜　비는 부슬부슬 내리네.
直饒打破虛空　바로 허공을 타파하고
喝散白雲　할로 흰구름을 흩어도
也是剩語　이 또한 쓸데없는 말

搖撼乾坤　건곤을 잡아 흔들고
旱天霹靂　마른하늘에 벼락이 쳐도
亦非特地　그리 특별한 게 아니로다.
會麼　알겠는가?
岳陽船子　악양의 배요
洞庭波　동정의 물결임을.

〈仁坡대선백影贊〉『평상심이 도라 이르지 말라』 龍城

憨憨癡贏　어리석고 어리석으며
坦坦崎嶇　평탄하나 기구하도다.
踏破澄潭月　맑은 연못에 비친 달을 밟고
拘折無星秤　눈금없는 저울대를 꺾어버렸네.
神鋒兮　신비한 칼날은
藏笑裏　웃음속에 숨었고
鬼箭兮　귀신같은 화살은
落風前　바람앞에 떨어진다.
師之來兮　선사가 오니
端居寰宇定龍蛇　단정히 기거하나 용과 뱀이 안정하고
師之去兮　선사가 가니
水到瀟湘一片青　물이 소상강에 이르러 푸르구나.

〈信海대선백영찬〉『평상심이 도라 이르지 말라』 龍城

浩浩滄溟　넓고 넓은 창해에
虛舟駕浪　빈 배 파도위에 떴구나.
清風隨棹滿　맑은 바람 노를 따라 가득하고
明月逐水來　밝은 달은 물을 쫓아온다네.
朝日霞凝　아침 해에 노을이 몰려있고

暮雲雨收　　저녁구름에 비가 그친다.
把櫓兮　　노를 잡으니
浪湧千尋白　　파도가 천길이나 희고
垂釣兮　　낚시를 드리우니
水渟萬頃清　　잠잠하여 만경이 맑더라.
誰知漁家眞妙訣 누가 알겠는가 고기잡이의 묘결이
更在青山白雲表 푸른 산 흰 구름 바로 거기에 있는 것을.
咄 啊鉢羅 啊鉢羅 허! 아바라 아바라.

〈虛舟대선백영찬〉『평상심이 도라 이르지 말라』 龍城

白雲無根　　흰 구름은 뿌리가 없고
清風何色　　맑은 바람은 무슨 색인가?
黑漆漆　　검기로는 칠흑같고
光赫赫　　빛나기는 대낮같네.
榔標柱杖長珊瑚 빈랑나무 주장자여 산호보다 낫고
師之多骨靈異兮 선사의 많은 사리는 영이롭더라.
誰人能擧揚　　어느 누가 능히 선양할까?
洞深峰高兮　　골 깊고 봉우리 높은 곳
月落三更杜鵑啼 달 지고 삼경이면 두견새 우네.

〈淳化선사영찬〉『평상심이 도라 이르지 말라』 龍城

天高地厚　　하늘은 높고 땅은 두터우며
海闊山遙　　바다는 넓고 산은 아득한데
幽谷深遠兮　　유심한 골짜기 깊고 멀지만
長松短檜　　큰 소나무와 작은 회나무가 자라도다.
寶月隱現兮　　보배로운 달 숨었다 드러나니
古往今來　　옛 것은 가고 현금의 것이 다가온다.

咄　　　　　　허!
莫道是法住法位　이법이 법의 위치에 머물러
世間相常住　　　세간에서 상주한다 말하지 말라.

〈月谷선사영찬〉『평상심이 도라 이르지 말라』 龍城

師之來兮　　　선사가 오면
月映淸輝　　　달이 맑아 휘황하고
師之去兮　　　선사가 가면
雲掩暗鎖　　　구름이 가리워 어두워지네.
師之眞兮　　　선사의 참됨이여
模不模畵不畵　본뜨거나 그릴 수 없지만
師之形兮　　　선사의 모습이여
模也模畵也畵　본뜨거나 그릴 수 있도다.
桑田碧海窮劫　상전벽해에 겁이 다해도
靈苗無影不凋　영묘한 싹은 그림자도 없고 시들지도 않는다.
咄　　　　　　허!
是法住法位　　이 법은 법의 위치에 머물러
世間相常住　　세간에서 서로 항상 머무른다네.

〈普明선사영찬〉『평상심이 도라 이르지 말라』 龍城

伽倻峰頭月　　가야봉 위의 달이요
飛鳳山下泉　　비봉산 아래 샘이로다.
數間白雲樓　　두어 칸 백운루에
七分眞影像　　칠푼의 진영상이라.

〈德峰선사영찬〉『평상심이 도라 이르지 말라』 龍城

無相而相　　　형상이 없으나 형상이 있으니

九分影像　　　아홉 푼의 영상이요.
相而無相　　　모습이 있으면서 모습이 없으니
九分影像　　　아홉 푼의 영상이로다.
杜鵑啼月上東兮 두견새 울고 동녘에 달이 뜨면
幾家詩人上樓去 몇몇 시인이 누각을 오르는가?

〈震谷선사영찬〉『평상심이 도라 이르지 말라』龍城

紫摩金容三十二大丈夫身 자마금색의 용모와 32상의 대장부 몸이
本自具足　　　본래로 구족하여
白毫相光　　　백호상광명이
照于塵刹　　　온갖 세계를 비추니
彷佛焉師之眞面目麽　　　선사의 진면목과 비슷한가?
打破虛空骨　　　허공의 뼈를 부숴버리니
忽地霹靂起　　　문득 벽력이 일어나누나.

〈逢庵화상 眞贊〉『평상심이 도라 이르지 말라』龍城

深深無底　　　깊고 깊어 바닥이 없고
廣廣難際　　　넓고 넓어 가장자리가 없구나.
言未及兮　　　말이 미치지 못하니
讚莫到　　　찬도 이르지 못하고
清風拂兮　　　맑은 바람이 불어오니
鱗生而如玉　　　비늘 드러나 옥과 같더라.
明月照兮　　　밝은 달 비추니
珠散而似金　　　구슬 흩어져 금빛 같고
太陽紅兮　　　태양이 붉으니
普印森羅　　　삼라만상을 두루 비추누나.

崑嵐急兮　　남기가 급하게 흩어지니
滔天白浪　　넓은 하늘에 흰 물결 인다.
一聲漁笛出雲外 한 가락 피리소리 구름 밖에 들리는데
群峰特立帶蒼翠 봉우리 높은 곳에 푸른빛이 감돌더라.

〈應海화상진찬〉『평상심이 도라 이르지 말라』 龍城

畵也畵模也模　　그림도 그리고 본뜨기도 해보면
彷佛師之面目　　화상의 면목과 비슷하지만
梵音一相　　범음의 한 모양은
作麽生畵得　　어떻게 그릴까나
石頭沙彌時　　석두가 사미일 적
曾見六祖　　일찍이 육조를 뵈었고
又敎以尋思去　　또한 교이가 사모하여 찾아가지만
令人飜憶李將軍 사람으로 하여금 이 장군을 번거롭게 함이네.
會麽　　알겠는가!
大笑一聲山水綠 큰 웃음소리에 산과 물이 푸르구나.

〈霽靈화상 진찬〉『평상심이 도라 이르지 말라』 龍城

緣兮　　인연이여
如浮雲之會散　　뜬구름처럼 모였다 흩어지고
心兮　　마음이여
似虛空之長存　　허공처럼 길이 존재한다네.
師眼兮　　화상의 눈이여
見無所見　　볼 곳이 없음을 보고
師耳兮　　화상의 귀여
聽無所聽　　들을 것 없음을 듣네.
師鼻兮　　화상의 코는

呼吸乾坤	건곤을 호흡하고
師舌兮	화상의 혀에선
雷震轟轟	우뢰소리 우르릉 쾅쾅
師身兮	화상의 몸은
紫摩金容	자마금색의 용모이고
師意兮	화상의 뜻은
秋月當空	가을 달이 허공에 걸린 듯하구나.
奄然化寂無蹤跡	갑자기 입적하여 종적이 없고
蕭蕭秋風動寰宇	쓸쓸한 가을바람만 처마를 스친다네.
打破空殼翻天地	허공의 껍질을 깨고 천지를 뒤집으니
毘嵐風急霹靂起	격심한 바람에 벽력이 일어난다.

〈應海화상 49재 영단에 부쳐〉『평상심이 도라 이르지 말라』 龍城

西天丈夫多	서천에 장부가 많고
東土亦如是	동토에도 그와 같다네.
老胡不得志	늙은 호승이 뜻을 얻지 못하고
折蘆渡江歸寺林	갈대 꺾어 강을 건너 사원으로 돌아오니
霜葉紅於二月花	서리 물든 단풍잎 진달래보다 붉더라.

〈달마조사의 折蘆渡江圖에 부쳐〉『평상심이 도라 이르지 말라』 龍城

水水山山爾形	산과 산, 물과 물은 그대의 형상이요
花花草草爾意	꽃과 꽃 풀과 풀은 그대의 마음이라.
等閒來等閒去	한가로이 왔다 한가로이 가는데
明月照清風拂	밝은 달 비추고 맑은 바람 부는구나.
狗子無佛性	개가 불성 없다고
趙州望分別	조주대사 분별하였지.
東湖春水綠	동호에 봄 물 푸른데

白鷗任浮沈　　흰 갈매기 제멋대로 오르내린다.
我是汝耶　　내가 그대인가
汝是我耶　　그대가 나인가
草堂春日暖　　초당에 봄빛이 따스하니
百花爛熳開　　온갖 꽃 흐드러지게 피었구나.

〈용성대선사 사진에 자탄함〉『평상심이 도라 이르지 말라』龍城

生平欺誑男女群　일생동안 남녀의 무리를 속였으니
彌天罪業過須彌　하늘 가득한 죄업 수미산보다 높아라.
活陷阿鼻恨萬端　산채로 아비지옥에 빠져 한이 만갈래인데
一輪吐紅掛碧山　둥근 해 새빨갛게 푸른 산에 걸렸더라.

〈涅槃頌〉『성철큰스님만장』性徹

보이는 것이 관음이요, 들리는 것이 묘음이라. 보고 듣는 것 밖에 진리가 따로 없으니 시회 대중은 알겠느냐? 산은 산이요, 물은 물이로다.

『성철큰스님만장』性徹

거짓의 먼지 털면 너와 네가 한 형제라.

〈성철스님법어모음〉『성철큰스님만장』性徹

영원한 대자유.

『성철큰스님만장』

욕심도 벗어놓고 성냄도 벗어놓고 물같이 바람같이 살다가 가라하네.

『성철큰스님만장』

마곡사 성오스님 다비식광경 - 사진제공 : 최근태

부여 무량사의 풍경 - 사진제공 : 임용

Ⅳ. 크리스천의 상장례

1. 천주교의 상장례
2. 기독교의 상장례
3. 추도 관련 성구

吾父在天 願爾名聖 爾國臨格 爾旨得成 在地若天 所需之糧 今日錫我 我免人負 求免我負 俾勿我試 拯我出惡 以國權榮 皆爾所有 爰及世世 固所願也 (主祈禱文 마태복음 6장 9절) - 蘇恩 李南禮 書

1. 천주교의 상장례

생전에 영세(領洗)를 받은 사람은 성교예규(聖教禮規)에 의하여 장례를 치른다. 천주교나 기독교에서도 신자로서의 정신에 벗어나지 않는 범위 내에서 우리나라 풍습이나 장례 의식을 존중하고 병행하기도 한다.

1) 종부예비

사람이 죽음에 이르러 주는 성사가 종부성사(終傅聖事)이다. 병세를 보아서 될 수 있는 대로 병자가 제정신이 있을 때 신부를 청하여 종부성사를 받는다. 가족들은 이의 준비를 위해 가능한 옷을 갈아입히고 성유를 바를 얼굴·눈·코·입·손·발을 씻어준다. 그밖에 의식에 필요한 물품을 준비한다. 상위에 백포나 백지를 깔고 그 위에 고상·촛대 둘·성수그릇·성수채·맑은 물을 담은 작은 그릇 등을 준비한다.

2) 종부성사

신부가 도착하면 촛대에 불을 켜고 다른 사람은 모두 물러난다. 이것은 고해성사(告解聖事)의 자리를 마련하기 위함이다. 고해성사가 끝나면 노자성체, 종부성사, 임종 전 대사의 순서로 성사를 진행한다.

3) 임종전 대사

종부성사는 신부가 임종에 참여하지 않고도 받을 수 있으며 주위 사람들은 환자를 위하여 위로와 격려의 말을 들려주고, 성서 가운데 거룩한 구절을 읽어 준다.

4) 운명(殞命)

운명(殞命)시에는 성초에 불을 켜고, 임종경(臨終經)이나 성모덕서도문이나 매괴경을 읽는다. 염경(念經)은 운명한 뒤에도 얼마 동안 계속하는 게 좋다. 될 수 있는 한 운명 시에는 죽는 이의 마음을 편하도록 하기 위하여 소리 높여 슬피 울지 않는다.

5) 초상(初喪)

임종 후에는 시신을 가려두기보다는 깨끗한 옷을 입혀 수족을 제자리에 정돈해둔다. 환자가 운명하면 얼굴을 쓰다듬어 눈과 입을 다물게 하고 두 손을 합장(合掌)시켜 십자고상(十字苦像)을 잡고 있게 한다. 시신의 옆에 고상(苦像)을 모시고, 고상 양쪽에 촛불을 켜고 성수와 성수채를 입관 때까지 놓아두며, 가족들은 그 옆에 꿇어앉아 연도(煉禱)한다.

6) 연미사

환자가 운명한 사실을 곧 본당 신부에게 보고하고, 연미사 예문을 드려 연미사를 청한다. 장례일과 장지, 장례미사에 대한 시간 등을 신부와 의논해 결정한다. 그리고 본당이면 장례일과 장례미사시간을 신부와 의논하여 결정한다.

7) 염습과 입관

천주교에서는 신도의 가정이면 부탁을 하지 않아도 교회측에서 염습에 경험 있는 사람이 스스로 와서 시신을 알콜로 깨끗이 닦고 수의를 입혀 입관 한다.

8) 장례식

장례일이 되면 본당에서는 관을 성당으로 옮겨 연미사와 사도 예절을 거행한다. 입관과 출관, 행상, 하관은 성교 예규에 따라 행한다.

9) 하관

장지에 도착하면 묘지 추성 기도를 하고, 영구와 천광에 성수를 뿌리고 하관 기도를 하고 하관한다. 천주교 상례에서는 화장은 엄금한다. 천주교 교인들은 재래식 상례 중에서 신앙의 본질에 반하지 않는 점은 취하였다. 예컨대 간소한 음식을 대접하는 일이나, 수시로 묘소를 찾아가 떼를 입히거나 성묘하는 것 등은 금하지 않고 있다.

10) 소기(小朞)와 대기(大朞)

장례 후 3일, 7일, 30일에는 연미사를 드리고 소기 · 대기 때에도 연미사와 가족의 고해성사, 영성체를 실행한다. 천주교에서는 재래식 상례 중에서 신앙의 본질에 어긋나지 않는 범위 내에서 간소한 음식을 대접하거나 수시로 묘소에 찾아가 떼를 입히거나 성묘하는 것 등은 금하지 않고 있다.

명동성당의 모습

2. 기독교[1]의 상장례

기독교의 상례는 사람이 운명한 다음, 시신의 수시(收屍)로부터 하관에 이르기까지의 모든 의식과 절차가 목사의 집례(執禮) 아래 이루어진다. 운명과 더불어 찬송과 기도로 고인의 영혼을 하나님께 맡긴다는 뜻의 예배를 드린다. 초종 중에는 매일 기도회를 갖고, 유가족은 빈소에서 찬송이 끊이지 않게 하여 영혼을 하나님 앞으로 가까이 가게 한다. 기독교식 상례가 일반 상례와 다른 점은 곡을 하지 않고 음식도 차리지 않으며 절도 하지 않는다는 것이다. 또 조석으로 전을 올리거나 상식을 올리지 않으며, 염습할 때 매장포로 묶지도 않는다. 장례식 전날 염습을 마치고 입관 예배를 드린다. 이때는 반드시 목사가 참석하여 예배를 본다. 염습 등도 신도들이 한다. 장례식은 영구를 교회 안에 안치하여 교회에서 하는 경우도 있고, 상가(喪家)에서 간단히 하기도 한다. 이 장례식은 고인이 하나님께로 돌아갔음을 찬미하는 뜻에서 목사의 집례 아래 예배를 드린다.

1) 영결식의 예배순서

① 개식사(開式辭) : 주례 목사가 개식사를 한다.

② 기원

③ 기도(祈禱) : 고인의 명복을 빌며 유족들을 위로하는 내용의 기도를 한다.

④ 성경 봉독(聖經奉讀) : 보통 고린도후서 5장 1절이나 디모데전서 6장 7절을 낭독한다.

⑤ 시편 낭독(詩篇朗讀) : 시편 90편을 낭독한다.

⑥ 신약 낭독(新約朗讀) : 요한복음 14장 1절부터 3절이나, 데살로니가전서 4장 13절부터 18절 말씀을 낭독한다.

---

1) 기독교(基督敎, Christianity)와 크리스트교는 같은 의미로 나사렛 예수의 가르침을 중심으로 한 유일신의 종교이다. 그러나 한국에 크리스트교가 전해지면서, 천주교에서는 가톨릭(Catholic)이란 용어를 사용할 뿐 기독교란 용어를 사용하지 않았고, 개신교에서는 기독교라는 용어를 사용해오면서 자연스럽게 기독교는 개신교를 상징하는 용어가 되었다. 반면, 크리스트교는 천주교와 기독교를 통칭하는 예수를 구세주로 고백하는 종교로 통용되고 있고, 크리스천(Christian) 역시 예수를 믿는 사람들을 통칭하여 일컬어지고 있다. 그러므로 편의상 여기서는 크리스천들이 행하는 상장례를 '크리스천의 상장례'라 하였고, 그 안에 천주교에서 행하는 상장례와 기독교에서 행하는 상장례로 구분하였음을 밝혀둔다.

⑦ 설교 : (설교는 생략할 수도 있다.)
⑧ 기도(祈禱) : 주례 목사가 집도한다.
⑨ 약력보고 : 고인의 생전의 약력을 주례 목사가 소개한다.
⑩ 조가 : 성가대 혹은 독창으로 부른다.
⑪ 조사 : 고인과의 대화하는 식의 조사는 삼가되 길지 않게 한다.
⑫ 호상의 인사 : 인사만 하고 광고는 출관직전에 하는 것이 좋다.
⑬ 찬송(讚頌) : 식장에 참석한 모든 사람들이 다 같이 한다.
⑭ 신앙고백
⑮ 축도 : 주기도나 짧은 폐회기도로써 마친다.
⑯ 광고 : 조객에게 다시 한 번 감사의 인사를 하면서 장지까지 갈 사람들을 위해 안내한다. 유족에게 위로 인사와 헌화의 순서를 가질 수도 있다.
⑰ 출관(出官) : 장례식이 끝나고 운구할 때 운구행렬은 사진・주례목사・영구・상주・친족・문상객 순으로 한다.

2) 하관식의 예배순서

① 개식사 : 주례 목사가 집도한다.
② 기원 : 영광의 나라, 하나님의 품으로 가기를 기원한다.
③ 찬송 : 식장에 참석한 모든 사람들이 다 같이 한다.
④ 기도 : 주례 목사가 집도한다.
⑤ 성경 봉독 : 고린도전서 15장 51절부터 58절까지 낭독한다.
⑥ 기도 : 고인의 명복을 비는 기도를 주례목사가 한다.
⑦ 신앙고백 : 식장에 참석한 모든 사람들이 다 같이 한다.
⑧ 취토 : 상제들이 봉분 전에 흙 한줌씩을 관 위에 뿌린다.
⑨ 축도 : 주례 목사가 축복기도를 한다.

3) 임종시 예배

영원하신 하나님, 인생이 세상에 오는 것도 세상을 떠나는 것도 하나님의 섭리 속에 되어짐을 믿고 기도를 드립니다. 우리 형제 ○○○씨의 임종의 슬픔을 갖는 이 자리에서 참빛이신 하나님 아버지만 믿고 의지합니다.
하나님께서 먼저 불러가신 우리 형제 ○○○씨의 모든 것을 아버지의 품 안에 품어 주시옵소서. 슬픔에 싸인 유족들과 고인과 관계된 모든 이들에게 위로를 내려 주시옵소서. 우리의 생명이신 예수님의 이름으로 기도드립니다. 아멘.
우리의 형제 ○○○씨가 세상을 떠난 지금 하나님께서 마련하신 나라에 갔사오니, 주님과 함께 하심을 믿고 감사하나이다. 유족을 위로해주고 안장될 때까지 주께서 같이 하셔서 위로와 감사가 되게 해 주시옵소서. 예수님의 이름으로 기도드립니다. 아멘.

4) 입관시 예배

영원하신 하나님 아버지, 아버지의 크신 뜻을 순종하며 머리를 숙였습니다. 영원하신 아버지, 시들고 말라버리고야 말 인생의 생명이지만 그 생명이 고 ○○○씨로부터 떠났기에 우리는 애태우며 슬퍼하고 있습니다.
그 생명은 이미 부름을 받아 아버지 품안에 안기우고 여기에는 그 몸만이 남아 있습니다. 고인의 몸을 관 속에 고이 모시고 슬퍼하는 우리에게 위로를 베풀어 주시옵소서.
사랑의 아버지 하나님, 우리의 형제 고 ○○○씨의 모든 것을 영원하신 하나님 아버지 품에

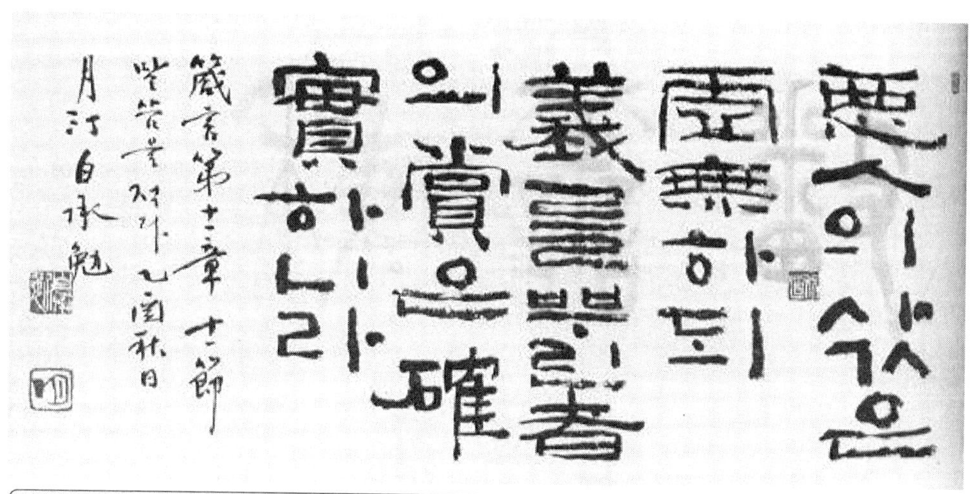

播善種 - 月汀 白承勉 書

고이 품어 주시옵소서. 예수그리스도의 이름으로 기도드립니다. 아멘.

2. 추도 관련 성구

爾必安然歸祖 享大壽終而葬
너는 장수하다가 평안히 조상에게로 돌아가 장사될 것이요.(창15:15)

我必祐爾 爾導民出伊及後 必崇事上帝於此山 此可爲我遣爾之徵
하나님이 이르시되 내가 반드시 너와 함께 있으리라. 네가 그 백성을 애굽에서 인도하여 낸 후에, 너희가 이 산에서 하나님을 섬기리니, 이것이 내가 너를 보낸 증거니라.(출3:12)

在彼於法匱贖罪蓋上 二基路伯間 我臨爾 以所命爾傳於以色列人者[2]諭爾
거기서 내가 너와 만나고 속죄소 위 곧 증거궤 위에 있는 두 그룹 사이에서 내가 이스라엘 자손을 위하여 네게 명령할 모든 일을 네게 이르리라.(출25:22)

我日速逝 較驛卒而尤速 趨而不見福祉 我日已逝 速如扁舟 又如鵰鷹飛以攫物
나의 날이 체부보다 빠르니 달려가므로 복을 볼 수 없구나. 그 지나가는 것이 빠른 배 같고 움킬 것에 날아 내리는 독수리와도 같구나.(욥9:25-26)

我知我救主存活 日後必立於地 我肌膚腐爛之後 我必在肉體以外 得見上帝
내가 알기에는 나의 구속자가 살아계시니, 후일에 그가 땅 위에 서실 것이라. 나의 이 가죽 이것이 썩은 후에 내가 육체 밖에서 하나님을 보리라.(욥19:25-26)

我是倚賴主者 爾曹如何向我云 爾當遁逃爾山 如鳥雀之飛去

---

2) 色列人者 : 이스라엘.

내가 여호와께 피하였거늘, 너희가 내 영혼에게 새 같이 네 산으로 도망하라 함은 어찌함인가.(시11:1)

求主保護我 如保護眼珠 覆庇我在主翼之蔭下
나를 눈동자 같이 지키시고, 주의 날개 그늘 아래 감추사(시17:8)

惟我遵行善道 得見主 面於我醒時見主容顔 我卽心滿意足.
나는 의로운 중에 주의 얼굴을 뵈오리니, 깰 때에 주의 형상으로 만족하리이다.(시17:15)

我雖過死陰之幽谷 亦不懼遭害 因主常在我側 主有杖有竿 足以安慰
내가 사망의 음침한 골짜기로 다닐지라도 해를 두려워하지 않을 것은 주께서 나와 함께 하심이라. 주의 지팡이와 막대기가 나를 안위하시나이다.(시23:4)

主爲我之光明 乃我之救主 我尚懼誰耶 主爲我生命之保障 我尚畏誰耶
여호와는 나의 빛이요 나의 구원이시니 내가 누구를 두려워하리요, 여호와는 내 생명의 능력이시니 내가 누구를 무서워하리요.(시27:1)

我遇患難時 主藏我在主之帷幔中 將我藏在主幕之隱密處 使我高立於山巖之上
여호와께서 환난의 날에 나를 그 초막 속에 비밀히 지켜주시고 그 장막 은밀한 곳에 나를 숨기시며 바위 위에 높이 두시리로다.(시27:5)

爾當收膽仰望主 主必堅固爾心 爾當仰望主
너는 여호와를 기다릴지어다. 강하고 담대하며 여호와를 기다릴지어다.(시27:14)

敬畏主者 在世人前 依賴主者 主爲其所積蓄 所施行之恩惠 何其廣大 主必護之在主前之庇所 脫離世人之計謀 藏之在帷幕內 免受口舌之詆毁
주를 두려워하는 자를 위하여 쌓아두신 은혜 곧 인생 앞에서 주께 피하는 자를 위하여 베푸신 은혜가 어찌 그리 큰지요. 주께서 저희를 주의 은밀한 곳에 숨기사 사람의 꾀에서 벗어나

게 하시고 비밀히 장막에 감추사 구설의 다툼에서 면하게 하시리이다.(시31:19-20)

主護庇我 保佑我脫離急難 使我四面得救 因而歡呼細拉
주는 나의 은신처이오니 환난에서 나를 보호하시고 구원의 노래로 나를 에우시리이다.(시32:7)

敬畏主仰望主恩者 主目眷顧之救其生命 脫於死亡 在饑荒時 保存其身
여호와는 그 경외하는 자 곧 그 인자하심을 바라는 자를 살피사 그들의 영혼을 사망에서 건지시며 그들이 굶주릴 때에 그들을 살리시는도다.(시33:18-19)

敬畏主之人 四圍有主之使者 列營拯救
여호와의 사자가 주를 경외하는 자를 둘러 진 치고 그들을 건지시는도다.(시34:7)

心中悲傷者 主與之相近 心中痛悔者 主必拯救
여호와는 마음이 상한 자를 가까이 하시고 충심으로 통회하는 자를 구원하시는도다.(시34:18)

求主使我得識己身有終 年壽幾何 乃知生命無常 主賜我生命 長不過掌 生存之年 在主前如同無有一切世人 雖然竪立 亦是虛幻 細拉 人生在世 猶如幻影 營謀皆是枉然 積蓄不知 誰取 主歟 如今我何所指望 我所仰望者 惟主
여호와여 나의 종말과 연한의 어떠함을 알게하사 나로 나의 연약함을 알게 하소서. 주께서 나의 날을 손넓이만큼 되게 하시매 나의 일생이 주의 앞에는 없는 것 같사오니 사람마다 그 든든히 선 때도 진실로 허사뿐이니이다. 진실로 각 사람은 그림자같이 다니고 헛된 일에 분요하며 재물을 쌓으나 주가 취할는지 알지 못하나이다. 주여 내가 무엇을 바라리요. 나의 소망은 주께 있나이다.(시39:4-7)

主瀑布飛濤 聲聲相應 主之波浪 沖激我身 主日間仍復施恩 夜間我歌頌主 祈求賜我生命之上帝

주의 폭포소리에 깊은 바다가 서로 부르며 주의 모든 파도와 물결이 나를 휩쓸었나이다. 낮에는 여호와께서 그의 인자함을 베푸시고 밤에는 그의 찬송이 내게 있어 생명의 하나님께 기도하리로다.(시42:7-8)

上帝護庇我儕 賜力於我儕 當患難時 極顯救濟
하나님은 우리의 피난처시오 힘이시니 환난 중에 만날 큰 도움이시라.(시46:1)

因上帝永遠爲我儕之上帝 必引導我儕 至於死時
이 하나님은 영영히 우리 하나님이시니 우리를 죽을 때까지 인도하시리로다.(시48:14)

爾在還難時禱告我 我必救爾 爾當尊奉我
환난 날에 나를 부르라. 내가 너를 건지리니 네가 나를 영화롭게 하리로다.(시50:15)

(從主之仁者) 按主之恩惠 矜恤我 以主大憐憫 塗抹我之愆尤(시51:1) 我雖過死陰之幽谷 亦不懼遭害 因主常在我側 主有杖有竿 足以安慰(시23:4)
주의 인자를 따라 내게 은혜를 베푸시며, 주의 많은 긍휼을 따라 내 죄악을 지워주소서.(시51:1) 내가 사망의 음침한 골짜기로 다닐지라도 해를 두려워하지 않을 것은 주께서 나와 함께 하심이라. 주의 지팡이와 막대기가 나를 안위하시나이다.(시23:4)

爾將所當之任託賴主 主必撫養爾 永不使善人動搖
네 짐을 여호와께 맡기라, 그가 너를 붙드시고 의인의 요동함을 영원히 허락하지 아니하시로다.(시55:22)

求上帝憐恤我 因有人忿然欲呑我 終日攻擊我 欺壓我
하나님이여 내게 은혜를 베푸소서. 사람이 나를 삼키려고 종일 치며 압제하나이다.(시56:1)

主歟 我信求助 我信之不足(막9:24) 我心困憊 從地極呼籲 求主引我登我所莫能及之高巖(시61:2)

주여 나의 부족한 믿음을 도와주소서.(막9:24) 내 마음이 약해 질 때에 땅 끝에서부터 주께 부르짖으오리니 나보다 높은 바위에 나를 인도하소서.(시61:2)

當日日讚美主 我儕若負重擔 主卽拯救我 細拉上帝乃解救我儕之上帝 主萬有之上帝 救我儕得免於死亡
날마다 우리 짐을 지시는 주 곧 우리의 구원이신 하나님을 찬송할지로다. 하나님은 우리에게 구원의 하나님이시라. 사망에서 벗어남은 주 여호와로 말미암거니와(시68:19-20)

求主作我避難之磐 得想恣以藏身 主降旨救我 因主爲我之高山 爲我之保障
주는 내가 항상 피하여 숨을 바위가 되소서. 주께서 나를 구원하라 명령하셨으니 이는 주께서 나의 반석이시오, 나의 요새이심이니이다.(시71:3)

其名必永存 其名必長留 如日長久 萬人必因之得福 諸國必稱之有福
그의 이름이 영구함이여, 그의 이름이 해와 같이 장구하리로다. 사람들이 그로 말미암아 복을 받으리니, 모든 민족이 다 그를 복되다 하리로다.(시72:17)

主必賜訓以引導我 後必接我入影耀 主之外 在天我何所歸向 在地我無所愛慕 我身軀臟計 雖至消亡 我心所依賴如磐者 惟有上帝 我以上帝爲永業
주의 교훈으로 나를 인도하시고 후에는 영광으로 나를 영접하시리니 하늘에서는 주 외에 누가 내게 있으리요, 땅에서는 주 밖에 내가 사모할 이 없나이다. 내 육체와 마음은 쇠약하나 하나님은 내 마음의 반석이시오, 영원한 분깃이시라.(시73:24-26)

惟主所喜愛者 主必使之安然寢寐(시127:2) 我身軀臟腑 雖至消亡 我心所依賴 如磐者 惟有上帝 我以上帝爲永業(시73:26)
그의 사랑하는 자에게 잠을 주시는도다.(시127:2) 내 육체와 마음은 쇠약하나 하나님은 내 마음의 반석이시오, 영원한 분깃이시라.(시73:26)

主上帝照我如日 護我如盾 主必賜以恩寵尊榮 行動正直者 凡百嘉物 主無不賞賜

여호와 하나님은 해요 방패시라. 여호와께서 은혜와 영화를 주시며 정직하게 행하는 자에게 좋은 것을 아끼지 아니하실 것임이니이다.(시84:11)

蒙主督責 復蒙主訓以律法者 斯人乃爲有福
여호와여 주로부터 징벌을 받으며 주의 법으로 교훈하심을 받는 자가 복이 있나니(시94:12)

我心當讚美 我臟腑當讚美主名 我心當讚美主 勿忘主一切恩惠 主赦免我一切罪愆 醫治我一切疾病 救贖我命 免於阬坎 以恩寵慈愛爲冠冕加於我首
내 영혼아 여호와를 송축하라. 내속에 있는 것들아, 다 그 성호를 송축하며 그 모든 은택을 잊지 말찌어다. 저가 네 모든 죄악을 사하시며, 네 모든 병 고치시며, 네 생명을 파멸에서 구속하시고, 인자와 긍휼로 관을 씌우시며(시103:1-4)

敬畏主者 主憐恤之 如父之憐恤其子 因主知我之性情 念我不過塵土
아비가 자식을 긍휼히 여김 같이 여호와께서는 자기를 경외하는 자를 긍휼히 여기시나니, 이는 그가 우리의 체질을 아시며 우리가 단지 먼지일 뿐임을 기억하심이로다.(시103:13-14)

世人之歲月如草 其生發如野地之花 一經風吹 便歸無有 其原處亦不復識之 敬畏主 格守主約 思以遵行主法度者 主必永遠向其施恩 向其子孫永行公義
인생은 그날이 풀과 같으며 그 영화가 들의 꽃과 같도다. 그것은 바람이 지나가면 없어지나니 그 있던 자리도 다시 알지 못하거니와, 여호와의 인자하심은 자기를 경외하는 자에게 영원부터 영원까지 이르며, 그의 의는 자손의 자손에게 이르리니, 곧 그의 언약을 지키고 그의 법도를 기억하여 행하는 자에게로다.(시103:15-18)

仰賴主 勝如倚恃世人 仰賴主 勝如倚恃侯伯
여호와께 피하는 것이 사람을 신뢰함보다 나으며 여호와께 피하는 것이 고간들을 신뢰하는 것보다 낫도다.(시118:8-9)

依賴主之人 猶如郇山總不動搖 永遠穩立

여호와를 의뢰하는 자는 시온산이 요동치 아니하고 영원히 있음 같도다.(시125:1)

流㶊播種者 必歡躍收成 擕穀種以播者 哭泣而往迨負禾束而歸必然歡欣
눈물을 흘리며 씨를 뿌리는 자는 기쁨으로 거두리로다. 울며 씨를 뿌리러 나가는 자는 정녕 기쁨으로 그 단을 가지고 돌아오리로다.(시126:5-6)

主歟 世人爲誰 主竟垂念之 人子爲誰 主竟眷顧之 世人有如虛幻 其年壽如影易逝
여호와여, 사람이 무엇이기에 주께서 그를 알아주시며 인생이 무엇이기에 주께서 그를 생각하시나이까? 사람은 헛것 같고 그의 날은 지나가는 그림자 같으니이다.(시144:3-4)

皓首如華冕 行善道者 方可得之
백발은 영화의 면류관이라, 의로운 길에서 얻으리라.(잠16:31)

無人能主生氣 使生氣永留 無權可施於死日 此戰場無人得免 人之强暴亦難救人解脫
생기를 주장하여 생기로 머무르게 할 사람도 없고, 죽는 날을 주장할 자도 없고, 전쟁할 때에 모면할 자도 없으며, 악이 행악자를 건져낼 수도 없느니라.(전8:8)

直至爾老 我仍若是 至爾髮白 我猶保抱 我已若是行 必保抱 必提擕 必拯救
너희가 노년이 이르기까지 내가 그리하겠고, 백발이 되기까지 내가 너희를 품을 것이라. 내가 지었은 즉 안을 것이요, 품을 것이요, 구하여 내리라.(이사야46:4)

主救我(마14:30) 接我靈(행7:59) 矜憐 我罪人(눅18:13)
주여 나를 구원하소서.(마14:30) 내 영혼을 받으시옵소서.(행7:59) 불쌍히 여기소서. 나는 죄인이로소이다.(눅18:13)

耶蘇基督之血 滌除我之諸罪(요일1:7) 臨世以救罪人 罪人中 我本元惡(딤전1:15)
예수의 피가 모든 죄에서 우리를 깨끗하게 하시며,(요일1:7) 세상에 오사 죄인을 구원하셨으니 나는 죄인 중에 괴수입니다.(딤전1:15)

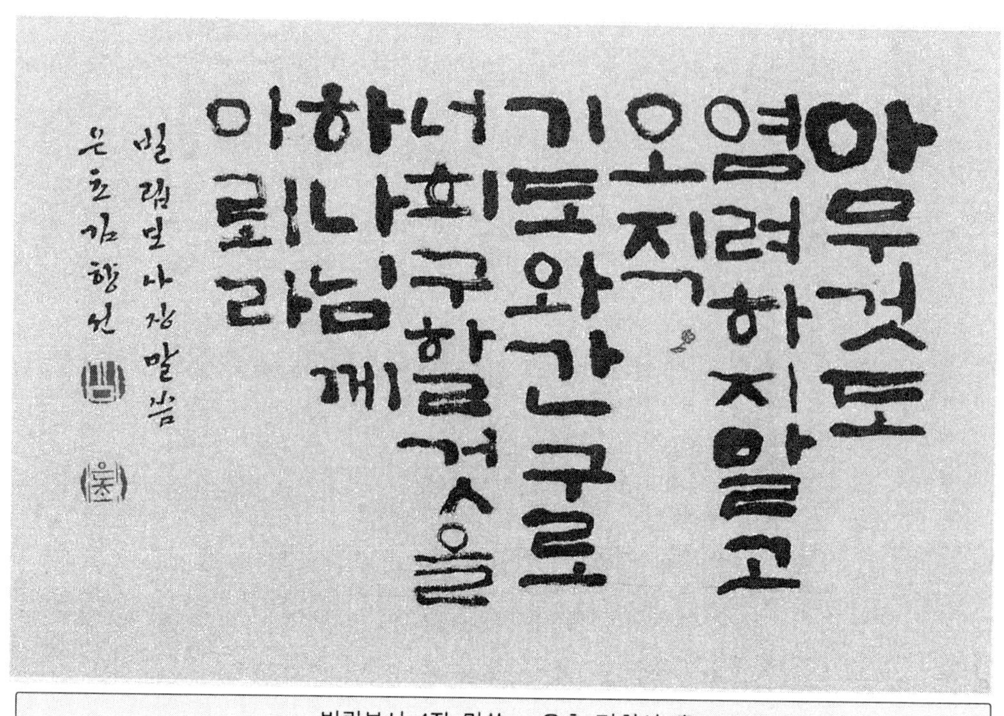

빌립보서 4장 말씀 - 은초 김향선 書

父乎 我以我靈 託爾手(눅23:46) 主今可依主所言 釋僕安然逝世 因我目已覩主之拯救(눅2:29,30)

아버지 내 영혼을 아버지 손에 부탁하나이다.(눅23:46) 주재여 이제는 말씀하신대로 종을 평안히 놓아주시는 도다. 내 눈이 주의 구원하심을 보았나이다.(눅2:29,30)

凡勞苦負重者 當就我 我將賜爾以安 我心溫良謙遜 爾負我軛而學我則 爾心必獲安 蓋我軛易我負輕也

수고하고 무거운 짐 진 자들아, 다 내게로 오라. 내가 너희를 쉬게 하리라. 나는 마음이 온유하고 겸손하니, 나의 멍에를 메고 내게 배우라. 그리하면 너희마음이 쉼을 얻으리니, 이는 내 멍에는 쉽고 내 짐은 가벼움이라.(마11:28-30)

乃謂耶蘇曰 主臨爾國時 求記憶我 耶蘇曰 我誠告爾 今日爾必同我在巴拉底瑣[3)]

3) 파랍저쇄(巴拉底瑣) : 樂園. 天堂.

이르되 예수여 당신의 나라에 임하실 때에 나를 생각하소서 하니, 예수께서 이르시되 내가 진실로 네게 이르노니 오늘 네가 나와함께 낙원에 있으리라 하시니라.(눅23:42-43)

蓋上帝愛世 至以獨生子賜之 使凡信之者 免沈淪而得永生
하나님이 세상을 이처럼 사랑하사 독생자를 주셨으니, 이는 저를 믿는 자마다 멸망치 않고 영생을 얻게 하려 하심이라.(요3:16)

爾曹心勿憂 當信上帝 亦當信我 我父家多第宅 否則我必告爾 我往爲爾備居處 我旣往爲爾備居處必復來接爾歸我 我所在使爾亦在
너희는 마음에 근심하지 말라. 하나님을 믿으니 또 나를 믿으라. 내 아버지 집에 거할 곳이 많도다. 그렇지 않으면 너희에게 일렀으리라. 내가 너희를 위하여 처소를 예비하면 내가 다시 와서 너희를 내게 로 영접하여 나 있는 곳에 너희도 있게 하리라.(요14:1-3)

我卽途也 眞理也 生命也 非由我無人能就父
내가 곧 길이요, 진리요, 생명이니, 나로 말미암지 않고는 아버지께로 올 자가 없느니라.(요14:6)

我不遺爾爲孤 我必復來就爾 尙有片時 而世不復見我 惟爾曹見我 因我生 爾亦必生 彼日 爾必知我在父內 爾在我內 我在爾內 聞我誡而守之者卽愛我 愛我者 必見愛於我父 我亦愛之且將顯己於彼
내가 너희를 고아와 같이 버려두지 아니하고 너희에게로 오리라. 조금 있으면 세상은 다시 나를 보지 못할 터이로되 너희는 나를 보리니, 이는 내가 살았고 너희도 살았음이라. 그날에는 내가 아버지 안에 너희가 내안에 내가 너희안에 있는 것을 너희가 알리라. 나의 계명을 가지고 지키는 자라야 나를 사랑하는 자니, 나를 사랑하는 자는 아버지께 사랑을 받을 것이요, 나도 그를 사랑하여 그에게 나를 나타내리라.(요14:18-21)

我遺爾以安 乃以我之安 賜爾 我所賜爾者 非若世之所賜 爾心勿憂勿懼 爾曹已聞我告爾云我將往而復來就爾 爾若愛我則我言歸父 爾必爲此喜 因父大於我也 事尙未成 我

장례식장의 성구게시 광경 - 사진제공 : 야석 조원복

先告爾 迨事成時 爾可信也

평안을 너희에게 끼치노니 곧 나의 평안을 너희에게 주노라. 내가 너희에게 주는 것은 세상이 주는 것 같지 아니하니라. 너희는 마음에 근심도 말고 두려워하지도 말라. 내가 갔다가 너희에게로 온다하는 말을 너희가 들었나니, 나를 사랑하였더면 나의아버지께로 감을 기뻐하였으리라. 아버지는 나보다 크심이니라.(요14:27-28)

因爾以治萬民之權賜子 使子以永生賜爾所予 子之人 夫永生者 無他 卽知爾爲獨一眞上帝且知耶蘇基督爾所遣者

아버지께서 아들에게 주신 모든 사람에게 영생을 주게 하시려고 만민을 다스리는 권세를 아들에게 주셨음이로소이다. 영생은 곧 유일하신 참 하나님과 그의 보내신 자 예수 그리스도를 아는 것이니이다.(요17:2-3)

我生乃爲基督 死則獲益 若我在世 固可增我之功果 然究當何擇 我不知也 我際兩難之間 願逝世而與基督同在 是爲愈美 但我在世 更爲切要 爲爾之故也
내게 사는 것이 그리스도니 죽는 것도 유익함이니라. 그러나 만일 육신으로 사는 이것이 내 일의 열매일진대 무엇을 택해야할는지 나는 알지 못하노라. 내가 그 둘 사이에 끼였으니 차라리 세상을 떠나서 그리스도와 함께 있는 것이 훨씬 더 좋은 일이라. 그렇게 하고 싶으나 내가 육신으로 있는 것이 너희를 위하여 더 유익하리라.(빌1:21-24)

我國在天 望我主耶蘇基督 由彼而降彼 必以其服萬物於己之大力 化我卑賤之身 得如其榮光之身
우리의 시민권은 하늘에 있는지라 거기로부터 구원하는 자 곧 주 예수 그리스도를 기다리노니, 그는 만물을 자기에게 복종하실 수 있는 자의 역사로 우리의 낮은 몸을 자기 영광의 몸의 형체와 같이 변하게 하시니라.(빌3:20-21)

我儕無所携而出世 亦無所携而去世 明矣(딤전6:7) 然上帝所築之基 仍爲鞏固 有印誌云 主識屬己者 又云呼基督名者 當遠不義之事(딤후2:19)
우리가 세상에 아무 것도 가지고 온 것이 없으매 또한 아무것도 가지고 가지 못하리니,(딤전6:7) 그러나 하나님의 견고한 터는 섰으니 인침이 있어 일렀으되, 주께서 자기 백성을 아신다 하며 또 주의이름을 부르는 자마다 불의에서 떠날지어다 하였느니라.(딤후2:19)

爾當賴主 至於永遠 因主爲自有之主如磐 可恃永遠長存
너희는 여호와를 영원히 신뢰하라, 주 여호와는 영원한 반석이심이로다.(사26:4)

主庇祐我 如高山 如保障 使我獲救 上帝如磐爲我所倚 庇我如盾 助我獲勝 衛我如鞏固之城 如避難之所 乃救我者 援我脫於兇暴
여호와는 나의 반석이시오, 나의 요새시오, 나를 건지시는 자시오, 나의 하나님이시오, 나의 피할 바위시오, 나의 방패시오, 나의 구원의 뿔이시오, 나의 높은 망대시오, 나의 피란처시오, 나의 구원자시라. 나를 흉악에서 구원하셨도다.(삼하22:2-3)

主外誰爲上帝 我上帝外孰爲可恃者 上帝賜我以力堅固 我使我之道 途通達 使我足捷如鹿 使我得立高處

여호와 외에 누가 하나님이며 우리 하나님 외에 누가 반석이냐. 하나님은 나의 견고한 요새시며, 나를 안전한 곳으로 인도하시며, 나의 발로 암사슴발 같게 하시며, 나를 나의 높은 곳에 세우시며.(삼하22:32-34)

主施救恩 護我如盾 應允我 使我爲大

주께서 또 주의 구원의 방패를 내게 주시며, 주의 온유함이 나를 크게 하셨나이다.(삼하22:36)

恃主永蒙拯救 不羞恥不慙愧 永世靡曁

여호와께 구원을 입어 영원한 구원을 얻으리니, 영세에 부끄러움을 당하거나 욕을 받지 아니하리로다.(사45:17)

我暫震怒 俄頃向爾掩面 後必永施恩惠 以矜恤爾 此乃救贖 爾之主所言

내가 넘치는 진노로 내 얼굴을 네게서 잠시 가렸으나 영원한 자비로 너를 긍휼히 여기리라. 네 구속자 여호와께서 말씀하셨느니라.(사54:8)

永生之上帝 爲爾護庇 恒於下土 以臂扶持 逐敵於爾前 命爾曰 當行殲滅

영원하신 하나님이 너의 처소가 되시니 그의 영원하신 팔이 네 아래 있도다. 그가 네 앞에서 대적을 쫓으시며 멸하라 하시도다.(신33:27)

耶蘇基督 自昔至今 以至永遠 乃不改變

예수 그리스도는 어제나 오늘이나 영원토록 동일하시니라.(히13:8)

主上帝如是云 我將以一石 置於郇爲基 乃已試之石 寶貴之屋隅石 堪爲鞏固之基 凡信之者 必不急切

주 여호와께서 이같이 이르시되 보라 내가 한 돌을 시온에 두어 기초로 삼았노니, 곧 시험한

돌이요 귀하고 견고한 기초 돌이라 그것을 믿는 이는 다급하게 되지 않으리라.(사28:16)

所置之基 耶蘇基督也 此外無人能別置一基矣
이 닦아 둔 것 외에 능히 다른 터를 닦아 둘 자가 없으니, 이 터는 곧 예수 그리스도라.(고전3:11)

毋畏葸 我必祐爾 勿膽怯 我乃爾之上帝 必堅强爾 我必以施救之右手 扶持爾
두려워 말라. 내가 너와 함께 함이라 놀라지 말라. 나는 네 하나님이 됨이라. 내가 너를 굳세게 하리라. 참으로 너를 도와주리라. 참으로 나의 의로운 오른손으로 너를 붙들리라.(사41:10)

我儕惟仰望主 求主施恩於我 每朝施展臂力 以祐斯民 我儕遭患難之時 惟主拯救
여호와여 우리에게 은혜를 베푸소서. 우리가 주를 앙망하오니 주는 아침마다 우리의 팔이 되시며 환난 때에 우리의 구원이 되소서.(사33:2)

主如牧人 牧養羊群 以臂集羔羊 抱於懷中 導乳哺之牝羊
그는 목자같이 양 떼를 먹이시며 어린 양을 그 팔로 모아 품에 안으시며 젖먹이는 암컷들을 온순히 인도하시리로다.(사40:11)

主曰 慰藉爾者 惟我 惟我 爾爲誰 竟懼必死之人 畏彼似草萊之世人
이르시되 너희를 위로하는 자는 나 곧 나이니라. 너는 어떠한 자이기에 죽을 사람을 두려워하며 풀같이 될 사람의 아들을 두려워하느냐.(사51:12)

有聲曰 爾當宣告 曰 我當何所宣告 曰 凡有血氣者如草 其榮如田野之花 草枯花彫 因主之氣吹噓其上 斯民誠如草矣 草枯花彫 惟我上帝之言 永存不朽
말하는 자의 소리여 이르되 외치라 대답하되 내가 무엇이라 외치리이까 하니, 이르되 모든 육체는 풀이요 그의 모든 아름다움은 들의 꽃과 같으니 풀은 마르고 꽃은 시듦은 여호와의 기운이 그 위에 붊이라. 이 백성은 실로 풀이로다. 풀은 마르고 꽃은 시드나 우리 하나님의 말씀은 영영히 서리라 하라.(사40:6-8)

主之名如鞏固之臺 善人速登 得蒙覆庇
여호와의 이름은 견고한 망대라 의인은 그리로 달려가서 안전함을 얻느니라.(잠18:10)

勿自誇明日之事 蓋今日遇何事 爾尙不知
너는 내일 일을 자랑하지 말라. 하루 동안에 무슨 일이 날는지 네가 알 수 없음이니라.(잠27:1)

爾當知惟主爾之上帝爲上帝 爲可信之上帝 愛主守其誡者 主爲之踐約施恩 至於千代
그런즉 너는 알라 오직 네 하나님 여호와는 하나님이시오 신실하신 하나님이시라. 그를 사랑하고 그 계명을 지키는 자에게는 천대까지 그 언약을 이행하시며 인애를 베푸시되(신7:9)

爾經水中 我護爾 爾涉江河 水不沖沒 爾行火中 必不被燒 烈焰不焚爾 蓋我乃主爾之上帝 以色列之聖主爲爾救主 我使伊及受罰 因以贖爾 使古實與西巴以代爾
네가 물 가운데로 지날 때에 내가 너와 함께 할 것이라. 강을 건널 때에 물이 너를 침몰하지 못할 것이며 네가 불 가운데로 지날 때에 타지도 아니할 것이요, 불꽃이 너를 사르지도 못하리니 대저 나는 여호와 네 하나님이요, 이스라엘의 거룩한 이요, 네 구원자임이라. 내가 애굽을 너의 속량물로, 구스와 스바를 너를 대신하여 주었노라.(사43:2-3)

曰 我裸身出母胎 亦裸身歸土 賜之者主 取之者亦主 當頌美主之名
가로되 내가 모태에서 적신이 나왔사온 즉, 또한 적신이 그리로 돌아가올찌라. 주신자도 여호와시오 취하신 자도 여호와시오니 여호와의 이름이 찬송을 받으실찌니이다 하고(욥1:21)

使至郇之高岡謳歌 因蒙主恩 得穀酒油群羊群牛 欣喜懽忭 中心自覺 如園囿滋潤 不復煩惱
그들이 와서 시온의 높은 곳에서 찬송하며 여호와의 은사 곧 곡식과 새 포도주와 기름과 어린양의 떼와 소의 떼에 모일 것이라. 그 심령은 물댄 동산갈겠고 다시는 근심이 없으리로다 할찌어다.(렘31:12)

主爲至善 在患難之日 若鞏固之城 凡賴主者 蒙主眷顧
여호와는 선하시며 환난 날에 산성이시라. 그는 자기에게 의뢰하는 자들을 아시느니라.(나1:7)

哀慟者福矣 因其將受慰也
애통하는 자는 복이 있나니 저희가 위로를 받을 것임이요.(마5:4)

耶蘇召一孩提 立於中曰 我誠告爾 爾若不改變 不成如此孩提 則不得入天國 故凡自謙似此孩提者 彼在天國爲至大 凡爲我之名 接一如此之孩提者 卽接我 凡使此信我之一小子 陷於罪者 寧以磨石懸其頸 沈於深海
예수께서 한 어린아이를 불러 그들 가운데 세우시고 이르시되 진실로 너희에게 이르노니 너희가 돌이켜 어린 아이들과 같이 되지 아니하면 결단코 천국에 들어가지 못하리라. 그러므로 누구든지 이 어린아이와 같이 자기를 낮추는 사람이 천국에서 큰 자니라. 또 누구든지 내 이름으로 이런 어린 아이 하나를 영접하면 곧 나를 영접함이니, 누구든지 나를 믿는 이 작은 자 중 하나를 실족하게 하면 차라리 연자 맷돌이 그 목에 달려서 깊은 바다에 빠뜨려지는 것이 나으니라.(마18:2-6)

耶蘇見之不悅 謂門徒曰 容孩提就我 勿禁之 蓋有上帝之國者 正如是人也 我誠告爾 凡欲承受上帝之國 不如孩提者 不得入也 乃抱孩提按手其上而祝之
예수께서 보시고 노하여 이르시되, 어린 아이들이 내게 오는 것을 용납하고 금하지 말라 하나님의 나라가 이런 자의 것이니라. 내가 진실로 너희에게 이르노니 누구든지 하나님의 나라를 어린 아이와 같이 받들지 않는 자는 결단코 들어가지 못하리라 하시고, 그 어린 아이들을 안고 그들 위에 안수하시고 축복하시니라.(막10:14-16)

有人攜孩提就耶蘇 欲耶蘇手按之 門徒見而責之 耶蘇呼之來曰 容孩提就我勿禁 蓋有上帝國者 正如是人也
사람들이 예수의 만져 주심을 바라고 자기 어린 아기를 데리고 오매, 제자들이 보고 꾸짖거늘 예수께서 그 어린 아이들을 불러 가까이 하시고 이르시되 어린아이들이 내게 오는 것을

용납하고 금하지 말라. 하나님의 나라가 이런 자의 것이니라.(눅18:15-16)

凡見子而信之者 得永生而於末日我復活之 此乃遣我者之意
내 아버지의 뜻은 아들을 보고 믿는 자마다 영생을 얻는 이것이니 마지막 날에 내가 이를 다시 살리리라 하시니라.(요6:40)

耶蘇曰 復活者 我生命者 亦我信我者 雖死必生 凡生而信我者 永不死 爾信此否
예수께서 가라사대, 나는 부활이요 생명이니, 나를 믿는 자는 죽어도 살겠고 ,무릇 살아서 나를 믿는 자는 영원히 죽지 아니하리니 이것을 네가 믿느냐.(요11:25-26)

我旣往爲爾備居處 必復來接爾歸我 我所在 使爾亦在
가서 너희를 위하여 처소를 예비하면 내가 다시 와서 너희를 내게로 영접하여 나 있는 곳에 너희도 있게 하리라.(요14:3)

如是爾今憂 我復將見爾 爾心則樂 且爾之樂 無人能奪之
지금은 너희가 근심하나 내가 다시 너희를 보리니 너희 마음이 기쁠 것이요, 너희 기쁨을 빼앗을 자가 없느니라.(요16:22)

我以此告爾 爲使爾因我而安 在世爾必遇患難 然爾毋懼 我已勝世矣
이것을 너희에게 이름은 너희로 내 안에서 평안을 누리게 하려 함이라. 세상에서는 너희가 환난을 당하나 담대하라. 내가 세상을 이기었노라 하시니라.(요16:33)

不第此也 亦以患難爲樂 因知患亂生忍耐 忍耐生練達 練達生希望 希望不致羞愧 蓋上帝之愛 以所賜我之聖靈 灌注我心
다만 이뿐 아니라 우리가 환난 중에도 즐거워하나니, 이는 환난은 인내를 인내는 연단을 연단은 소망을 이루는 줄 앎이로다. 소망이 부끄럽게 아니함은 우리에게 주신 성령으로 말미암아 하나님의 사랑이 우리 마음에 부은 바 됨이니(롬5:3-5)

此靈與我心 同證我儕爲上帝之子 蘾爲子則爲嗣卽上帝之嗣 與基督同爲嗣 我儕若與之同苦 亦必與之同榮 我思今時之苦 若較將顯於我中之榮 不足爲意也
성령이 친히 우리 영으로 더불어 우리가 하나님의 자녀인 것을 증거하시나니, 자녀이면 또한 후사 곧 하나님의 후사요 그리스도와 함께한 후사니, 우리가 그와 함께 영광을 받기 위하여 고난도 함께 받아야 될 것이니라. 생각건대 현재의 고난은 장차 우리에게 나타날 영광과 족히 비교할 수 없도다.(롬8:16-18)

蓋我深知 或死或生或天使 或執政者 或有能者 或今時之事 或將來之事 或高或卑 或他受造之物 皆不能間我於上帝之愛
내가 확신하노니, 사망이나 생명이나 천사들이나 권세자들이나 현재일이나 장래일이나 능력이나 높음이나 깊음이나 다른 아무 피조물이라도, 우리를 우리 주 그리스도 예수 안에 있는 하나님의 사랑에서 끊을 수 없으리라.(롬8:38-39)

基督死而復生 爲欲使其爲生者死者之主
이를 위하여 그리스도께서 죽었다가 다시 살으셨으니, 곧 죽은 자와 산자의 주가 되려 하심이니라.(롬14:9)

愚人哉 爾所種者 若不先死則不能生 且爾所種者 非將來之體 所種者 或麥或他穀 惟粒而已 上帝隨己意賜之以體 賜各類之種 各得其體
어리석은 자여, 너의 뿌리는 씨가 죽지 않으면 살아나지 못하겠고, 또 너의 뿌리는 것은 장래 형체를 뿌리는 것이 아니요, 다만 밀이나 다른 것의 알갱이 뿐이로되 하나님이 그 뜻대로 저에게 형체를 주시되 각 종자에게 그 형체를 주시느니라.(고전15:36-38)

祝謝上帝 我主耶蘇基督之父 卽憐憫之父 賜諸慰藉之上帝 我遭患難時 上帝卽慰我 使我以上帝慰我之慰 慰諸遭患難之人
찬송하리로다. 그는 우리 주 예수 그리스도의 하나님이시오, 자비의 아버지시오, 모든 위로의 하나님이시며, 우리의 모든 환난 중에서 우리를 위로하사, 우리로 하여금 하나님께 받는 위로로써 모든 환난 중에 있는 자들을 능히 위로하게 하시는 이시로다.(고후1:3-4)

세린교회 - 월용 배주화 작

今我所受暫而且微之苦 爲我備至大無比之永榮 我所務者 非可見之事 乃不可見之事 蓋可見者 暫 不可見者永也

우리의 잠시 받는 환난의 경한 것이 지극히 크고 영원한 영광의 중한 것을 우리에게 이루게 함이니 우리의 돌아보는 것은 보이는 것이 아니요 보이지 않는 것이니, 보이는 것은 잠깐이요, 보이지 않는 것은 영원함이라.(고후4:17-18)

我知此我屬地之幕 屋旣壞則有上帝所造 非人手所造之屋 永遠在天

만일 땅에 있는 우리의 장막집이 무너지면 하나님께서 지으신 집 곧 손으로 지은 것이 아니요 하늘에 있는 영원한 집이 우리에게 있는 줄 아나니(고후5:1)

基督使我儕得和 使二者爲一 毁中隔之牆垣
그는 우리의 화평이신지라, 둘로 하나를 만드사 중간에 막힌 담을 허시고(엡2:14)

我儕若信 耶蘇死而復活 上帝將使信 耶蘇而死者 與耶蘇同來
우리가 예수의 죽었다가 다시 사심을 믿을찐대 이와 같이 예수 안에서 자는 자들도 하나님이 저와 함께 데리고 오시리라.(살전4:14)

爲此 我受如此之苦 不以爲恥 蓋知我所信者爲何 且深信其能保守我所付託至於彼日
이를 인하여 내가 또 이 고난을 받되 부끄러워하지 아니함은 나의 의뢰한 자를 내가 알고 또한 나의 의탁한 것을 그날까지 저가 능히 지키실 줄을 확신함이라.(딤후1:12)

耶蘇基督 自昔至今 以至永遠 乃不改變
예수 그리스도는 어제나 오늘이나 영원토록 동일하시니라.(히13:8)

受艱難之試而能忍者福矣 因歷試之後 必得永生之冕 卽主所許愛己者
시험을 참는 자가 복이 있도다. 이것에 옳다 인정하심을 받은 후에 주께서 자기를 사랑하는 자들에게 약속하신 생명의 면류관을 얻을 것임이니라.(약1:12)

噫爾言 或今日 或明日 我將往某邑 居彼一年 貿易獲利 但明日究竟如何 爾不知也 爾之生命如何 乃如雲霧暫現 頃刻卽不見矣
들으라. 너희 중에 말하기를, 오늘이나 내일이나 우리가 아무 도시에 가서 거기서 일년을 유하며 장사하여 이를 보리라 하는 자들아, 내일 일을 너희가 알지 못하는도다. 너희 생명이 무엇이뇨, 너희는 잠깐 보이다가 없어지는 안개니라.(약4:13-14)

可愛者乎 爾今遇火鍊試爾 勿異之以爲遭非常之事 反當喜樂 因與基督共受苦也 使爾於其榮光顯現之時 亦可歡欣踴躍
사랑하는 자들아, 너희를 시련하려고 오는 불시험을 이상한 일 당하는 것같이 이상히 여기지 말고, 오직 너희가 그리스도의 고난에 참예하는 것으로 즐거워하라. 이는 그의 영광을 나타내실 때에 너희로 즐거워하고 기뻐하게 하려 함이라.(벧전4:12-13)

凡我所愛者 我必責之懲之 故當奮勉悔改
무릇 내가 사랑하는 자를 책망하여 징계하노니, 그러므로 네가 열심을 내라 회개하라.(계3:19)

彼不復饑 不復渴 烈日與炎熱 不得而傷之
저희가 다시 주리지도 아니하며, 목마르지도 아니하고, 해나 아무 뜨거운 기운에 상하지 아니할 찌니.(계7:16)

彼目流淚 上帝盡拭之不復有死亡 亦不復有悲愛 號泣疾痛 蓋前事已逝矣
모든 눈물이 그 눈에서 씻기시매, 다시 사망이 없고 애통하는 것이나 곡하는 것이나 아픈 것이 다시 있지 아니하리니, 처음 것들이 다 지나갔음이러라.(계21:4)

不願驕傲人及偏向虛假者 惟依賴主 其人便爲有福 主我之上帝 爲我所行之奇事 與所懷之意 念甚多 若欲陳說 若欲講論 不可勝言 誰能比主祭祀供獻 主不喜悅 主已啓我耳 火焚祭罪祭 非主所欲我卽 云我來 在書卷載有論我之言
여호와를 의지하고 교만한 자와 거짓에 치우치는 자를 돌아보지 아니하는 자는 복이 있도다. 여호와 나의 하나님이여 주의 행하신 기적이 많고 우리를 향하신 주의 생각도 많도소이다. 내가 들어 말하고자하나 주의 앞에 베플 수도 없고 그 수를 셀 수도 없나이다. 주께서 나의 귀를 통하여 들리시기를 제사와 예물을 기뻐 아니하시며 번제와 속죄제를 요구치 아니하신다 하신지라 그때에 내가 말하기를 내가 왔나이다. 나를 가리쳐 기록한 것이 두루마리 책에 있나이다.(시40.4-7)

永遠之家 主之造家 在天之家 耶蘇爲我備之家
영원한 집은 하나님이 지으신 집이요, 하늘에 있는 집이요, 예수님이 우리를 위하여 마련하신 집입니다.

V. 원불교의 상장례

1. 상장의 예
2. 상장례에 관한 글귀

일원상(一圓相)

有는 無로 無는 有로 돌고 돌아 至極하면
有와 無가 俱空이나 俱空 역시 具足이라

물질(物質)이 개벽(開闢)되니 정신(精神)을 개벽(開闢)하자

처처불상(處處佛像) 사사불공(事事佛供)

무시선(無時禪) 무처선(無處禪)

동정일여(動靜一如) 영육쌍전(靈肉雙全)

불법시생활(佛法是生活) 생활시불법(生活是佛法)

1. 상장의 예

재래상장의 예는 너무나 가혹하야 상주가 상례를 다 행하기로 하면 3년간은 부득이 인류 사회와 절연치 안을 수 없고 신체가 약한 자로는 도로혀 이효상효(以孝傷孝)의 경(境)에 달함이 만하엿으며 상주가 그같이 신고(辛苦)하게 하며 또는 무의식한 시체에게난 화려한 수의와 일체 상구(喪具)를 분외(分外)로 장식하며 또는 각종 제물과 상인의 상복 제구며 촌인의 분신달야(焚薪達夜) 등 몯은 주선에 과한 금전을 소비하야 빈약한 자손은 차 예식을 행하자면 부득이 부채를 생하지 안을 수 없게 되얏으니 이것이 비록 부모를 위하는 정성이라 하엿지마는 부모를 위하는 참 사실에 있어서는 별 필요를 드리지 못하고 한갓 물질 낭비로써 사회 발전상 장애가 없지 안하엿든바 대종사께서 이를 개혁하사 몯은 구속과 허례를 일체 타파하시고 빈부귀천은 물론하고 실행할 만한 정도에서 선영 자손 사회 국가가 다 왕성할 만한 예법을 선택하사 새로히 본회의 상장례를 발표하시니 그 조목은 사람이 열반에 임할 시 친근자로서 병자에게 대하는 법과 병자로서 열반을 자각할 시 스스로 취하는 법과 호상소를 설치하여 그 모든 사무를 처리하는 법과 각종 기(旗)와 장(章)을 제조하여 그 상례를 표하는 법과 1등 49일로부터 6등 당일까지 복제기간을 정하여 착복과 탈복을 하게 하는 법과 상장 시 몯은 의식을 행하는 법과 재래 예식에 혹 필요 없이 소비되는 대금을 예산하야 공익사업의 발전을 도웁게 하는 법과 장지에 있어서도 풍수배의 명당설을 타파하다. 오즉 현대 법률에 의하여 공동묘지 혹 사설묘지, 화장을 물론하고 당시의 편리를 따라 행케 하되 혹 자산이 유여한 사람은 따로히 청수한 산지를 선택하야 공원식으로써 그 주위를 장엄하고 중앙에는 묘각을 건설하야 영원히 부모 조선을 추모케 하는 법 등을 지정하사 회원 중 이해 있고 능력 있는 자로서 먼저 실행하라 하시다.

본례에 대한 실행자로는 김제 서동풍이 열반할 시 당인의 유언에 의하여 종족 향리의 몯은 비방을 배제하고 먼저 단행하엿으니 차 상장례의 입법은 서동풍이 처음이 되엿으나 그 자손의 생활이 유여치 못하야 공원 묘각의 법만은 아직 실행치 못하엿다.

1) 상장

상장은 사람의 일생을 마치고 보내는 일이라 친근자에 있어서는 그 섭섭함이 비할 데

소태산대종사 구의행렬 - 사진제공 : 원불교

없는 것이요, 당인에 있어서는 이 몸을 버리고 새 몸을 받을 시기라 반드시 올바른 천도를 얻어야 할 것이니라. 그러므로, 그 의식 가운데에는 두 가지 의의(意義)가 있으니, 하나는 친척. 친지를 본위하여 그 정곡(情曲)을 풀며 절차를 갖추는 것이요, 하나는, 당인을 본위하여 그 참 열반과 천도를 기원하는 것이라, 이 두 가지가 다 이치에 당연하여 하나가 결함되어도 원만한 의식이 되지 못할 것이니라. 그러나, 그 중에도 주(主)와 종(從)을 말한다면 천도를 주로 하고 형식을 따르게 하는 것이 옳을 것이니라.

2) 열반 · 열반식

① 사람이 열반에 가까운 때에는 자신이나 그 측근자로서 「열반의 도」(世典)를 더욱 진실히 이행할 것이요.

② 사람이 열반에 들면 측근자는 조용히 수족을 거두고 백포(白布)로써 시체를 덮으며, 장내를 정돈하여 청정히 하고 주위를 정숙히 한 것이요.

③ 열반실의 실내 공기를 서늘하게 하고, 시체의 정결에 주의할 것이요.

④ 만일 열반인의 병이 전염의 염려가 있는 때에는 열반 전부터 소독에 주의하며, 소독 또는 입관이 끝나기 전에는 독경 법사나 조객을 직접 시체실에 안내하지 말고, 따로 사진 봉안소를 설치하여 행사하게 할 것이요.

⑤ 열반 후 약 1시간이 지나면, 관계인이 일제히 모이어 열반식을 거행하되 1분간 좌종이나 요령을 울린 다음 ㉠ 개식, ㉡ 입정, ㉢ 심고, ㉣ 성주 3편, ㉤ 천도 법문, ㉥ 독경(서원문,심경), ㉦ 염불(5분내지 10분간), ㉧ 폐식의 순으로 할 것이요.

⑥ 천도 법문은 원문본(原文本 예문 4)과 경어본(敬語本)의 두 가지가 있나니, 각각 그 경우에 따라 적당하게 선택하여 사용할 것이며, 법계(法階) 정사(正師) 이상된 분의 영가에 대하여는 교례편 교의(敎儀) 5절 7항의 경우를 제하고는 초종(初終)일체 행사에 그 낭독을 생략할 것이요.

⑦ 열반식이 끝나기 전에는 곡성을 내지 말 것이요.

⑧ 열반식이 끝난 후에는 장막 등을 둘러 시체실을 정리하고, 그 앞에 사진을 봉안하여 조상(弔喪)을 받으며, 때로 독경. 염불 등을 할 것이니라.

3) 호상

① 초종(初終)장례에 상장(喪葬)을 보호하며 사무를 처리하기 위하여 호상소를 두되, 친척 친우 중에 경험 있는 이로 호상과 위원을 정하고, 일체 상장에 관한 내무·외무·응접·의식·상구(喪具)·장력(葬役)·회계 등 모든 일을 분담하며, 부의록·조객록·상중일기 등을 기록하여 후일 상주의 비망에 대비할 것이요.

② 친척 친지 중 서로 인연이 있는 곳에는 부고를 발송하며, 조위는 정의에 따라 직접 참예하는 것이 당연하나, 만일 먼 거리에 있어서 참예하지 못할 때에는 조전·조장(弔狀)등으로 위문할 것이요.

③ 부고와 조장 등은 신구간 처지에 적당한 문례(文例)를 선택하여 예에 맞게 할 것이요.

④ 친척 친지는 정의에 따라 각자의 경제 생활에 적당한 정도로 금전이나 물품 등을 부의할 것이요.

⑤ 상가에서 불 피우고 달야(焚薪達夜)하는 구습은 폐지하고, 등촉을 가옥 주위에 밝힐 것이요.

⑥ 상주의 머리 풀고(散髮), 옷 엇매고(袒衣), 발 벗는(跣足) 등 구습은 폐지할 것이요.

⑦ 교회장이나 기타 공적인 장례에 해당하는 상사(喪事)인 때에는 매양 해당 장의 위원회의 지시에 따라 그 절차를 존중히 밟을 것이니라.

4) 입관

① 입관은 수의와 관(棺)이 준비되는 대로 하되, 착의(着衣)하기 전에 시체는 정결히 할 것이며, 착의한 다음 시체를 묶는 구습은 폐지할 것이요.

② 수의는 굳이 고급류로 새로 제조할 것이 아니라, 당인의 의복 가운데 정결한 것을 선택하여 착의하되, 생전의 예복이나 출타시의 복식과 같이 할 것이요.

③ 관(棺)의 장광(長廣)은 넉넉히 제작하되, 어떠한 방식으로든지 시즙(屍汁)이 새지 않도록 단속하여 입관할 것이요.

④ 입관할 때에 금포(衾布) · 면포(面布)등 보조물의 사용은 관례와 필요에 따라 적당히 할 것이요.

⑤ 입관을 마치면, 관포(棺布)를 덮고 장막 등을 둘러 영구실을 정리한 다음 그 앞에 사진을 봉안하고 관계인이 일제히 모이어 입관식(入棺式)을 거행하되, ㉠ 개식, ㉡ 입정, ㉢ 심고, ㉣ 헌배, ㉤ 성주, ㉥ 천도법문, ㉦ 독경(서원문,심경), ㉧ 염불(5분내지 10분간), ㉨ 폐식의 순으로 할 것이요.

⑥ 폐식 후에는 열반 표기를 영구실 앞에 걸었다가, 운상할 때에 장렬의 선두에 행진하게 하며, 장례 후에는 영위 봉안소 앞에 걸었다가 종재 후 거두되, 종사 · 대봉도 · 대호법 · 대희사 등 법훈인의 열반 표기에는 법호 · 법훈만 표기하나니라.

5) 발인

① 발인은 특별한 경우를 제하고는 열반 후 제 3일에 행함을 원칙으로 하고, 식장은 교당 또는 자택으로 하며, 발인식은 사진 혹은 위패(位牌)를 대상으로 하여 거행하되, ㉠ 개식, ㉡ 착복 및 고유문, ㉢ 상주 대표 고사, ㉣ 심고 및 일동 경례, ㉤ 성주 1편, ㉥ 천도 법문, ㉦ 독경(서원문)및 축원문, ㉧ 폐식의 순으로 할 것이요.

② 발인 식순 중 형편에 따라 입정, 약력보고, 설법, 조사, 일반 분향, 조가 등을 가하여 행할 수 있으며, 착복 및 고유문은 복제(服制)의 정한 바에 따라 각각 복표(服票)를 착(着)한 다음 주례가 고유문을 대독하고 착복인들이 일제히 영전(靈前)에 2배하며, 축원문은 주례가 낭독한 다음 상주들이 본석에서 주례와 함께 불전에 4배할 것이요.

③ 발인식의 상주 대표 고사는 형편에 따라 가감 사용할 것이며, 기타 관계인의 고사는 생략하는 것을 원칙으로 하되, 혹 특히 낭독할 필요가 있을 때에는 상주 고사에 준하여 처지에 맞도록 간결하게 제작 사용할 것이요.

④ 발인식의 축원문가운데 "열반인은 평소에 천성이 로부터 수행이 있었사오니"까지는 한 예를 표시한 것이니, 이 밖의 특점이 있으면 부연(敷衍)기입하고 없으면 약하되, 모든 것을 사실로 하고 조금도 허찬(虛讚)을 말 것이며, 법계(法階) 정사(正師) 이상된 분의 경우에는 전문을 처지에 맞도록 적의 가감 사용하되, 특히 "사견을 버리고 정견을 가지며"로 부터 "도덕의 인연을 떠나지 아니하며"까지의 부분 은 생략 사용할 것이요.

⑤ 폐식하면 바로 발인하되 운상 중 상엿소리나 곡성(哭聲)은 폐지하고 엄숙한 가운데 진행할 것이요.

⑥ 운상할 때에는 열반 표기. 사진. 화환 등속을 상여에 앞세우고, 상여 뒤에는 상주. 친족. 은족 등 관계자와 일반 조객이 질서 있게 열을 지어 행진할 것이요.

⑦ 장의 때의 주악과 장렬의 장엄 등은 당시의 일반 관례와 상가의 형편과 열반인의 경우에 따라 분의(分義)에 맞도록 간소히 할 것이니라.

6) 입장식 및 장사

① 영구가 장지에 당도하여, 화장이면 점화 후와 매장이면 평토 후에 입장식을 거행하되, ㉠ 개식, ㉡ 심고 및 일동 경례(2배), ㉢ 성주 1편, ㉣ 독경(심경), ㉤ 영결사, ㉥폐식의 순으로 할 것이요.

② 법계 정사(正師) 이상된 분의 입장식에는 영결사의 낭독은 생략할 것이요.

③ 장사(葬事)는 매장과 화장 두 가지 법 가운데 형편에 따라 적당히 하되, 매장에도 재래식으로 분묘를 만드는 법과 평토 후 4각 또는 원형으로 평평한 단(壇)을 만들고 그 중앙에 표석(標石)을 세우는 법이 있으며, 화장에도 유해를 분쇄하여 정결한 산에 뿌리거나 맑은 물에 띄우는 법과 앞에 말한 매장법으로 성분(成墳)하는 법과 탑을 세우고 탑 안에 봉안하는 법이 있나니, 경우와 형편에 따라 분의에 맞게 할 것이요.

④ 장지는 옛 풍속에 따라 풍수설에 의하여 자손의 화복을 논하는 습관은 폐지하고 형편에 따라 적당한 장소에 할 것이요.

정산종사 구행 - 사진제공 : 원불교

⑤ 장례 후에는 열반인의 사진이나 위패를 정결한 실내에 49일간 봉안하고, 상주와 각 관계인이 수시로 염불. 독경 등으로 그 천도를 축원할 것이요.

⑥ 재래식의 영위 설치와, 우제(虞祭) · 조석 삭망 상식(朔望上食) · 소상(小祥) · 대상(大祥) 등 일체 번잡한 예는 폐지할 것이니라.

7) 복제

① 복제는 전기복(全期服)과 반기복(半期服)과 당일복(當日服)이 있나니, 전기복은 49일(7.7일)간, 반기복은 21일(3.7일)간 착복하는 것이며, 당일복은 장례 당일 착복하는 것이요.
② 전기복은 부모 · 자녀 · 부부간으로 비롯하여 내외속 3촌간까지에 착하며, 반기복은 열반인과의 척분과 평소 정의에 따라 기타 관계인이 자량(自量) 착복하는 것이며, 당일복은 일반 조객이 장례 당일에 한하여 착하는 것이요.
③ 복은 일률로 평상복 또는 보통 예복의 왼편 가슴에 복표만을 착할 것이요.
④ 교회장 등 공적인 관련으로 인하여 착하게 되는 복기가 2항에 정한 복기와 상치(相差)될 경우에는 더 장기인 복기에 좇을 것이요.
⑤ 복기 중 거듭 복을 착하게 된 경우에도 복표는 하나만을 착하며, 중복된 복표는 정하게 보관하였다가 각각 해당 탈복의 예를 행할 때에 사용할 것이요.
⑥ 반기의 복인(服人)은 3.7재(齋)에 참예하여 탈복의 예를 행하고, 3.7재에 동참 못한 경우에는 각자 처소에서 탈복한 후 종재식에 참예하여 전기 복인과 함께 탈복의 예를 행할 것이요.
⑦ 복기 중에는 추모하는 정성으로 심신을 더욱 재계하고 행동을 특히 근신할 것이니라.

2. 천도 관련 문구

1) 천도품

(1장)

대종사 말씀하시기를 「범상한 사람들은 현세(現世)에 사는 것만 큰 일로 알지마는, 지각이 열린 사람들은 죽는 일도 크게 아나니, 그는 다름이 아니라 잘 죽는 사람이라야 잘 나서 잘 살 수 있으며, 잘 나서 잘 사는 사람이라야 잘 죽을 수 있다는 내역과, 생은 사의 근본이요 사는 생의 근본이라는 이치를 알기 때문이니라. 그러므로, 이 문제를 해결하는 데에는 조만(早晩)이 따로 없지마는 나이가 사십이 넘으면 죽어 가는 보따리를 챙기기 시작하여야 죽어 갈 때에 바쁜 걸음을 치지 아니하리라.」

(2장)

대종사 말씀하시기를 「사람이 세상에 나면 누구를 막론하고 열반의 시기가 없지 아니한지라, 내 오늘은 그대들을 위하여 사람이 열반에 들 즈음에 그 친근자로서 영혼을 보내는 방법과 영혼이 떠나는 사람으로서 스스로 취할 방법을 말하여 주리니 이 법을 자상히 들으라. 만일, 사람이 급한 병이나 무슨 사고로 불시에 열반하게 된다든지, 또는 워낙 신심이 없어서 지도하는 바를 듣지 아니할 때에는 모든 법을 다 베풀기가 어려울 것이나, 불시의 열반이 아니고 또는 조금이라도 신심이 있는 사람에게는 이 법을 행하고 보면 최후의 마음을 더욱 굳게 하여 영혼 구제에 큰 도움이 되리라. 열반이 가까운 병자에 대하여 그 친근자로서는, 첫째, 병실에 가끔 향을 불사르고 실내를 깨끗이 하라. 만일 실내가 깨끗하지 못하면 병자의 정신이 깨끗하지 못하리라. 둘째, 병자가 있는 곳에는 항상 그 장내를 조용히 하라. 만일 장내가 조용하지 못하면 병자의 정신이 전일하지 못하리라. 세째, 병자의 앞에서는 선한 사람의 역사를 많이 말하며 당인의 평소 용성(用性)한 가운데 좋은 실행이 있을 때에는 그 조건을 찬미하여 마음을 위안하라. 그러하면, 그 좋은 생각이 병자의 정신에 인상되어 내생의 원 습관이 되기 쉬우리라. 네째, 병자의 앞에서는 악한 소리와 간사한 말을 하지 말며, 음란하고 방탕한 이야기를 금지하라. 만일 그러하면, 그 악한 형상이 병자의 정신에 인상되어 또한 내생의 원 습관이 되기 쉬우리라. 다섯째, 병자의 앞에서는 가산에 대한 걱정이나 친족에 대한 걱정 등 애연한 말과 비창한 태도를 보이지 말라. 만일 그러하면, 병자의 애착과 탐착을 조장하여 영혼으로 하여금 영원히 그 곳을 떠나지 못하게 하며, 그 착된 곳에서 인도 수생의 기회가 없을 때에는 자연히 악도에 떨어지기가 쉬우리라. 여섯째, 병자의 앞에서는 기회를 따라 염불도 하고 경도 보고 설법도 하되, 만일 음성을 싫어하거든 또한 선정으로 대하라. 그러하면, 병자의 정신이 거기에 의지하여 능히 안정을 얻을 수 있으리라. 일곱째, 병자가 열반이 임박하여 곧 호흡을 모을 때에는 절대로 울거나 몸을 흔들거나 부르는 등 시끄럽게 하지 말라. 그것은 한갓 떠나는 사람의 정신만 어지럽게 할 따름이요, 아무 이익이 없는 것이니, 인정상 부득이 슬픔을 발하게 될 때에는 열반 후 몇 시간을 지내서 하라.」

(3장)

대종사 이어서 말씀하시기를 「열반이 가까운 병자로서는 스스로 열반의 시기가 가까움을 깨닫거든 만사를 다 방념하고 오직 정신 수습으로써 공부를 삼되 혹 부득이한 관계로 유언할 일이 있을 때에는 미리 처결하여 그 관념을 끊어서 정신 통일에 방해가 되지 않게 할지니, 그 때에는 정신 통일하는 외에 다른 긴요한 일이 없나니라. 또는 스스로 생각하되 평소에 혹 누구에게 원망을 품었거나 원수를 맺은 일이 있거든 그 상대자를 청하여 될 수 있는 대로 전혐(前嫌)을 타파할 것이며, 혹 상대자가 없을 때에는 당인 혼자라도 그 원심을 놓아 버리는 데에 전력하라. 만일 마음 가운데 원진을 풀지 못하면 그것이 내생의 악한 인과의 종자가 되나니라. 또는 스스로 생각하되 평소부터 혹 어떠한 애욕 경계에 집착하여 그 착을 여의지 못한 경우가 있거든 오직 강연히라도 그 마음을 놓아 버리는 데에 전력하라. 만일, 착심을 여의지 못하면 자연히 참 열반을 얻지 못하며, 그 착된 바를 따라 영원히 악도 윤회의 원인이 되나니라. 병자가 이 모든 조항을 힘써 오다가 최후의 시간이 이른 때에는 더욱 청정한 정신으로 일체의 사념을 돈망하고 선정 혹은 염불에 의지하여 영혼이 떠나게 하라. 그러하면, 평소에 비록 생사 진리에 투철하지 못한 사람일지라도 능히 악도를 면하고 선도에 돌아오게 되리라. 그러나, 이 법은 한갓 사람이 열반에 들 때에만 보고 행하라는 말이 아니라 평소부터 근본적 신심이 있고 단련이 있는 사람에게 더욱 최후사를 부탁함이요, 만일 신심과 단련이 없는 사람에게는 비록 임시로 행하고자 하나 잘 되지 아니하리니, 그대들은 이 뜻을 미리 각오하여 임시 불급(臨時不及)의 한탄이 없게 할 것이며, 이 모든 조항을 항상 명심불망하여 영혼 거래에 큰 착이 없게 하라. 생사의 일이 큼이 되나니, 가히 삼가지 아니하지 못할지니라.」

(4장)

대종사 이공주· 성 성원에게, 「영천영지영보장생(永天永地永保長生) 만세멸도상독로(萬世滅度常獨露) 거래각도무궁화(去來覺道無窮花) 보보일체대성경(步步一切大聖經)」을 외게 하시더니, 이가 천도를 위한 성주(聖呪)로 되니라.

(5장)

대종사 천도를 위한 법문으로 "열반 전후에 후생 길 인도하는 법설"을 내리시니 이러하니라. 「아무야 정신을 차려 나의 말을 잘 들으라. 이 세상에서 네가 선악간 받은 바 그것이 지나간 세상에 지은 바 그것이요, 이 세상에서 지은 바 그것이 미래 세상에 또 다시 받게 될 바 그것이니, 이것이 곧 대자연의 천업이라, 부처와 조사는 자성의 본래를 각득하여 마음의 자유를 얻었으므로 이 천업을 돌파하고 육도와 사생을 자기 마음대로 수용하나, 범부와 중생은 자성의 본래와 마음의 자유를 얻지 못한 관계로 이 천업에 끌려 무량 고를 받게 되므로, 부처와 조사며 범부와 중생이며 귀천과 화복이며 명지장단(命之長短)을 다 네가 짓고 짓나니라. 아무야 일체 만사를 다 네가 짓는 줄로 이제 확연히 아느냐. 아무야 또 들으라. 생사의 이치는 부처님이나 네나 일체 중생이나 다 같은 것이며, 성품 자리도 또한 다 같은 본연 청정한 성품이며 원만 구족한 성품이니라. 성품이라 하는 것은 허공에 달과 같이 참 달은 허공에 홀로 있건마는 그 그림자 달은 일천강에 비치는 것과 같이, 이 우주와 만물도 또한 그 근본은 본연 청정한 성품 자리로 한 이름도 없고, 한 형상도 없고, 가고 오는 것도 없고, 죽고 나는 것도 없고, 부처와 중생도 없고, 허무와 적멸도 없고, 없다 하는 말도 또한 없는 것이며, 유도 아니요 무도 아닌 그것이나, 그 중에서 그 있는 것이 무위이화(無爲而化) 자동적으로 생겨나, 우주는 성·주·괴·공으로 변화하고, 만물은 생·로·병·사를 따라 육도와 사생으로 변화하고, 일월은 왕래하여 주야를 변화시키는 것과 같이 너의 육신 나고 죽는 것도 또한 변화는 될지언정 생사는 아니니라. 아무야 듣고 듣느냐, 이제 이 성품 자리를 확연히 깨달아 알았느냐. 또 들으라. 이제 네가 이 육신을 버리고 새 육신을 받을 때에는 너의 평소 짓던 바에 즐겨하여 애착이 많이 있는 데로 좇아 그 육신을 받게 되나니, 그 즐겨하는 바가 불보살 세계가 승(勝)하면 불보살 세계에서 그 육신을 받아 무량한 낙을 얻게 될 것이요, 또한 그 반대로 탐·진·치가 승하고 보면 그 곳에서 그 육신을 받아 무량겁(無量劫)을 통하여 놓고 무수한 고를 얻을 것이니라. 듣고 듣느냐. 아무야 또 들으라. 네가 이 때를 당하여 더욱 마음을 견고히 하라. 만일 호리라도 애착 탐착을 여의지 못하고 보면 자연히 악도에 떨어져 가나니, 한 번 이 악도에 떨어져 가고 보면 어느 세월에 또 다시 사람의 몸을 받아 성현의 회상을 찾아 대업(大業)을 성취하고 무량한 혜복을 얻으리요. 아무야 듣고 들었느냐.」

(6장)

대종사 서울 박람회에서 화재 보험 회사의 선전 시설을 보시고 한 감상을 얻었다 하시며, 말씀하시기를「우리가 항상 말하기를 생사 고락에 해탈을 하자고 하지마는 생사의 원리를 알지 못하면 해탈이 잘 되지 않을 것이니, 만일 사람이 한 번 죽으면 다시 회복되는 이치가 없다고 생각할진대 죽음의 경우를 당하여 그 섭섭함과 슬픔이 얼마나 더하리요. 이것은 마치 화재 보험에 들지 못한 사람이 졸지에 화재를 당하여 모든 재산을 일시에 다 소실한 것과 같다 하리라. 그러나, 그 원리를 아는 사람은 이 육신이 한 번 나고 죽는 것은 옷 한 벌 갈아 입는 것에 조금도 다름이 없을 것이니, 변함에 따르는 육신은 이제 죽어진다 하여도 변함이 없는 소소(昭昭)한 영식(靈識)은 영원히 사라지지 아니하고, 또 다시 다른 육신을 받게 되므로 그 일 점의 영식은 곧 저 화재 보험 증서 한 장이 다시 새 건물을 이뤄내는 능력이 있는 것 같이 또한 사람의 영생을 보증하고 있나니라. 그러므로, 이 이치를 아는 사람은 생사에 편안할 것이요, 모르는 사람은 초조 경동할 것이며, 또는 모든 고락에 있어서도 그 원리를 아는 사람은 정당한 고락으로 무궁한 낙을 준비할 것이나, 그렇지 못한 사람은 그러한 희망이 없고 준비가 없는지라 아득한 고해에서 벗어날 기약이 없나니, 생각이 있는 이로 이런 일을 볼 때에 어찌 걱정스럽지 아니하며 가련하지 아니하리요.」

(7장)

대종사 말씀하시기를「사람이 행할 바 도가 많이 있으나 그것을 요약하면 생과 사의 도(道)에 벗어나지 아니하나니, 살 때에 생의 도를 알지 못하면 능히 생의 가치를 발하지 못할 것이요, 죽을 때에 사의 도를 알지 못하면 능히 악도를 면하기 어렵나니라.」

(8장)

대종사 말씀하시기를「사람의 생사는 비하건대 눈을 떴다 감았다 하는 것과도 같고, 숨을 들이 쉬었다 내쉬었다 하는 것과도 같고, 잠이 들었다 깼다 하는 것과도 같나니, 그 조만의 차이는 있을지언정 이치는 같은 바로서 생사가 원래 둘이 아니요 생멸이 원래 없는지라, 깨친 사람은 이를 변화로 알고 깨치지 못한 사람은 이를 생사라 하나니라.」

(9장)

대종사 말씀하시기를 「저 해가 오늘 비록 서천에 진다할지라도 내일 다시 동천에 솟아 오르는 것과 같이, 만물이 이생에 비록 죽어 간다 할지라도 죽을 때에 떠나는 그 영식이 다시 이 세상에 새 몸을 받아 나타나게 되나니라.」

(10장)

대종사 말씀하시기를「세상 말이 살아 있는 세상을 이승이라 하고 죽어 가는 세상을 저승이라 하여 이승과 저승을 다른 세계 같이 생각하고 있으나, 다만 그 몸과 위치를 바꿀 따름이요 다른 세상이 따로 있는 것이 아니니라.」

(11장)

대종사 말씀하시기를 「사람의 영식이 이 육신을 떠날 때에 처음에는 그 착심을 좇아가게 되고, 후에는 그 업을 따라 받게 되어 한없는 세상에 길이 윤회하나니, 윤회를 자유하는 방법은 오직 착심을 여의고 업을 초월하는 데에 있나니라.」

(12장)

정 일성(鄭一成)이 여쭙기를 「일생을 끝마칠 때에 최후의 일념을 어떻게 하오리까.」 대종사 말씀하시기를 「온전한 생각으로 그치라.」 또 여쭙기를 「죽었다가 다시 나는 경로가 어떠하나이까.」 대종사 말씀하시기를 「잠자고 깨는 것과 같나니, 분별 없이 자 버리매 일성이가 어디로 간 것 같지마는 잠을 깨면 도로 그 일성이니, 어디로 가나 그 일성이인 한 물건이 저의 업을 따라 한 없이 다시 나고 다시 죽나니라.」

(13장)

한 제자 여쭙기를 「영혼이 이 육신을 버리고 새 육신을 받는 경로와 상태를 알고 싶나이다.」 대종사 말씀하시기를 「영혼이 이 육신과 갈릴 때에는 육신의 기식(氣息)이 완전히 끊어진 뒤에 뜨는 것이 보통이나, 아직 육신의 기식이 남아 있는데 영혼만 먼저 뜨는 수도 있으며, 영혼이 육신에서 뜨면 약 칠·칠(七七)일 동안 중음(中陰)으로 있다가 탁태되는 것이 보통이나, 뜨면서 바로 탁태되는 수도 있고, 또는 중음으로 몇 달 혹은 몇 해 동안 바람같이 떠돌아다니다가 탁태되는 수도 있는데, 보통 영혼은 새 육신을 받을 때까지는 잠잘 때 꿈꾸듯 자기의 육신을 그대로 가진 것으로 알고 돌아다니다가 한 번 탁태를 하면 먼저 의식은 사라지고 탁태된 육신을 자기 것으로 아나니라.」

(14장)

한 제자 여쭙기를「저는 아직 생사에 대한 의심이 해결되지 못하와 저의 사는 것이 하루살이 같은 느낌이 있사오며, 이 세상이 모두 허망하게만 보이오니 어찌하여야 하오리까.」 대종사 말씀하시기를「옛 글에 "대개 그 변하는 것으로 보면 천지도 한 때를 그대로 있지 아니하고, 그 불변하는 것으로 보면 만물과 내가 다 다함이 없다."한 귀절이 있나니 이 뜻을 많이 연구하여 보라.」

(15장)

대종사 말씀하시기를「세상의 유정(有情) 무정(無情)이 다 생의 요소가 있으며 하나도 아주 없어지는 것은 없고 다만 그 형상을 변해 갈 따름이니, 예를 들면 사람의 시체가 땅에서 썩은즉 그 땅이 비옥하여 그 근방의 풀이 무성하여질 것이요, 그 풀을 베어다가 거름을 한즉 곡식이 잘 될 것이며, 그 곡식을 사람이 먹은즉 피도 되고 살도 되어 생명을 유지하며 활동을 하게 될 것이니, 이와 같이 본다면 우주 만물이 모두 다 영원히 죽어 없어지지 아니하고 저 지푸라기 하나까지도 백억 화신을 내어 갖은 조화와 능력을 발휘하나니라. 그러므로, 그대들은 이러한 이치를 깊이 연구하여 우주 만유가 다 같이 생멸 없는 진리 가운데 한량 없는 생을 누리는 것을 깨쳐 얻으라.

(16장)

대종사 신년식에서 대중에게 말씀하시기를「어제가 별 날이 아니고 오늘이 별 날이 아니건마는, 어제까지를 일러 거년이라 하고 오늘부터를 일러 금년이라 하는 것 같이, 우리가 죽어도 그 영혼이요 살아도 그 영혼이건마는 죽으면 저승이라 하고 살았을 때에는 이승이라 하나니, 지·수·화·풍 사대(四大)로 된 육체는 비록 죽었다 살았다 하여 이 세상 저 세상이 있으나 영혼은 영원불멸하여 길이 생사가 없나니, 그러므로 아는 사람에 있어서는 인생의 생·로·병·사가 마치 춘·하·추·동 사시 바뀌는 것과 같고 저 생(生)과 이 생이 마치

거년과 금년 되는 것 같나니라.」

(17장)

대종사 말씀하시기를 「사람이 평생에 비록 많은 전곡을 벌어 놓았다 하더라도 죽을 때에는 하나도 가져 가지 못하나니, 하나도 가져 가지 못하는 것을 어찌 영원한 내 것이라 하리요. 영원히 나의 소유를 만들기로 하면, 생전에 어느 방면으로든지 남을 위하여 노력과 보시를 많이 하되 상(相)에 주함이 없는 보시로써 무루(無漏)의 복덕을 쌓아야 할 것이요, 참으로 영원한 나의 소유는 정법에 대한 서원과 그것을 수행한 마음의 힘이니, 서원과 마음 공부에 끊임 없는 공을 쌓아야 한 없는 세상에 혜복의 주인공이 되나니라.」

(18장)

대종사 선원 대중에게 말씀하시기를 「그대들은 염라국(閻羅國)과 명부사자(冥府使者)를 아는가. 염라국이 다른 데가 아니라 곧 자기 집 울타리 안이며 명부 사자가 다른 이가 아니라 곧 자기의 권속이니, 어찌하여 그런고 하면 보통 사람은 이 생에 얽힌 권속의 정애(情愛)로 인하여 몸이 죽는 날에 영이 멀리 뜨지 못하고 도로 자기 집 울안에 떨어져서 인도 수생의 기회가 없으면 혹은 그 집의 가축도 되며 혹은 그 집안에 곤충류의 몸을 받기도 하나니, 그러므로 예로부터 제불 조사가 다 착 없이 가며 착 없이 행하라고 권장하신 것은 그리하여야 능히 악도에 떨어지는 것을 면할 수 있기 때문이니라.」

(19장)

대종사 말씀하시기를 「사람이 평소에 착 없는 공부를 많이 익히고 닦을지니 재 · 색 · 명리와 처자와 권속이며, 의 · 식 · 주 등에 착심이 많은 사람은 그것이 자기 앞에서 없어지면 그 괴로움과 근심이 보통에 비하여 훨씬 더 할 것이라, 곧 현실의 지옥 생활이며 죽어갈 때에도 또한 그 착심에 끌리어 자유를 얻지 못하고 죄업의 바다에 빠지게 되나니 어찌 조심할 바 아니리요.」

(20장)

대종사 말씀하시기를 「근래 사람들이 혹 좋은 묘터를 미리 잡아 놓고 거기에 자기가 묻히리라는 생각을 굳게 가지는 수가 더러 있으나, 그러한 사람은 명을 마치는 찰나에 영식

少太山一圓大宗師涅槃標旗

鼎山大圓宗師涅槃標旗

이 바로 그 터로 가게 되어 그 주위에 인도 수생의 길이 없으면 부지중 악도에 떨어져서 사람 몸을 받기가 어렵게 되나니 어찌 조심할 바 아니리요.」

(21장)

한 제자 무슨 일에 대종사의 명령하심을 어기고 자기의 고집대로 하려 하는지라, 대종사 말씀하시기를 「작은 일에 그대의 고집을 세우면 큰 일에도 고집을 세울 것이니, 그러한다면 모든 일을 다 그대의 주견대로 행하여 결국은 나의 제도나 천도를 받지 못할지라 제도와 천도를 받지 못할 때에는 내 비록 그대를 구원하고자 하나 어찌할 수 없으리라.」

(22장)

대종사 선원 대중에게 말씀하시기를 「그대들이 이와 같이 세간의 모든 애착과 탐착을 여의고 매일매일 법설을 들어 정신을 맑히고 정력을 얻어 나가면 자신의 천도만 될 뿐 아니라 그 법력이 허공 법계에 사무쳐서 이 주위에 살고 있는 미물 곤충까지도 부지중 천도가 될 수 있나니, 비하건대 태양 광선이 눈과 얼음을 녹히려는 마음이 없이 무심히 비치건마는 눈과 얼음이 자연 녹아지듯이 사심 잡념이 없는 도인들의 법력에는 범부 중생의 업장이 부지중에 또한 녹아지기도 하나니라.」

(23장)

대종사 말씀하시기를 「사람 가운데에는 하늘 사람과 땅 사람이 있나니, 하늘 사람은 항시 욕심이 담박하고 생각이 고상하여 맑은 기운이 위로 오르는 사람이요, 땅 사람은 항상 욕심이 치성하고 생각이 비열하여 탁한 기운이 아래로 처지는 사람이라, 이것이 곧 선도와 악도의 갈림 길이니 누구를 막론하고 다 각기 마음을 반성하여 보면 자기는 어느 사람이며 장차 어찌될 것을 알 수 있으리라.」

(24장)

대종사 말씀하시기를 「저 하늘에는 검은 구름이 걷혀 버려야 밝은 달이 나타나서 삼라만상을 비쳐 줄 것이요, 수도인의 마음 하늘에는 욕심의 구름이 걷혀 버려야 지혜의 달이 솟아 올라서 만세 중생을 비쳐 주는 거울이 되며, 악도 중생을 천도하는 대법사가 되리라.」

(25장)

대종사 말씀하시기를 「내가 어느 날 아침 영광에서 부안 변산 쪽을 바라다보매 허공 중천에 맑은 기운이 어리어 있는지라, 그 후 그 곳으로 가 보았더니 월명암에 수도 대중이 모여 들어 선을 시작하였더라. 과연 정신을 모아 마음을 맑히고 보면 더럽고 탁한 기운은 점점 가라앉고 신령하고 맑은 기운은 구천(九天)에 솟아올라서 시방 삼계가 그 두렷한 기운 안에 들고 육도 사생이 그 맑은 법력에 싸이어 제도와 천도를 아울러 받게 되나니라.」

(26장)

대종사 야회에 출석하사 등불 아래로 대중을 일일이 내려다보시며 말씀하시기를 「그대들의 기운 뜨는 것이 각각 다르나니 이 가운데에는 수양을 많이 쌓아서 탁한 기운이 다 가라앉고 순전히 맑은 기운만 오르는 사람과, 맑은 기운이 많고 탁한 기운이 적은 사람과, 맑은 기운과 탁한 기운이 상반되는 사람과, 탁한 기운이 많고 맑은 기운이 적은 사람과, 순전히 탁한 기운만 있는 사람이 있도다.」 하시고, 또 말씀하시기를 「사람이 욕심이 많을

수록 그 기운이 탁해져서 높이 뜨지 못하나니, 그러한 사람이 명을 마치면 다시 사람의 몸을 받지 못하고 축생이나 곤충의 무리가 되기도 하며, 또는 욕심은 그다지 없으나 안으로 수양과 밖으로 인연 작복을 무시하고 아는 데에만 치우친 사람은 그 기운이 가벼이 뜨기는 하나 무게가 없으므로 수라(修羅)나 새의 무리가 되나니라. 그러므로, 수도인이 마음을 깨쳐 알고, 안 뒤에는 맑게 키우고 사(邪)와 정(正)을 구분하여 행을 바르게 하면 마침내 영단을 이루어 육도의 수레바퀴에 휩쓸리지 아니하고 몸 받는 것을 마음대로 하며, 색신을 벗어나서 영단만으로 허공 법계에 주유(周遊)하면서 수양에만 전공하는 능력도 갖추나니라.」

(27장)

대종사 말씀하시기를 「정성과 정성을 다하여 항상 심지가 요란하지 않게 하며, 항상 심지가 어리석지 않게 하며, 항상 심지가 그르지 않게 하고 보면 그 힘으로 지옥 중생이라도 천도할 능력이 생기나니, 부처님의 정법에 한 번 인연을 맺어 주는 것만 하여도 영겁을 통하여 성불할 좋은 종자가 되나니라.」

(28장)

김 광선이 열반하매 대종사 눈물을 흘리시며, 대중에게 말씀하시기를 「팔산(八山)으로 말하면 이십 여 년 동안 고락을 같이 하는 가운데 말할 수 없는 정이 들었는지라 법신은 비록 생·멸·성·쇠가 없다 하나, 색신은 이제 또 다시 그 얼굴로 대하지 못하게 되었으니 그 어찌 섭섭하지 아니하리요. 내 이제 팔산의 영을 위하여 생사 거래와 업보 멸도(滅度)에 대한 법을 설하리니 그대들은 팔산을 위로하는 마음으로 이 법을 더욱 잘 들으라. 그대들이 이 말을 듣고 깨달음이 있다면 그대들에게 이익이 있을 뿐 아니라 팔산에게도 또한 이익이 되리라. 과거 부처님 말씀에 생멸 거래가 없는 큰 도를 얻어 수행하면 다생의 업보가 멸도된다 하셨나니, 그 업보를 멸도시키는 방법은 이러하나니라. 누가 나에게 고통과 손해를 끼쳐 주는 일이 있거든 그 사람을 속 깊이 원망하거나 미워하지 말고 과거의 빚을 갚은 것으로 알아 안심하며 또한 그에 대항하지 말라. 이편에서 갚을 차례에 져 버리면 그 업보는 쉬어버리나니라. 또는 생사 거래와 고락이 구공한 자리를 알아서 마음이 그 자리에 그치게 하라. 거기에는 생사도 없고 업보도 없나니, 이 지경에 이르면 생사 업보가 완전히 멸도되었다 하리라.」

(29장)

박 제봉(朴濟奉)이 여쭙기를 「칠·칠 천도재(薦度齋)나 열반 기념의 재식을 올리는 것이 그 영에 대하여 어떠한 이익이 있나이까.」 대종사 말씀하시기를 「천지는 묘하게 서로 응하는 이치가 있나니, 사람이 땅에 곡식을 심고 비료를 주면 땅도 무정한 것이요, 곡식도 무정한 것이며, 비료도 또한 무정한 것이언마는, 그 곡출에 효과의 차를 내나니, 무정한 곡식도 그러하거든 하물며 최령한 사람이 어찌 정성에 감응이 없으리요. 모든 사람이 돌아간 영을 위하여 일심으로 심고를 올리고 축원도 드리며 헌공도 하고 선지식의 설법도 한즉, 마음과 마음이 서로 통하고 기운과 기운이 서로 응하여, 바로 천도를 받을 수도 있고, 설사 악도에 떨어졌다 하더라도 차차 진급이 되는 수도 있으며, 또는 전생에 많은 빚을 지고 갔을지라도 헌공금(獻貢金)을 잘 활용하여 영위의 이름으로 공중 사업을 하여 주면 그 빚을 벗어 버리기도 하고 빚이 없는 사람은 무형한 가운데 복이 쌓이기도 하나니, 이 감응되는 이치를 다시 말하자면 전기와 전기가 서로 통하는 것과 같다 하리라.」

(30장)

한 제자 여쭙기를 「예로부터 자녀나 친척이나 동지된 사람이 자기 관계인의 영을 위하여 혹 불전에 헌공도 하고 선지식을 청하여 설법과 송경도 하게 하옵는 바 그에 따라 어떠한 효과가 나타나오며 그 정성과 도력의 차등에 따라 그 효과에 어떠한 차이가 있사오리까.」 대종사 말씀하시기를 「영을 위하여 축원을 올리고 헌공을 하는 것은 그 정성을 표함이니, 지성이면 감천으로 그 정성의 등급을 따라 축원한 바 효과가 나타나게 되는 것이며, 또는 설법을 하여 주고 송경을 하여 주는 것도 당시 선지식의 도력에 따라 그 위력이 나타나는 것이니, 혹은 과거에 지은 악업을 다 받은 후에야 자기도 모르는 가운데 선도에 돌아오기도 하며, 혹은 모든 업장을 벗어나서 바로 선도에 돌아오기도 하며, 혹은 앞 길 미한 중음계에서 후생 길을 찾지 못하다가 다시 찾아 가기도 하며, 혹은 잠간 착에 걸려 있다가 그 착심을 놓아 버리고 천상 인간에 자유하여 복락 수용을 하는 수도 있으나, 만일 자녀의 정성이 특별하지 못하고 선지식의 도력이 부족하다면 그 영근(靈根)에 별스러운 효과를 주지 못하게 되나니, 어찌하여 그런고 하면 지극한 정성이 아니면 참된 위력이 나타나지 아니하는 것이, 비하건대 농부가 농사를 지을 때에 그 정성과 역량을 다 들이지 아니하면 곡출이 적은 것과 서로 같나니라.」

(31장)

서 대원이 여쭙기를 「천도를 받는 영으로서 천도 법문을 그대로 알아들을 수 있나니이까.」 대종사 말씀하시기를 「혹 듣는 영도 있고 못 듣는 영도 있으나 영가(靈駕)가 그 말을 그대로 알아 들어서 깨침을 얻는 것보다 그 들이는 공력이 저 영혼에 쏟히어서 알지 못하는 가운데 천도의 인(因)이 되나니라. 그리하여 마치 파리가 제 힘으로는 천리를 갈 수 없으나 천리마의 몸에 붙으면 부지중에 천리를 갈 수도 있듯이 그 인연으로 차차 법연을 찾아오게 되나니라.」

(32장)

김 대거 여쭙기를 「오늘 두 살된 어린 아이의 사십 구일 천도재를 지냈사온데 어른도 모든 의식을 다 이해하여 천도 받기가 어려울 것이어늘, 그 어린 영이 어떻게 알아 듣고 천도를 받사오리까.」 대종사 말씀하시기를 「영혼에는 어른과 아이의 구별이 없나니, 천도되는 이치가 마치 식물에 거름하는 것 같으며 지남철 있는 곳에 뭇 쇠가 딸아 붙는 것 같나니, 일체 동물은 허공계에 영근을 박고 살므로 허공 법계를 통하여 진리로 재를 올리는 것이 그대로 영근에 거름이 되어 효과를 내나니라.」

(33장)

또 여쭙기를 「그렇게 재를 올리오면 각자의 평소에 지은 바 죄업이 그 경중을 물론하고 일시에 소멸되어 천도를 받게 되나이까.」 대종사 말씀하시기를 「각자의 업의 경중과 기념주의 정성과 법사의 도력에 따라서 마치 태양이 얼음을 녹이는 것과 같이 일시적으로 녹일 수도 있고, 오랜 시일이 걸릴 수도 있으나, 재를 올리는 공이 결코 헛되지는 아니하여 반드시 그 영혼으로 하여금 선연을 맺게 하여 주나니라.」

(34장)

또 여쭙기를 「천도재를 어찌 사십 구일로 정하였나이까.」 대종사 말씀하시기를 「사람이 죽으면 대개 약 사십 구일 동안 중음에 어렸다가 각기 업연(業緣)을 따라 몸을 받게 되므로 다시 한 번 청정 일념을 더하게 하기 위하여, 과거 부처님 말씀을 인연하여 그 날로 정해서 천도 발원을 하는 것이나, 명을 마친 즉시로 착심을 따라 몸을 받게 되는 영혼도 허다하나니라.」

익산총부를 지나는 소태산대종사 구의행렬 - 사진제공 : 원불교

(35장)

또 여쭙기를 「열반경(涅槃經)에 이르시기를 "전생 일을 알고자 할진대 금생에 받은 바가 그것이요, 내생 일을 알고자 할진대 금생에 지은 바가 그것이라"고 하였사온데, 금생에 죄 받고 복 받는 것을 보오면 그 마음 작용하는 바는 죄를 받아야 마땅할 사람이 도리어 부귀가에서 향락 생활을 하는 수가 있삽고, 또는 그 마음이 착하여 당연히 복을 받아야 할 사람이 도리어 빈천한 가정에서 비참한 고통을 받는 수가 있사오니, 인과의 진리가 적확하다 할 수 있사오리까.」 대종사 말씀하시기를 「그러므로 모든 불조들이 최후 일념을 청정하게 가지라고 경계 하셨나니, 이 생에서 그 마음은 악하나 부귀를 누리는 사람은 전생에 초년에는 선행을 하여 복을 지었으나 말년에는 선 지을 것이 없다고 타락하여 악한 일념으로 명을 마친 사람이며, 이 생에 마음은 선하나 일생에 비참한 생활을 하는 사람은 전생에 초년에는 부지중 악을 지었으나 말년에는 참회 개과하여 회향(回向)을 잘 한 사람이니, 이와 같이 이 생의 최후 일념은 내생의 최초 일념이 되나니라.」

(36장)

또 여쭙기를 「사람이 죽은 후에는 유명(幽明)이 서로 다르온데 영식만은 생전과 다름없이 임의로 거래할 수 있나이까.」 대종사 말씀하시기를 「그 식심(識心)만은 생전 사후가 다름이 없으나 오직 탐·진·치에 끌린 영과 탐·진·치를 조복 받은 영이 그 거래에는 다름이 있나니, 탐·진·치에 끌린 영은 죽어 갈 때에 착심에 묶인 바가 되어 거래에 자유가 없고, 무명의 업력에 가리워서 착심 있는 곳만 밝으므로 그 곳으로 끌려가게 되며, 몸을 받을 때에도 보는 바가 모두 전도되어, 축생과 곤충 등이 아름답게도 보여서 색정(色情)으로 탁태하되 꿈꾸는 것과 같이 저도 모르게 입태하며, 인도 수생의 부모를 정할 때에도 색정으로 상대하여 탁태하게 되며, 혹 무슨 결정보(決定報)의 원을 세웠으나 사람 몸을 받지 못할 때에는 축생이나 곤충계에서 그에 비슷한 보를 받게도 되어, 이와 같이 생사에 자유가 없고 육도 윤회에 쉴 날이 없이 무수한 고를 받으며, 십이 인연(十二因緣)에 끌려 다니나니라. 그러나, 탐·진·치를 조복 받은 영은 죽어 갈 때에 이 착심에 묶인 바가 없으므로 그 거래가 자유로우며, 바르게 보고 바르게 생각하여 정당한 곳과 부정당한 곳을 구분해서 업에 끌리지 않으며, 몸을 받을 때에도 태연 자약하여 정당하게 몸을 받고, 태중에 들어갈 때에도 그 부모를 은의로 상대하여 탁태되며, 원을 세운 대로 대소사간에 결정보를 받게 되어, 오직 생사에 자유하고 육도 윤회에 끌리는 바가 없이 십이 인연을 임의로 궁글리고 다니나니라.」

(37장)

또 여쭙기를 「어떠한 연유로 하여 가까운 인연이 되나이까.」 대종사 말씀하시기를 「중생들은 보통 친애하는 선연과 미워하는 악연으로 가까운 인연을 맺게 되나 불보살들은 중생을 제도하기 위하여 자비로 모든 인연을 가까이 맺으시나니라.」

(38장)

또 여쭙기를 「사람이 죽은 후에만 천도를 받나이까.」 대종사 말씀하시기를 「천도에는 생사가 다름이 없으므로 죽은 후에 다른 사람이 하는 것보다 생전에 자기 스스로 하는 것이 더욱 효과가 있으리라. 그러므로, 평소에 자기 마음을 밝고 조촐하고 바르게 길들여, 육식(六識)이 육진(六塵) 가운데 출입하되 물들고 섞이지 아니할 정도에 이르면 남을 천도하는 데에도 큰 능력이 있을 뿐 아니라 자기 생전에 자기의 천도를 마쳤다 할 것이나, 이러한 사람은 그리 흔하지 아니하나니, 그러므로 삼세의 수도인들이 모두 바쁘게 수도하였나니라.」

2) 통용경문

① 일원상서원문

일원은 언어도단의 입정처이요 유무초월의 생사문인바, 천지 부모 동포 법률의 본원이요 제불조사 범부 중생의 성품으로 능이성 유상하고 능이성 무상하여 유상으로 보면 상주 불멸로 여여자연하여 무량세계를 전개 하였고, 무상으로 보면 우주의 성주괴공과 만물의 생노병사와 사생의 심신 작용을 따라 육도로 변화를 시켜 혹은 진급으로 혹은 강급으로 혹은 은생어해로 혹은 해생어은으로 이와 같이 무량 세계를 전개하였나니, 우리 어리석은 중생은 이 법신불 일원상을 체받아서 심신을 원만하게 수호하는 공부를 하며, 또는 사리를 원만하게 아는 공부를 하며 ,또는 심신을 원만하게 사용하는 공부를 지성으로 하여 진급이 되고 은혜는 입을 지언정 강급이 되고 해독은 입지 아니하기로써 일원의 위력을 얻도록까지 서원하고 일원의 체성에 합하도록까지 서원함.

② 성주

영천영지영보장생(永天永地永保長生)
만세멸도상독로(萬世滅度常獨露)
거래각도무궁화(去來覺道無窮花)
보보일체대성경(步步一切大聖經)

③ 열반 전후에 후생 길 인도하는 법설

ㅇㅇ영가시여! 정신을 차려 부처님의 법문을 잘 들으소서. 이 세상에서 영가가 선악간 받은 바 그것이 지나간 세상에 지은 바 그것이요, 이 세상에서 지은 바 그것이 미래 세상에 또 다시 받게 될 바 그것이니, 이것이 곧 대자연의 천업이라, 부처와 조사는 자성의 본래를 각득하여 마음의 자유를 얻었으므로 이 천업을 돌파하고 육도와 사생을 자기 마음대로 수용하나, 범부와 중생은 자성의 본래와 마음의 자유를 얻지 못한 관계로 이 천업에 끌려 무량 고를 받게 되므로, 부처와 조사며 범부와 중생이며 귀천과 화복이며 명지장단을 다 영가가 짓고 짓나이다. ㅇㅇ영가시여! 일체 만사를 다 영가가 짓는 줄로 이제 확연히 아시나이까. ㅇㅇ영가시여! 또 들으소서 생사의 이치는 부처님이나 영가나 일체 중생이나 다 같은 것이며, 성품 자리도 또한 다 같은 본연 청정한 성품이며 원만 구족한 성품이외다. 성품이라 하는 것은 허공에 달과 같이 참 달은 허공에 홀로 있건마는 그 그림자 달은 일천강에 비치는 것과 같이, 이 우주와 만물도 또한 그 근본은 본연 청정한 성품자리로 한 이름도 없고, 한 형상도

없고, 가고 오는 것도 없고, 죽고 나는 것도 없고, 부처와 중생도 없고, 허무와 적멸도 없고, 없다 하는 말도 또한 없는 것이며, 유도 아니요 무도 아닌 그것이나, 그 중에서 그 있는 것이 무위이화 자동적으로 생겨나, 우주는 성 주 괴 공으로 변화하고, 만물은 생로병사를 따라 육도와 사생으로 변화하고 일월은 왕래하여 주야를 변화시키는 것과 같이 영가의 육신 나고 죽는 것도 또한 변화는 될지언정 생사는 아니외다. ㅇㅇ영가시여! 듣고 들으시나이까, 이제 이 성품자리를 확연히 깨달아 알으셨나이까. 또 들으소서. 이제 영가가 이 육신을 버리고 새 육신을 받을 때에는 영가의 평소 짓던 바에 즐겨하여 애착이 많이 있는 데로 좇아 그 육신을 받게 되나니, 그 즐겨하는 바가 불보살 세계가 승하면 불보살 세계에서 그 육신을 받아 무량한 낙을 얻게 될 것이요, 또한 그 반대로 탐 진 치가 승하고 보면 그 곳에서 그 육신을 받아 무량겁을 통하여 놓고 무수한 고를 얻을 것이외다. 듣고 들으시나이까. ㅇㅇ영가시여! 또 들으소서. 영가가 이 때를 당하여 더욱 마음을 견고히 하소서. 만일 호리라도 애착 탐착을 여의지 못하고 보면 자연히 악도에 떨어져 가나니, 한 번 이 악도에 떨어져 가고 보면 어느 세월에 또 다시 사람의 몸을 받아 성현의 회상을 찾아 대업을 성취하고 무량한 혜복을 얻으리요. ㅇㅇ영가시여! 듣고 들으셨나이까.

④ 참회문

음양 상승의 도를 따라 선행자는 후일에 상생의 과보를 받고 악행자는 후일에 상극의 과보를 받는 것이 호리도 틀림이 없으되, 영원히 참회 개과하는 사람은 능히 상생 상극의 업력을 벗어나서 죄복을 자유로 할 수 있나니, 그러므로 제불 조사가 이구 동음으로 참회문을 열어 놓으셨나니라. 대범, 참회라 하는 것은 옛 생활을 버리고 새 생활을 개척하는 초보이며, 악도를 놓고 선도에 들어오는 초문이라, 사람이 과거의 잘못을 참회하여 날로 선도를 행한즉 구업은 점점 사라지고 신업은 다시 짓지 아니하여 선도는 날로 가까와지고 악도는 스스로 멀어지나니라. 그러므로, 경에 이르시되 전심작악은 구름이 해를 가린 것과 같고 후심기선은 밝은 불이 어둠을 파함과 같나니라 하시었나니, 죄는 본래 마음으로부터 일어난 것이라 마음이 멸함을 따라 반드시 없어질 것이며, 업은 본래 무명인지라 자성의 혜광을 따라 반드시 없어지나니, 죄고에 신음하는 사람들이여 어찌 이 문에 들지 아니하리요. 그러나, 죄업의 근본은 탐.진.치라 아무리 참회를 한다 할지라도 후일에 또다시 악을 범하고 보면 죄도 멸할 날이 없으며, 또는 악도에 떨어져 중죄를 지은 사람이 일시적 참회로써 약간의 복을 짓는다 할지라도 원래의 탐.진.치를 그대로 두고보면 복은 복대로 받고 죄는 죄대로 남아 있게 되나니, 비하건대 큰 솥 가운데 끓는 물을 냉하게 만들고자 하는 사람이 위에다가 약간의 냉수만 갖다 붓고, 밑에서 타는 불을 그대로 둔즉 불의 힘은 강하고 냉수의 힘은 약하여 어느 때든지 그 물이 냉해지지 아니함과 같나니라. 세상에 전과를 뉘우치는 사람은 많으나 후과를 범하지 않는 사람은 적으며, 일시적 참회심으로써 한 두 가지의 복을 짓는 사람은 있으나 심중의 탐·진·치는 그대로 두나니 어찌 죄업이 청정하기를 바라리요. 참회의 방법은 두 가지가 있으니, 하나는 사참이요 하나는 이참이라, 사참이라 함은 성심으로 삼보전에 죄과를 뉘우치며 날로 모든 선을 행함을 이름이요, 이참이라 함은 원래에 죄성이 공한 자리를 깨쳐 안으로 모든 번뇌를 제거해 감을 이름이니 사람이 영원히 죄악을 벗어나고자 할진대 마땅히 이를 쌍수하여 밖으로 모든 선업을 계속 수행하는 동시에 안으로 자신의 탐.진.치를 제거할지니라. 이같이 한즉, 저 솥 가운데 끓는 물을 냉하게 만들고자 하는 사람이 위에다가 냉수도 많이 붓고 밑에서 타는 불도 꺼버림과 같아서 아무리 백천겁에 쌓이고 쌓인 죄업일지라도 곧 청정해 지나니라. 또는, 공부인이 성심으로 참회 수도하여 적적 성성한 자성불을 깨쳐 마음의 자유를 얻고 보면, 천업을 임의로 하고 생사를 자유로 하여 취할 것도 없고 버릴 것도 없고 미워할 것도 없고 사랑할 것도 없어서 삼계 육도가 평등 일미요, 동정 역순이 무비삼매라, 이러한 사람은 천만 죄고가 더운 물에 얼음 녹 듯하여 고도 고가 아니요, 죄도 죄가 아니며, 항상 자성의 혜광이 발하여 진대지가 이 도량이요, 진대지가 이 정토라 내외 중간에 털끝만한 죄상도 찾아볼 수 없나니, 이것이 이른바 불조의 참회요, 대승의 참회라 이 지경에 이르러야 가히 죄업을 마쳤다 하리라.

⑤ 참회게

아석소조제악업(我昔所造諸惡業)
개유무시탐진치(皆由無始貪瞋痴)
종신구의지소생(從身口意之所生)
일체아금개참회(一切我今皆懺悔)
죄무자성종심기(罪無自性從心起)

심약멸시죄역망(心若滅時罪亦亡)
죄망심멸양구공(罪亡心滅兩俱空)
시즉명위진참회(是卽名謂眞懺悔)

⑥ 영주

천지영기아심정(天地靈氣我心定)
만사여의아심통(萬事如意我心通)
천지여아동일체(天地與我同一體)
아여천지동심정(我與天地同心正)

⑦ 청정주

법신청정본무애(法身淸淨本無碍)
아득회광역부여(我得廻光亦復如)
태화원기성일단(太和元氣成一團)
사마악취자소멸(邪魔惡趣自消滅)

⑧ 열반식심고

법신불 사은이시여! 새 열반인 ㅇㅇ의 영로에 한량없는 법력과 광명을 나리시와 그로 하여금 생사 거래에 항상 바른 소견을 가지게 하옵시며, 모든 착심과 원진을 여의고 완전한 해탈 천도를 얻어서 악도 윤회에 들지 아니하고 바로 불토 인연에 돌아와서 세세생생에 길이 성불 제중하는 성자가 되게 하여 주시옵소서. 일심으로 비옵나이다.

⑨ 발인식고사

<고사> ㅇㅇ님이시여! 이제 거연히 열반하시오니 오직 애통하고 망극하옵니다. 저희들을

이만큼 보호 훈육하실 제 그 정성 그 수고가 과연 어떠하셨나이까. 산보다 높고 바다 보다 깊으신 그 은혜에, 모시고 보은할 길 아득하오나, 오직, 평소의 교훈과 원력을 받들어 종신토록 보은지도에 정진하겠사오니, 바라옵건대 ㅇㅇ님이시여! 모든 일을 돈연히 잊으시고 청정한 일념에 圓寂하셨다가 법연 따라 하루 속히 돌아오시옵소서.

3) 선인 묵적 문구4)

人和 -大山의 墨跡

화합.

活佛 -大山의 墨跡

산부처.

戒定慧 -大山의 墨跡

지계(持戒), 선정(禪定), 지혜(智慧).

大安定 -大山의 墨跡

크게 안정됨.

一圓佛 -大山의 墨跡

일원부처님.

誠敬信 -鼎山의 墨跡

정성, 공경, 믿음.

空圓正 -鼎山의 墨跡

텅비고, 두렷하고, 바르게.

居塵出塵 -主山의 墨跡

4) 조수현, 「원불교 서예사에 관한 연구」에서 발췌.

속세에 살면서 속세를 떠나라.

觀心正覺 -金濟靈의 墨跡

마음을 관조하고, 바르게 깨우친다.

歸一妙空 -延川正和의 墨跡

오묘하고 텅 빈 곳으로 돌아가야.

泥中生蓮 -大山의 墨跡

연은 진흙에서 산다.

大道大法 -大山의 墨跡

큰 도, 큰 법.

大道無相 -柳虛一의 墨跡

대도는 상이 없다.

大道一圓 -大山의 墨跡

대도 일원.

大慈大悲 -大山의 墨跡

크게 자비로움.

道明德化 -大山의 墨跡

도를 밝혀 덕화가 피도록.

道明德化 -大山의 墨跡

도를 밝히고, 덕으로 교화하자.

動靜一圓 -大山의 墨跡

동과 정이 일원이라.

潦霽任天 -鼎山의 墨跡

장마지고 개는 것은 하늘에 맡겼노라.

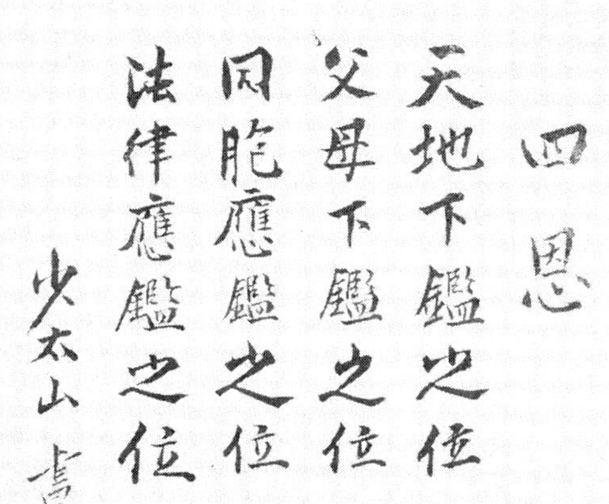

四恩 - 少太山大宗師 親筆

無我大我 -大山의 墨跡

무아가 대아이다.

反求諸己 -大山의 墨跡

돌이켜 나에게서 구하자.

殺身成仁 -大山의 墨跡

몸을 죽여 인을 이룬다.

誠意正心 -柳山의 墨跡

정성스런 뜻과 바른 마음.

心無罣礙 -大山의 墨跡

마음에 거리낌이 없어야.

外無求焉 -金精進의 墨跡

밖에서 구할 것이 없다.

圓心渡世 --圓靈鳳의 墨跡

일원의 마음으로 세상을 제도하자.

一念淸淨 -金泰守의 墨跡

한 생각의 청정함.

一圓文化 -大山의 墨跡

일원의 문화.

一圓世界 -大山의 墨跡

일원의 세계.

一忍長樂 -共田淨信行의 墨跡

한 번 참으면 오래도록 즐겁다.

全體大用 -鼎山의 墨跡

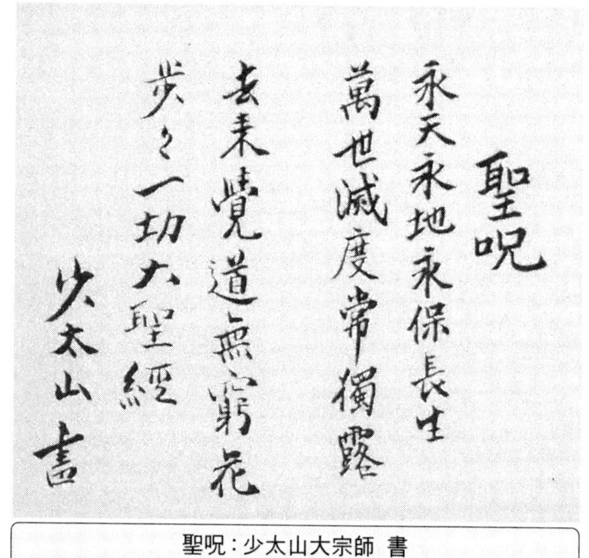

聖呪 : 少太山大宗師 書

전체를 크게 쓰다.

精進不退 -金正勇의 墨跡
용맹정진하여 물러나지 않겠다.

至誠無息 -李士局의 墨跡
지극히 정성스러워 쉼이 없다.

天道地法 -大山의 墨跡
하늘의 도와 땅의 법.

天長地久 -大山의 墨跡
하늘과 땅은 영원하다.

善惡皆吾師 -朴英種의 墨跡
선과 악이 모두 나의 스승이라.

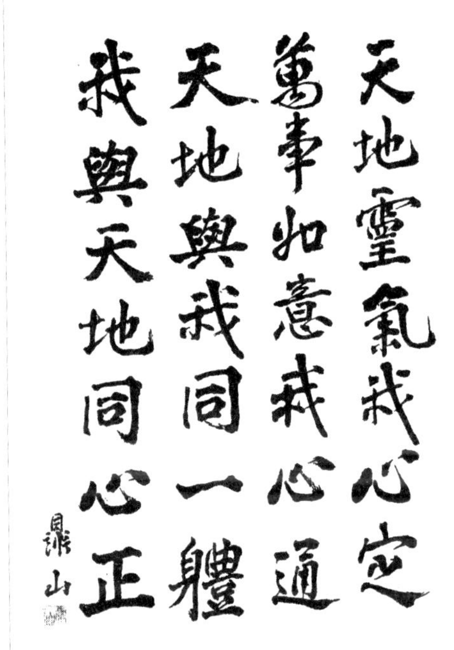

鼎山宗師法語

一心開萬法 -鼎山의 墨跡
한마음으로 만법을 연다.

圓中不二門 -大山의 墨跡
원에는 두 개의 문이 없다.

大空心 大公心 -大山의 墨跡
크게 빈 마음은 크게 공변된 마음.

南無阿彌陀佛 -大山의 墨跡
아미타불에 귀의합니다.

空圓正 誠敬信 -大山의 墨跡
비우고, 두렷하고 ,바르며 ,정성스럽고, 공경하고, 믿음있게.

觀空 養空 行空 -大山의 墨跡
공을 관조하고, 공을 양성하고, 공을 행하라.

소태산대종사 성탑　　　　정산종사 성탑

無智 全智 萬智 -大山의 墨跡

지혜 없음이 온전한 지혜요 만 가지 지혜이다.

無時禪 無處禪 -大山의 墨跡

어느 때나 어느 곳에서나 선이라.

萬能 萬智 萬德 -大山의 墨跡

모든 능력, 모든 지혜, 모든 덕.

無能 全能 萬能 -大山의 墨跡

능력이 없음이 온전한 능력이요 만 가지 능력이라.

守其心 正其氣 -吳昌建의 墨跡

그 마음을 지키고 그 기운을 바르게 한다.

通萬法 明一心 -丁一持의 墨跡

만법을 통하여 한마음 밝히자,

餘裕 深思 陰德 -大山의 墨跡

너그러운 마음, 깊은 생각, 숨은 공덕.

自修 自覺 自立 -大山의 墨跡

스스로 닦고, 스스로 깨우치고, 스스로 서자.

動靜間一心修行 -陸眞基의 墨跡

동정간에 일심으로 수행에 정진하자.

身去身來本三昧 -鄭眞淑의 墨跡

가고 오는 것이 본래 삼매라.

雲泥之中 朗然法界 -金重黙의 墨跡

구름과 진흙속에서도 명랑한 법계.

工夫事業 永生不息 -趙謹碩의 墨跡

공부와 사업은 영생토록 쉬지 않으리.

歸依一圓 活用無邊 -宋濟局의 墨跡

일원에 귀의하면 활용이 끝이 없다.

大光無光 大教無教 -大山의 墨跡

큰 빛은 빛이 없고, 큰 가르침은 가르침이 없다네.

道明德化 世界平和 -大山의 墨跡

도를 밝히고 덕으로 교화함이 세계의 평화로다.

本於一圓 與佛同樂 -朴昌基의 墨跡

일원에 근본으로 하여 부처와 함께 즐기자.

父子法緣 永世不忘 -大山의 墨跡

부자간의 법연 영원토록 잊지 말라.

不執主見 用心圓滿 -宇田一貫의 墨跡
주관에 집착하지 말고 마음씀을 원만하게 하라.

佛佛繼世 聖聖相傳 -大山의 墨跡
부처마다 세대를 잇고 성인마다 서로 전하네.

佛日重輝 法輪復轉 -大山의 墨跡
부처님 광명 거듭 밝히고 법륜 다시 굴리자.

生死去來 因果與受 -大山의 墨跡
생사는 오고가는 것이요 인과는 주고받는 것이라.

先師慧命 萬古日月 -高山의 墨跡
대종사님의 지혜의 명령 만고의 해와 달이라.

守本眞心 第一精進 -一圓永植의 墨跡
본래의 진실한 마음을 지키는 것이 제일가는 정진이다.

息妄現眞 破邪顯正 -應山의 墨跡
망령됨을 멈추고, 진실을 드러내며, 사악함을 없애고 ,바른 것이 드러나게.

信奉大道 始終如一 -金秉哲의 墨跡
큰 도리를 믿어 처음과 끝을 한결같이.

心性圓滿 無欠無餘 -金谷昌峻의 墨跡
마음이 원만하여 모자라고 남음도 없다.

心欲圓滿 用應正直 -圓正濟奉의 墨跡
마음은 원만하게 쓰임은 바르고 곧게.

十方一家 四生一身 -大山의 墨跡
시방이 일가요 사생이 한 몸이라.

我死法生 法生我生 -東山의 墨跡

내가 죽으면 법이 살아나고, 법이 살면 나도 산다.

與者受者 去者來者 -大山의 墨跡

주는 것이 받는 것이요, 가는 것이 오는 것이라.

外應以正 內省不疚 -宋碧照의 墨跡

밖으로 응대함은 바르게 하고, 안으로 살핌은 거리낌이 없어야한다.

勇斷惡習 常住一圓 -尹致聖의 墨跡

용감히 악습을 끊어, 항상 일원에 머문다.

圓滿具足 至公無私 -大山의 墨跡

원만하게 모두 갖추고, 지극히 공정하며, 사사로움이 없다.

離善曰善 絶大曰大 -鼎山의 墨跡

선을 떠나야 참 선이요, 큰 것을 끊어야 참으로 큰 것이다.

一圓大道 大圓正覺 -大山의 墨跡

일원의 큰 도를 크고 두렷하게 깨우치자.

一圓大道 萬法之宗 -大山의 墨跡

일원의 큰 도는 모든 법의 근본이라.

切問近思 先行後言 -李貴生의 墨跡

간절히 묻고, 가까이 생각하며, 행동은 먼저하고, 말은 뒤에 하라.

處處佛像 事事佛供 -大山의 墨跡

곳곳이 부처요, 일마다 불공이라.

天心佛心 誠心道心 -大山의 墨跡

천심은 불심이요, 정성스런 마음은 도심이라.

一圓主義 大世界主義 -大山의 墨跡

일원주의는 대세계주의.

觀一圓之道 行四恩之德 -高山의 墨跡
일원의 도를 관조하고, 사은의 덕을 행하라.

邪念頓盡處 菩提道自成 -大山의 墨跡
사악한 생각이 사라진 곳에 보리도가 저절로 이루어지네.

淸淨如虛空 不動如泰山 -朴將植의 墨跡
맑기는 허공처럼 부동함은 태산같이.

經倫通宇宙 信義貫古今 -鼎山의 墨跡
경륜은 우주를 관통하고, 신의는 고금을 꿰뚫는다.

一心淸淨地 眞是極樂國 -亨山의 墨跡
한마음 청정한 곳이 진정한 극락이라.

一切無礙人 共出生死海 -大山의 墨跡
일체의 걸림이 없는 사람들과 함께 생사의 바다를 벗어나리.

空圓正是理之源事之本 -鼎山의 墨跡
공원정은 이치의 원천이요 일의 근본이다.

體一圓之空寂 行一圓之圓滿 -金日鉉의 墨跡
일원의 비고 고요함을 근본으로 하여, 일원의 원만함을 행하자.

空而不空眞空 有而非有妙有 -大山의 墨跡
비었으나 비지 않음이 진공이요, 있지만 있지 않음이 묘유로다.

一圓世界 中道世界 平和世界 -大山의 墨跡
일원세계, 중도세계, 평화세계.

餘裕餘進 深思遠慮 陰德陰助 -大山의 墨跡
여유롭게 나아가고, 깊고 멀리 생각하며, 남모르게 덕을 베풀라.

默識心通 山山水水 如來化身 -大山의 墨跡

묵묵히 알고 마음으로 통하면, 산은 산이요 물은 물이며 부처의 화신이라.

面壁九年何所事 但看心佛自歸依 -高山의 墨跡

면벽구년이 어느 곳의 일이냐, 다만 마음부처를 보아 스스로 귀의한 것이다.

無我無不我 無家無不家 是則眞家鄕 -大山의 墨跡

내가 없으니 나 아님이 없고 집이 없으니 내 집 아님이 없다. 이것이 참다운 고향이라.

道氣長存 外境不動 一心淸淨 萬事平安 -鼎山의 墨跡

도기가 오래되면 외경이 움직이지 않고, 한마음이 깨끗하면 모든 일이 편안하리.

名大實小 後無可觀 最後勝利 實力爲上 -鼎山의 墨跡

명예가 크고 실제가 작으면, 뒤에 볼만한 것이 없다. 최후의 승리에는 실력이 최고이다.

修道先務 天下歸道 正心合德 無爲以化 -大山의 墨跡

도를 닦아 먼저 힘쓰면 천하가 옳은 곳으로 돌아오고, 바른 마음으로 덕에 합하면 힘쓰지 않아도 교화된다.

心佛同體 頓徹不二 虛空法界 無爲保任 -高山의 墨跡

마음과 부처는 한 몸으로 둘이 아님을 깨달으면 허공법계는 무위에 맡겨진다.

一相三昧 一行三昧 靜動一如 靈肉雙全 -少太山의 墨跡

일상삼매에 일행삼매가 되면 동정이 하나가 되고 영육이 모두 온전하네.

一圓重上 永劫主人 一圓大道 永劫法子 -大山의 墨跡

일원중상은 영원한 주인이요, 일원대도는 영원한 법자이다.

獻心靈父 許身世界 常隨法輪 永轉不休 -主山의 墨跡

스승님께 마음을 바쳐 세계에 몸을 내놓고, 늘 법륜을 따라 영원토록 굴림을 쉬지 않으리.

無我無不我 無家無不家 是則眞家鄕 聖聖佛佛居 -大山의 墨跡

나 없으니 나 아님이 없고, 집 없으니 내 집 아님이 없다. 이는 곧 참 고향으로 성인과 부처님 사는 곳이다.

涵養大圓氣 步步超三界 涵養大圓氣 念念度衆生 -大山의 墨跡

대원의 기운 머금어 한발 한발 삼계를 벗어나고, 대원의 기운 머금어 생각 생각 중생을 건지리.

精神自由 肉身自由 生活自由 活動自由 生死自由 -大山의 墨跡

정신자유, 육신자유, 생활자유, 활동자유, 생사자유.

大德 應用無念 無相不德 大用 無爲以化 中和柔和 -大山의 墨跡

큰 덕은 응용하는데 생각이 없어도 덕이 아님이 없고, 큰 쓰임은 억지로 하지 않아도 교화되기에 중화와 유화가 이루어진다.

立弘誓願 倍加精進 一心之力 能破萬難 -鼎山의 墨跡

큰 서원을 세워 배로 정진하자. 일심의 힘으로 모든 고난을 이겨내자.

大地虛空心所現 十方諸佛手中珠 願願物物皆無礙 法界毛諦自在遊 -大山의 墨跡

대지 허공은 마음이 나타난 바요, 시방의 모든 부처 손바닥의 구슬. 원하고 원하오니 사물마다 모두 걸림이 없기를 법계에 매어 홀로 즐기리

大誓願 大信念 大精誠 大眞實 大公正 大無相 大圓滿 大慈悲 大圓覺 大自在 -大山의 墨跡

대서원, 대신념, 대정성, 대진실, 대공정, 대무상, 대원만, 대자비, 대원각, 대자재.

새 천지가 열려가니, 새 사람되어 새 세상 주인되자. -大山의 墨跡

진리는 하나, 세계도 하나, 인류는 한 가족, 세상은 한 일터, 개척하자 일원세계. -大山의 墨跡

宇宙가 法堂이요, 萬有가 生佛일세, 일마다 物件마다 모두가 經典이니, 생각마다 걸음마다 부처되고 衆生건지는 일. -圓養의 墨跡

• 참고문헌

개벽계성정산종사편찬위원회, 『開闢繼聖鼎山宗師』, 원광사, 2001.
고병안, 『평상심이 도라 이르지 말라-용성큰스님어록』, 불광출판부, 1993.
국립민속박물관, 『성철큰스님만장』, 도서출판 신유, 1994.
국립민속박물관, 『영원한만남 한국상장례』, 도서출판 미진사, 1990.
국립민속박물관, 『생활문물연구』 제23호, 디자인문화, 2008.
金寬峰, 『新舊冠婚喪祭』, 泰西出版社, 1992.
金昌善, 『쉽게 풀어쓴 상례와 제례』, 자유문고, 1999.
김길선, 『최신장례지도사교본』, 도서출판 중문, 2006.
김득중 · 유송옥 · 황혜성, 『우리의 전통예절』, 한국문화재보호협회, 1988.
김호용, 『성경전서』, 대한성서공회, 1987.
동곡문도회, 『日陀大宗師法語錄』, 도서출판 민족사, 2002.
민족문화추진회, 『韓國文集叢刊』, 민족문화추진회,
서옹선사법어집간행회, 『西翁禪師法語集』, 도서출판 민족사, 1998
申義澈, 『常禮要覽』, 保景文化社, 1991.
원불교, 『소태산대종사』, 원불교, 1991(원기76)
圓佛敎正化社, 『圓佛敎全書』, 圓佛敎出版社, 1989.
이수영, 『국역사례편람』, 이화문화출판사, 1992.
李哲寧, 『喪祭禮의 精釋』, 효사랑, 2008.
이호일, 『조선의 왕릉』, 도서출판 가람기획, 2004.
임재해, 『전통상례』, 대원사, 2004.
임택진, 『기독교 가정의례 지침』, 한국문서선교회, 1987.
情宇書籍, 『茶毘 · 薦度作法』, 情宇書籍, 2005.
조수현, 「원불교 서예사에 관한 연구」, 원광대학교대학원 박사학위청구논문, 2002.
崔惠菴, 『祖師禪에로의 길』, 宣文出版社, 1987.
탄허문도회, 『方山臺法語-呑虛大宗師法語集』, 2003.
한국천주교주교회의, 『상장예식』, 카톨릭출판사, 2003.
韓重洙, 『冠婚喪祭禮大典』, 明文堂, 1991.
향곡선사문도회, 『香谷禪師法語』, 聖寶文化財研究院, 1998.
향봉문도회, 『雲水散稿-香峰大禪師語錄』, 송광사, 1979.
현능, 『현대인을 위한 불교의식집』, 도서출판불지사, 1995.
효봉문도회, 『曉峰法語集』, 佛日出版社, 1996.

• 도판목록

*상·장례 관련 사진 및 고전자료(가나다 순)

*서화가 작품 및 만장의 예(가나다 순)

• 감수자 약력

• 玄巖 **소병돈**(蘇秉敦)

· 충남 청양 출생
· 동방대학원대학교 출강
· 경희대학교 사회교육원 출강
· 성균관대학교 유학대학원 동양문화고급과정 출강
· 삼청시사 자문위원
· 현암서당 주재

• 편역자 약력

• 陶谷 **홍우기**(洪愚基) http://euisuk.pe.kr

· 한양대학교 중어중문학과 졸업, 경기대학교 전통예술대학원 예술학석사
· 한국서도협회 경기지회장
· 경기대학교, 원광대학교, 동방대학원대학교 서예과 출강
· 개인전 3회 (2004, 2005, 2009)
· 역대대통령 및 현대서예가 100인 초대전
· 논저 : 『서론용어소사전』, 『행곡요람』, 『법화경한자』, 「서예의 역감에 관한 연구」
『洪愚基(물파필묵총서)』, 『陶谷洪愚基己丑展』.

• 是雨 **박종현**(朴鍾賢)

· 대한민국서도대전 초대작가
· 한국서도협회 경지지회 의정부지부장
· 경기도미술대전 서예부문 초대작가
· 대한민국인터넷서예대전 초대작가
· 통일서예대전 최우수상 수상
· 대한한시학회, 대한한시협회, 관주동인, 인사한시 회원.

• 章石 **서명택**(徐明澤) http://blog.daum.net/waseog11

· 경희대학교 교육대학원 서예문인화과정 수료
· 대한민국미술대전 서예부문 초대작가
· 경기미술대전 서예부문 초대작가. 운영위원, 심사위원 역임
· 대한민국서도대전 초대작가. 경기지회 부지회장
· 경민대학문화예술아카데미 강사, 경기북부여성비젼센타 강사
· 대한한시협회, 대한한시학회, 린사시회 회원
· 논문 : 「자음한시로의 서예작품창작」.

동화서학총서 7

한국의 만장 韓國의 挽章

2009년 5월 8일 초판 인쇄
2009년 5월 16일 초판 발행

감수자 | 소병돈
편역자 | 홍우기·박종현·서명택
발행인 | 김영환
발행처 | 도서출판 다운샘

138-857 서울특별시 송파구 오금동 48-8
전화 (02) 449-9172 팩스 (02) 431-4151
등록 제17-111호(1993.8.26)

ISBN 978-89-5817-225-3 94600
ISBN 978-89-5817-118-8 (세트)

값 35,000원